거울에 비친 유럽

이 책은 유럽의 5개 출판사의 공동 기획으로 출판되고 있다.
C. H. Beck, 뮌헨
Basil Blackwell, 옥스포드
Crítica, 바르셀로나
Laterza, 로마-바리
Éditions du Seuil, 파리

이 책은 동시에 아래의 각국어로도 출판되고 있다.
Arbeiderspers(Agon), 암스테르담
Presença, 리스본
Ellinika Grammata, 아테네
Atlantisz, 부다페스트
Archa, 브라티슬라바
Krag/Volumen, 바르샤바
Baltos lankos, 빌니우스
AFA, 이스탄불
새물결, 서울
Heibonsha, 도쿄

한국어 판 책임 편집
최갑수, 주경철(서울대학교 서양사학과 교수)

유럽은 어떻게 만들어졌는가 01

거울에 비친 유럽

조셉 폰타나 지음
김원중 옮김

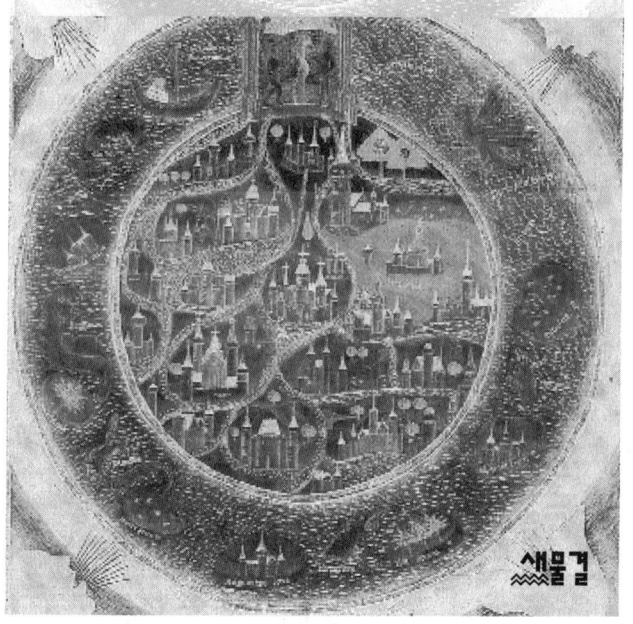

새물결

Europa ante el espejo by Josep Fontana
Copyright ⓒ 1994: Josep Fontana Làzaro, Barcelona
Copyright ⓒ 1994: CRÍTICA, Barcelona
Copyright ⓒ C. H. Beck, München
Copyright ⓒ Basil Blackwell, Oxford
Copyright ⓒ Laterza, Roma-Bari
Copyright ⓒ Éditions du Seuil, Paris

Korean translation edition is published by arrangement with above five publishers
through Eulama s.r.l.
Korean translation copyright ⓒ Saemulgyul Publishing House, 1999
All rights reserved.

● 옮긴이

김원중

1958년 광주에서 태어나 1988년 서울대학교 대학원 서양사학과를 졸업(문학 석사)했으며, 1996년
스페인 마드리드 국립 대학교(complutense) 근대 사학과를 졸업(역사학 박사)했다.
현재 서울대학교, 동국대학교, 가톨릭대학교에서 강의하고 있다.
논문으로「16세기 스페인 코르테스와 마드리드」외 몇편이 있다.

● 거울에 비친 유럽

지은이: 조셉 폰타나
옮긴이: 김원중
펴낸이: 홍미옥
펴낸곳: 새물결 출판사
1판 1쇄: 1999년 12월 15일
2판 5쇄: 2005년 12월 26일
등 록: 서울 제15-52호(1989.11.9)
주 소: 서울특별시 마포구 연남동 565-31 1층 우편번호 : 121-869
전 화: (편집부) 3141-8696 (영업부) 3141-8697
팩 스: 3141-1778
E-mail: sm3141@kornet.net
ISBN : 89-88336-33-X

이 책의 한국어 판 저작권은 Eulama s.r.l.를 통해 CRÍTICA 외 5군데와 독점 계약한 새물결 출판사에
있습니다. 저작권법에 의해 한국 내에서 보호를 받는 저작물이므로 무단 전재나 무단 복제, 매체 수록
등을 금합니다.

일러두기

· 이 책은 *Europa ante el espejo* by Josep Fontana(CRÍTICA, 1994)를 완역한 것이다.
· 각주는 모두 옮긴이의 것이다.

거울에 비친 유럽
●
차례

총서 편집자 서문 ········· 9
한국어 판을 펴내며 ········· 11

1. 야만의 거울 ········· 15
2. 기독교의 거울 ········· 47
3. 봉건제의 거울 ········· 75
4. 악마의 거울 ········· 107
5. 촌뜨기의 거울 ········· 139
6. 궁정의 거울 ········· 175
7. 미개의 거울 ········· 207
8. 진보의 거울 ········· 233
9. 대중의 거울 ········· 259
10. 거울들의 방 밖에서 ········· 283

옮긴이 후기 ········· 299
참고 문헌 ········· 303
색인 ········· 333

총서 편집자 서문

유럽이 건설되고 있다. 이것은 하나의 거대한 도전으로서 오직 과거를 고려할 때만 제대로 응전할 수 있을 것이다. 왜냐하면 역사 없는 유럽은 양친을 잃은 고아처럼 불행하게 될 것이기 때문이다. 어제의 조건이 오늘을 만들고 또 오늘의 행동이 내일을 형성할 것이다. 따라서 과거의 기억이 현재를 마비시켜서는 안 된다. 과거에 대한 올바른 이해는 새로운 우애를 다지는 데 도움을 주고 진보로 나아가는 길의 인도자가 될 것이다.

유럽은 대서양, 아시아, 그리고 아프리카와 경계를 맞대고 있으며 유럽의 역사와 지리 또한 복잡하게 뒤엉켜 있다. 따라서 유럽의 과거는 오직 세계 전체를 염두에 둘 때만이 제대로 이해될 수 있다. 유럽의 영토는 고대 그리스인들이 붙여준 이름을 그대로 갖고 있지만 유럽의 유산의 뿌리는 선사 시대까지 거슬러 올라간다. 유럽의 미래는 바로 이러한 토대 위에서, 즉 아주 풍부하고 창조적이며, 통일되어 있는 동시에 아주 다양한 이 토대 위에서 건설되어야 한다.

이 '유럽은 어떻게 만들어졌는가' 총서는 언어와 국적이 다른 다섯 출판사(뮌헨의 벡, 옥스퍼드의 바질 블랙웰, 바르셀로나의 크리티카, 로마의 라테르차, 파리의 르 쇠유)의 공동 발의로 시작되었다. 이 총서는 유럽의 진화 과정을 보여주는 것을 목적으로 한다. 우리는 이 과정에서 유럽이 거둔 여러 승리를 보여주면서 동시에 유럽이 겪은 어려움도 감추지 않을 생각이다. 유럽의 여러 나라들은 합의와 통일을 이루어내려 했지만 많은 논쟁과 갈등, 그리고 분열을 감수해야 했다. 이 총서는 그러한 점들을 감추지 않을 것이다. 하나의 유럽을 만들려는 과업에 참여하고 있는 사람들은 만일 미래관이 과거에 대한 정확한 이해에 기초하고 있지 않다면 그러한 과업을 성공적으로 완수하지 못할 것이다.

따라서 '유럽은 어떻게 만들어졌는가' 라는 이 총서의 제목은 '진행중'이다. 우리는 지금이 유럽에 관한 종합적 역사를 쓰기에 적절한 시점은 아니라고 생각한다. 하지만 우리가 선보일 책들은 유럽인이 쓴 것이건 그렇지 않건 우리 시대의 가장 뛰어난 역사가들이 쓴 것이다. 이들은 헤로도토스로부터 출발하는 오랜 역사 서술의 전통과 함께 특히 지난 몇십 년 동안 20세기 역사학을 크게 혁신시켜온 새로운 구상과 아이디어에 기반해 경제, 사회, 종교, 문화 등 모든 영역에서 유럽사의 핵심적인 주제들을 다루게 될 것이다. 또 많은 사람들이 읽을 수 있도록 쉬운 문체로 쓰려고 노력했다.

우리는 유럽을 건설하는 과정에 직접 관련된 사람들이 당면하고 있는 핵심적 질문들을 검토하는 동시에 세계의 많은 사람들의 호기심을 충족시켜주려고 노력했다. 간단히 말해, "유럽인들은 누구인가? 유럽인들은 어디에서 왔으며, 어디로 가고 있는가?"

자크 르 고프

한국어 판을 펴내며

우리가 서양을 만난 지 벌써 2세기가 지났다. 처음부터 우리에게 서양, 곧 유럽이란 무엇인가라는 물음은 절실한 것이었다. 특히 아편전쟁에서 '대국' 중국이 서구 열강에게 패한 사건은 실로 충격적이었다. 이리하여 이제 유럽은 무섭기는 하지만 피할 수 없는 존재가 되었고, 그럴수록 서양에 대한 지식과 이해는 민족의 생존을 위해서도 절박한 문제가 되었다.

돌이켜볼 때, 개항 당시 '서세동점(西勢東占)'은 이미 도도한 시대적 흐름이요 불가피한 세계사의 대세였다. 이에 맞선 '위정척사'는 전통 문화에서 해결책을 찾으려는 자구책이었으나 우물 안 개구리 식의 발상을 벗어나지는 못했다. '동도서기(東道西器)'는 또한 가능한 대안일 수도 있었지만 증기선과 계몽사상이 서로 분리될 수 없는 하나의 역사적 실체의 일부분임을 간과한 것이었다. 물론 이러한 오해가 우리에게만 특유한 것은 아니다. 독일조차도 영국과 프랑스의 '문명'과 자국의 '문화'를 구분했으며, 중국과 일본 역시 '중체서용(中體西用)'과 '화혼양재(華魂洋制)'를 부르짖은 바 있다.

참으로 비극적이었던 것은 우리가 많은 노력에도 불구하고 결국 국권을 상실하고 끝내, 그것도 유럽이 아닌 그 아류의 식민지로 전락했다는 사실이다. 그후 일제는 서양과의 직접적인 만남을 차단해버렸다. 예컨대 국내에서의 서양사 교육을 원천적으로 금지시킨 한편 우리에게 서양을 편향적으로 소개했다. 따라서 '위로부터의 혁명'을 통한 산업화만이 강조되었을 뿐 '아래로부터의 혁명'을 통한 근대화의 또다른 길은 전혀 알려질 수가 없었다.

'해방'은 새로운 국가 건설의 설렘과 함께 유럽의 올바른 이해를 위한 본격적인 기회를 가져다 주었다. 하지만 이를 현실화하기에는 우리의 역량이 너무 미약했다. 근대적인 분과학문 체계가 뿌리를 내리기는 했지만, 문화적으로 미국에 종속됨으로써 우리는 서양을 유럽 자체가 아니라 미국을 통해 바라볼 수밖에 없었다. 이런 어려움에도 불구하고 우리의 서양사 연구는 그간 상당한 수준의 전문성을 확보하는 데 성공했다. 하지만 각국사 중심의 서술을 아우르는 유럽 전반의 역사적 전망에는 아직 이르지 못한 것 같다. 따라서 숲은 있되 나무가 보이지 않거나 나무는 무성하되 숲이 보이지 않기가 십상이었다.

유럽의 5개 언어권을 대표하는 명문 출판사의 발의로 시작되어 현재 전 세계 15개 국어로 출판되고 있는 '유럽은 어떻게 만들어졌는가' 총서는 이러한 공백을 충분히 메워줄 것으로 기대된다. 유럽이라는 숲을 스물여섯 갈래의 산책로를 통해 보여줌으로써 줄지어 서 있는 나무들을 감상할 수 있는 절호의 기회를 제공해줄 것이다. 도시, 인구, 농민, 자연, 음식, 언어, 바다와 같은 일상생활의 구조로부터 기독교, 르네상스, 대학, 법, 개인주의, 과학, 계몽사상, 국가와 민족, 민주주의, 혁명에 이르는 유럽의 '발명품들'을 거쳐 이민, 국경, 이슬람과의 관계라는 외연을 통해 여성과 역사에 대한 자기 반성에 이르는 참으로 다채로운 여러 갈래 길들은 세계사에 대한 지난날 유럽의 풍부한 공헌과 함께 미래를 향한 예리한 전망을 독자들에게 전해줄 것이다. 특히 이 책들은 10여 개국의 역사가들이 분담하여 집필함으로써 미국 일변도의 유럽사 이해를 극복하는 데도 크게 기여하리라고 생각된다.

이 총서의 기획은 말할 나위도 없이 유럽 통합이라는 새로운 역사적 경험을 반영하고 있다. 하지만 유럽 통합은 근본적으로 유럽의 헤게모니 상실이라는 거대한 역사적 흐름의 한 부수물에 불과할 수도 있다. 따라서 이 총서에는 최근 유럽이 겪은 일련의 현실과 그에 따른 고민이 깊숙이 스며들어 있다. 1968년 5월 혁명의 폭발, '현실 사회주의'의 붕괴와 소련의 해체, 유럽 사회의 전반적 보수화, 비유럽 산업 세력의 등장, 제3세계, 환경 및 여성운동의 성장 등이 그것이다. 이러한 흐름은 지속적 성장과 높은 생산력을 기반으로 복지 국가를 건설할 수 있다는 '영국식 모델'의 허구성을 드러냈다. 이와 동시에 급속한 성장을 통해 제3세계의 전범이 될 수 있을 것이라는 기대를 모았던 소련의 '중앙집중식 성장 모델'도 붕괴되었다. 이러한 유럽의 자신감 상실은 학문 내적으로는 '계몽사상의 기획'에 대한 자기 반성, 일련의 '포스트 증후군', '타자'에 대한 재평가로 나타났다. 특히 역사학 내부에서는 사회경제사가 후퇴하고 새로운 정치사와 문화사가 부상하고, 유럽사 중심의 세계사에 균열이 나타났다. 이러한 역사 연구의 새로운 경향을 반영하고 있는 이 총서는 유럽의 새로운 정체성을 찾으려는 유럽 지성인들의 심도 깊은 고민을 생생하게 전해주고 있다.

아무쪼록 이 총서를 통해 유럽인들이 새 천년을 맞이하여 어떻게 정체성을 새로이 만들어가고 있는지를 가까이서 확인하기를 바란다. 전통은 거기에 있는 것이 아니라 언제나 새롭게 만들어지는 것이다.

최갑수 · 주경철

1. 야만의 거울

로마 군과 싸우는 야만족(파리, 루브르 박물관)

야만의 거울

'**유럽은** 언제 생겨났는가?'라는 질문은 적절하지 못하다. 왜냐하면 그것은 우리가 지금 유럽이라고 부르고 있는 지리적 공간에 살았던 최초의 인간들의 정주를 의미할 수도 있고, 또 그 공간이 지금의 이름을 갖도록 해준 고유한 문화 형태 혹은 공동체 의식의 출현을 의미할 수도 있으며, 그런가 하면 그곳에 사는 사람들 혹은 문화를 가리킬 수도 있기 때문이다.

아시아가 대부분을 차지하는 거대한 대륙의 한 귀퉁이에 위치하고 있는 유럽의 지형은 지금까지 명확한 물리적 경계를 갖지 않았기 때문에 특징적 요소가 되지 못한다. 고대 그리스인들은 이집트인들이나 메소포타미아인들과 마찬가지로 지구가 '사방에서 짖어대는 대양의 강'으로 둘러싸인 하나의 거대한 섬이라고 생각했다. 헤파이스토스*는 아킬레우스의 방패에 지구를 이런 모양으로 표현했고, 최초의 구형 지도들도 지구의 모습을 이런 식으로 재현했다.

그후 여행자들이 전해주는 이야기가 더욱 구체성을 띠어감에 따라 이

---

* 그리스 신화에서 불의 신이자 신들의 대장장이인 헤파이스토스는 트로이 전쟁의 영웅이자 불사신인 아킬레우스에게 새로운 갑옷과 다섯 겹으로 된 방패를 만들어주었다고 한다.

테티스 여신의 주문에 따라 아킬레우스의 방패를 만들고 있는 헤파이스토스

러한 모습의 세계는 점점 확대되어 경계선들이 더욱 멀어져갔다. 그리하여 지구는 온갖 괴물과 경이로움으로 가득 차게 되었다. 당시 지구 덩어리는 유럽, 아시아, 아프리카로 삼분되어 있었다. 유럽과 아프리카는 바다를 사이에 두고 나뉘어 있었지만, 유럽과 아시아와의 경계는 지리보다는 문화적 기준을 따랐다(보통 보스포루스 해협이나 돈 강을 따라 설정되었다).

유럽 최초의 정착자들 역시 아무런 특별한 점도, 또 별다른 특징도 갖고 있지 않았다. 이 유럽 땅에 처음 들어온 사람들은 아프리카로부터 여러 차례에 걸친 이주의 물결을 타고 들어온 듯하고(또한 150만 년 전에 그루지야*에서 살았던 사람의 흔적이 시사하듯이 아마 아시아로부터도 온 듯하다), 그 중 마지막이자 후손을 남긴 유일한 이주는 '호모 사피엔스 사피엔스'의 이주로서 3만 년 혹은 4만 년 전에 일어났다. 이는 비록 그보다 먼저 살던 사람들이 있기는 했지만(약 65만 년 전으로 추정된다) 확실한 생물학적 조상으로 간주될 수 있는 최초의 유럽인들은 비교적 최근에 들어온 사람들이라는 것을 의미한다.

소위 유럽 '문명'의 기원은 기원전 8000~7000년 전 근동에서 출현한 일련의 진보에서 출발한다. 이것은 몇몇 동식물의 '길들이기'와 최초의 도시들의 형성과 함께 시작되었다. 그런데 이 길들이기 과정은 엄격하게 경제적인 의미를 초월하는 것이었다. 왜냐하면 점점 더 집약적 기술을 사용하게 됨에 따라 사람들은 정치적·사회적 구조에 결박되고 점차 그것에 의존하게 되었기 때문이다. 유전학적 증거로 보건대 농업은 이 최초의 지역, 즉 근동에서부터 서쪽으로 1년에 약 1킬로미터의 속도로 매우 느리게 확산되어간 것 같다(서유럽의 끝까지 도달하는 데는 4000년이 걸렸다). 이 새롭고 보다 효과적으로 발전된 식량 생산 방법은 원래는 없던 새로운 동식물군과 함께 수렵인과 채집인들이 이미 살고 있던 지역으로 도입되었는데, 이들은 무엇보다 숲에 의존하고 있었다. 이들 수렵채집인들은 처음에는 농경민들과 공존했고(바스크어**는 아마 마지막 중석기 수렵민들의 언어에서 유래한 것 같다), 후에는 과거의 식량 획득 형태를 새로운 형태와 연결시켜 하나로 종합해냈다.

이처럼 유럽 문명의 기원이 혼혈적이라는 것을 보여주는 증거는 유럽사에 대한 전통적 관점과 날카로운 대조를 보이는데, 그 전통적 관점은 유럽의 발전 과정 전체를 아주 독특하고 우월한 기원에서 연원하는 것

---

* 러시아와 터키 사이에 위치한 중앙 아시아의 흑해 연안 지역.
** 스페인과 프랑스의 비스케이 만(灣) 및 피레네 산맥 서쪽에 거주하는 바스크(Basque) 족 언어.

으로 설명하기 위해 전체 맥락으로부터 진정 유럽적인 것을 분리시키는 데 진력해왔다. 그리고 그것은 또한 아시아 혹은 아프리카의 여러 침입자들에 의한 퇴행의 위협과의 부단한 투쟁의 와중에서도 온전히 스스로를 지켜내왔다.

이러한 관점은 그리스인들이 자기 자신에 대해 만들어낸 이미지에서 유래한다. 그리스인들은 '아시아의 야만인'(이것은 단지 자신들과 대비시키기 위해 고안해낸 일종의 대역이었다)이라고 하는 면이 고르지 못한 거울에 자신들을 비추어봄과 동시에 그리스 문화는 야만과는 무관하다는 독특한 정체성을 정당화하는 역사를 구축하면서 이러한 이미지를 만들어냈던 것이다. 이러한 관점은 18세기 말, 19세기 초의 유럽인들에 의해 다시금 재건되었는데, 그들은 '미개인' 혹은 '야만인'과의 대조를 통해 자신들을 규정하는 일에 몰두했다.* 당시 프로이센과 영국은 교육의 토대를 고전 고대의 학습에 두고, 기존 질서의 문화적·사회적 가치 전체를 이상화된 그리스의 유산으로 내세우면서 이를 정당화하려고 했다.

'그리스 신화'의 기원에는 '메드 족**의 전쟁'이 있다. 예로부터 "페르시아의 위협에 직면해서야 비로소 그리스는 자기 정체성을 발견했다"라는 이야기가 있어왔다. 고대 그리스인들은 공동의 공간 속에 통합되어 있지도 않았고 동일한 군주의 지배 하에 있지도 않았다. 오직 언어만이 이들을 결합시키고 있었으나 그것도 서로 상당히 다른 방언들이 많아서

---

* 대표적인 예로 '아리아 인종'이라는 개념을 들 수 있다. 19세기에 유럽인들은 아리아인을 인도-유럽어를 사용하는 인종과 동의어로 사용하면서, 아리아인이 셈 족이나 황인종, 흑인종에 비해 도덕적으로 우월하며 인류의 진보에 결정적으로 기여한 인종이라는 개념을 만들어냈다. 이는 히틀러와 나치에 의해 오용되어 유대인, 집시 등 '비아리아 인종'을 제거하려는 독일 정부 정책의 기초가 되었다.
** los medes, 페르시아인들과 혈연 관계가 있는 인도-유럽어족의 일파. 메디아인이라고도 한다. 기원전 17세기경 오늘날 메디아라고 알려진 이란 동북부 지역으로 들어가 정주한 것 같다.

'헬레니콘'(hellenikón, 집합적 의미의 '그리스인들')이라고 표현되는 공동체 의식을 지탱하기에는 적절치 못했다. 왜냐하면 헬레니콘이란 말은 지금의 지리적 그리스를 넘어 유럽 쪽으로 혹은 아시아 해안을 따라 쭉 펼쳐져 있던 하나의 광대한 사회를 포함하고 있었기 때문이다.

따라서 이처럼 스스로를 규정하기 어려웠기 때문에 자기 자신을 남과 구별하기 위해 비추어보는 거울로서 '야만인'이라는 개념을 생각해냈다고 할 수 있다. 투키디데스*는 호메로스가 트로이 전쟁에 참가한 그리스 민족 전체에 대해 하나의 집합 명사를 사용하지 않았다고 말하면서 "야만인들에 대해서도 마찬가지였는데, 내 생각으로는 그리스인들이 야만인이라는 이름과 대조되는 하나의 이름으로 지칭되지 않았기 때문이었던 것 같다"라고 지적했다. 이렇게 볼 때 그리스인이라는 개념은 '야만인'이라는 개념과 동시에 만들어졌음이 분명하다.

'야만인'이라는 용어는 원래 그리스어를 유창하게 말하지 못하는 사람을 가리키는 말이었다. 그것은 그리스어를 할 줄 모르거나 '더듬거린다'는 것을 의미하는 의성어에 지나지 않았다(이는 모든 민족의 외국인 배척 신화에 나타나는 공통 요소이기도 하다). 거기에 정치적·도덕적 성격을 가미한 것이 바로 페르시아 제국과의 전쟁(BC 492~479)이었다.

헤로도토스**는 이 전쟁을 그리스의 자유와 아시아 민족들, 즉 "여태까지 존재한 인종 중 가장 잔인하고 정의롭지 못한 민족들"의 전제주의 간의 대결로 묘사했다. 그는 또한 아시아인들에 대한 이러한 이미지에 맞서 시민들이 정치적 권한을 나눠 갖는 자유로운 그리스인의 집합체라

---

* Thucydides, BC 5세기 후반에 활동한 고대 그리스의 가장 위대한 역사가. 아테네와 스파르타의 전쟁을 다룬 『펠레폰네소스 전쟁사』를 썼다.
** Herodotos, 그리스의 역사가. 고대에 창작된 최초의 이야기체 역사인 그리스와 페르시아 전쟁을 다룬 『역사』를 저술했다.

고 하는 이미지를 만들어내고, 그것으로 페르시아에 대한 그리스의 승리를 설명했다. 즉 일반적으로 정치적 권리의 평등은 아주 소중한 자산으로서 그리스인들은 바로 이것을 지키기 위해 투쟁했기 때문에 전제군주의 군대를 격퇴하는 데 필요한 용기를 발휘할 수 있었다는 것이다.

무엇보다도 연극이 이 '야만인' 개념을 앞장서서 확산시켰다. 지금까지 전해내려오는 기원전 5세기의 아테네 비극의 절반 가량이 야만인을 이야기하고 있다. 온갖 종류의 흉폭한 짓들, 즉 근친상간, 온갖 범죄, 인간 희생번제 등이 이들을 그리스인들과 구분시켜주는 특징이었다. 에우리피데스*의 비극 『주신(酒神) 바코스의 시녀들 Bacchae』은 '아시아로부터' 돌아오는 디오니소스에게 밀어닥치는 온갖 미스터리와 폭력을 배경으로, 강제 추방된 카드모스**와 그의 딸이 "남은 여생을 야만인들과 함께 살아야만 하는 가엾은 내 신세야"라고 탄식하는 것으로 끝을 맺는다. 또한 이처럼 '상이함'을 열등함으로 해석하는 것은 노예제를 합리화하는 데도 기여했다. 아리스토텔레스에게서 그리스인이 아닌 노예들은 주인들과는 "육체를 가진 영혼과 인간의 탈을 쓴 짐승"처럼 달랐다. 따라서 노예들은 "주인에게 지배되어" 사는 것이 최선이었다.

그러나 그리스는 자유로운 데 반해 아시아는 전제적이었다는 이러한 생각은 대부분 착각이었다. 모밀리아노(Arnaldo Momigliano)의 말대로 "일반적인 그리스인들에게서 자유는 타인의 자유에 대한 존중과 전혀 무관했다". 통치에 집단적으로 참여하는 자유 시민들이 거주하는 그리스의 '폴리스'라고 하는 일반적 이미지는 하나의 환상에 불과했다. 그것은 노예의 고통, 농민의 소외('발전된' 도시와 '뒤떨어진' 농촌이라는 잘못

---

* Euripides, 고대 아테네의 3대 비극작가 중 한 명.
** Kadmos, 그리스 신화에 나오는 인물로 테베 시를 건설했다고 한다.

된 대조에 의해 은폐되었다), 여성의 예속(여자의 이빨 수는 남자보다 적다고 확신한 아리스토텔레스가 여자들에게는 인간을 재생산하는 '인큐베이터', 임신이라고 하는 단지 수동적인 역할만을 부여하고 있을 정도로 여성은 열등한 존재로 간주되었다), 그리고 부유한 시민들과 가난한 시민들 간에 엄연히 존재하고 있던 분명한 차별을 은폐하고 있는 것이다.

아테네의 '민주주의'는 전혀 평등을 지향하지 않았다. 솔론*은 "예전처럼 모든 관직을 부자들의 수중에 두는 데" 관심을 두었고, 민중에게는 단지 꼭 필요한 최소한의 것 이상을 허용하지 않았다. 아테네인들이 성취하기 위해 투쟁한 '민주주의'는 완전한 정치적 권한을 가진 소수의 시민들 — 아마 아티카** 인구의 10분의 1 정도 — 에게 민회에서 국가의 문제를 논의하고, 때가 되면 각자가 권력의 한몫을 차지할 목적으로 관직을 추첨으로 정하는 것 이상을 의미하지는 않았다(헤로도토스 자신도 아테네에서는 그런 권한을 갖지 못한 외국인이었다). 그리스인들에게서 '자유'와 '민주주의' 같은 용어는 지금과는 전혀 다른 의미를 갖고 있었던 것이다.

이처럼 제한된 '민주주의' 프로그램마저도 기원전 4세기에 경제적 어려움으로 심각한 사회적 갈등이 나타나고 그리스 사회가 위기 상황에 빠지게 되자 효력을 상실했다. 그리스인들은 아테네 중심의 통합을 주장한 데모스테네스***를 위시한 전통주의적 입장(이때는 이미 전반적인 조건이 한 세기 전과는 크게 달라져 있었고, 따라서 무엇보다도 "민중이 권력

---

* Solon, 아테네의 시인이자 개혁가. 그리스의 7현인(賢人) 중 한 명으로 알려진 그는 BC 509년에 귀족과 평민 간의 격차 해소를 주요 내용으로 하는 개혁을 시도하였으나 실패했다.
** 그리스 중동부에 있던 고대 지방. 아테네가 중심 도시였다.
*** Demosthenes, BC 384~BC 322, 아테네의 정치가이자 웅변가. 아테네 시민을 선동해 마케도니아 왕 필리포스와 그의 아들 알렉산더 대왕에 대항하도록 만들었다.

자들을 통제하고 모든 형태의 부를 지배한다"는 환상을 계속 유지하기 어려운 상황이었다)과, 마케도니아 제국에 통합되어 새로운 시장들을 개척할 수 있는 대(大) 군사 작전에 참여하고, 다수의 평민들을 군대로 내보냄으로써 사회적 긴장을 완화하고 싶어하는 사람들로 나뉘어 있었다.

결국 마케도니아의 필리포스와 알렉산더의 압제 정치를 수용하는 것으로 귀결되었다. 알렉산더는 페르시아 제국의 정복이라고 하는 대망을 실현시키기는 했지만 그 대신 그리스 시민들은 독립을 포기해야만 했다. 민주주의는 상층 그리스인들과 처음에는 마케도니아인, 그리고 나중에는 로마인들과의 연합으로 서서히 무너져내렸으며 후에는 그 개념 자체가 "희미하게 기억되고, 결국에는 행복하게도 소멸되어버린, 그럼에도 불구하고 부자들의 등골을 오싹하게 하는 유령으로 변해버렸다". 1934년(이때는 많은 지식인이 파시즘 앞에 굴복한 시기이다)에 모밀리아노가 다음과 같이 설명했듯이, 이러한 실패는 그 자체가 가진 한계와 관련되어 있었다.

다른 사람들의 자유를 인정하지 않는 자유로부터 전제주의로 이행하는 논리와 관련해 그 어떤 것도 그리스인들이 자유를 얻으려는 힘든 투쟁의 과정에서 (아마 자신들도 모르는 사이에) 어떻게 해서 단지 전제주의를 낳고 전제주의로의 길을 준비하게 되었을 뿐인가 하는 것보다 더 많은 반성을 가져다 주는 것도 없을 것이다.

그리스인들을 야만인들과 구분시켜준다고 하는 높은 수준의 지식과 예술에의 폭넓은 참여도 사실과 다르다. 고전 세계 문화는 기본적으로 구전(口傳) 문화였다. 기술(記述)은 암송의 액세서리에 불과했다. 아테네인들의 문자 해독 수준에 대해서는 지금까지 많은 논란이 있어왔다(리쿠르고스*가 법률을 기록하거나 무덤에 이름을 써넣는 것을 금한 스파르타인들은 거의 대부분이 문맹이었음이 분명하다). 그러나 더듬거려가면서나 글자를 읽을 수 있고, 단어 몇 개를 쓸 줄 아는 사람들을 기록 문화에 완전하게 참여한 사람들과 구분한다면 고전 세계에서 글을 읽을 줄 아는 사람이 매우 드물었다는 사실은 인정되어야 할 것이다.

최초로 글로 씌어진 텍스트는 법률이었음이 분명한데, 자의적인 수정을 막기 위해 경판(硬板)에 새겨졌다. 두루마리 모양의 책은 기원전 5세기 중엽까지 매우 드물었고 그 이후로도 흔치 않았다. 책의 출현은 산문의 발전과 함께 의학 편람처럼 복잡한 철학적 혹은 과학적 지식을 보전할 필요성과 관련되어 있으며, 극소수 독자층을 위한 것이었다. '도서관'에 대해 언급하고 있는 최초의 사례 중 하나가 아리스토텔레스와 관련된 것인데, 그의 제자들은 스승의 생각을 확실히 보전할 필요가 있다고 생각했던 것 같다. 하지만 공공 도서관은 그보다 한참 후인 헬레니즘 왕국의 수도들에서 출현했는데, 특히 알렉산드리아는 40만 권에 이르는 두루마리 책의 대(大) 보관소 속에 '세상의' 모든 지식을 결집시키고자 했다. 물론 지배자들의 문화를 보전하고 피지배자들의 문화를 그리스어로 번역하여 지배자들의 손이 미치는 범위 안에 두고자 하는 데 그 목적이 있었다. 이 도서관들은 무엇보다도 정치적 지배 도구로서, 그리스어를 말하는 소수의 '전문가들'을 위해 만들어진 것이었다.

그리스인이 자기 자신에 대해 그리고 있던 초상화와 우리들이 조상을 모신 방에 걸어둔 초상화가 모두 거짓된 것이라면 이러한 초상화에 수

---

* Lycurgus, BC 7세기경에 활동한 고대 스파르타의 입법자. 고대 스파르타 제도의 대부분을 제정했다고 한다.

반된 역사 또한 마찬가지로 거짓이다. 그리스인 대 야만인이라는 대비는 그리스 문화의 혼혈적 기원의 실재를 은폐하는 데 기여했다. 하지만 이것은 또한 그리스인 자신들의 신화에 의해서도 폭로되고 있다. 그리스 신화는 유럽을, 황소로 변한 제우스에 의해 고국에서 납치당한 후 크레타에 정착해 크레타의 왕이자 '유럽의 지도자(dux Europaeus)'인 미노스 왕을 수태한, '바람에 나부끼는 외투를 걸친 페니키아 왕의 딸' 즉 에우로페*로 묘사하고 있으니, 이는 분명 어떤 근거에 입각한 것이었다.

그리스 종교는 북쪽의 초원에서 유래한 기원을 상실하고 일련의 새로운 신화들을 받아들이는데, 상당히 심오한 차원에서 이루어졌기 때문에 그리스 종교를 지중해적 요소와 인도-유럽적 요소 간의 종합으로 정의할 수 있을 정도이다. 우리는 이것을 제우스 자신에게서 볼 수 있다. 인도-유럽적 이름을 가진(Zeus는 라틴어 deus 혹은 dius처럼 '빛나다'를 뜻하는 어원으로부터 나왔다) 그는 동시에 크레타에서 태어나는데, 이처럼 정복자들의 신과 정복당한 자들의 종교 의식을 결합하고 있는 듯한 역사를 갖고 있는 것이다.

'유럽 문명 최초의 요람'이 된 미노아 시대 크레타 문화의 개화는 해상 교역의 요충지이자 근동, 아나톨리아, 그리고 발칸 반도의 위대한 문화들의 영향이 집결하는 지중해의 한 거점에 위치하고 있었던 이 섬의 특권적 위치와 관련되어 있다. 크레타에서는 기원전 3000년대(tercer milenio) 이후 비록 여러 가지 재난(외적의 침입, 지진, 그리고 기원전 1470년경의 테라 화산의 대폭발** 등)에 의해 중간에 중단되기도 했지만,

---

* 제우스는 이 에우로페(Europe)의 아름다움에 반해 그녀를 차지하고자 황소로 변신, 그녀를 크레타로 데려가 혼인함으로써 왕비이자 미노스 왕조의 모후로 만들었다.
** 에게 해에 있는 그리스 남단의 섬인 테라(티라라고도 함) 섬은 고대에 칼리스테('가장 아름다운 섬')라고 불렸다. 그러나 BC 1470년경 화산이 폭발하여 섬에 살고 있던 생물을 모두 죽였다.

황소로 변한 제우스와 이 황소를 타고 바다는 건너는 에우로페

화산의 파편은 남쪽으로 125Km나 떨어진 크레타 섬까지 덮쳐 미노아 문명을 거의 다 파괴해버렸다.

거대한 궁전 겸 신전들이 세워지고, 아마 히타이트 족의 것과 비슷한 문자 체계(아직까지도 해독되지 않고 있는 선형 A문자*)를 만들어낸 문화의 필수적 요소들이 형성되었다. 그러나 이러한 미노아 문명은 미케네인들의 침입에 의한 것처럼 보이는 기원전 1380년경의 크노소스 궁의 소실 이후 소멸했다.

이후 미노아 문화는 그리스 땅의 새로운 정착자들, 즉 대도시 건설자들인 미케네인들(이들은 자신들의 그리스 언어를 기록하기 위해 크레타 문자를 차용했다)에게로 넘어가는데, 이들은 트로이를 정복한 아카이오스인**들로 추정된다. 이들 미케네인들도 이른바 '기원전 12세기의 위기' 때 새로운 침입에 의해 역사가 중단될 수밖에 없었다. 침입과 야만인 보병대에 의해 옛 왕국들의 전차 부대들이 패배함으로써 발생한 '기원전 12세기의 위기'란 말은 히타이트 제국의 붕괴, '바닷사람들'의 이집트 공격***, 팔레스티나인†들의 가나안 침공, 그리고 그리스 역사의 이른바 '암흑기'의 시작이 동시에 나타난 현상을 설명하기 위해 사용되어왔다. 그러나 오늘날 그것은 ― 비록 실제로 침입과 파괴가 있었지만 ― 하나의 재난으로 간주되기보다는 그러한 사실들에 대한 응답으로 간주되고

---

* BC 1700경~BC 1600경에 크레타 섬에서 쓰인 선형(線形) A문자는 아직 해독되지 않은 반면, 그보다 늦은 시기, 즉 BC 1400경~BC 1150경에 그리스어를 표기하는 데 사용된 음절 문자인 선형 B문자는 해독되었다. 일부 학자는 선형 B문자가 선형 A문자에서 발달한 문자 체계로 보고 있으나, 두 문자 체계가 나란히 발달한 것으로 간주하는 학자도 있다.
** Achaean, 고대 그리스 민족. 호메로스의 저서에 다나오이 족 및 아르게이오이 족과 더불어 트로이를 포위공격한 그리스인으로 적혀 있다. 고고학적 발굴에 근거해 일부 학자들은 아카이오스 족과 미케네 족을 같은 종족으로 취급하고 있다.
*** 기원전 12세기 초에 북쪽의 해양 민족들은 동맹을 결성, 이집트를 침략했다. 그러나 파라오 람세스 3세에게 패해 서쪽으로 쫓겨났으며, 그 중 일부는 시칠리아인과 사르데냐인 및 에르투리아인이라는 이름의 기원이 되었을 가능성이 있다.
† Philistine, BC 12세기에 이스라엘 민족이 팔레스티나(팔레스타인)에 당도할 무렵 팔레스티나 남해안 지방에 정착한 에게 지방 출신의 한 민족. 성서에서는 블레셋인으로 나온다.

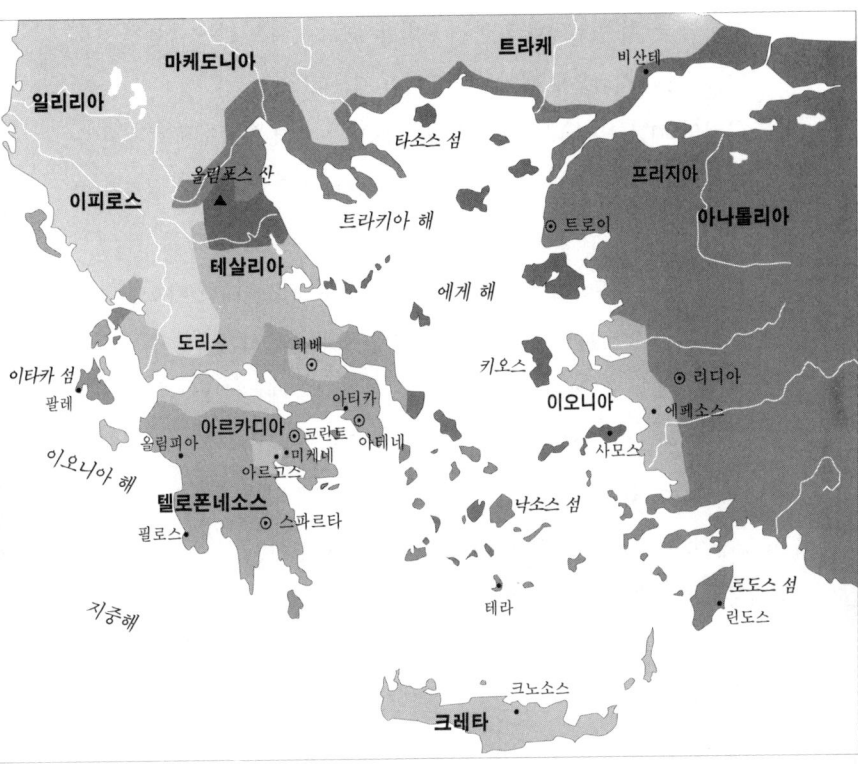

고대 그리스

있으며, 이러한 응답으로부터 그리스의 폴리스가 출현하고 지중해 무역이 부활한 것으로 생각되고 있다.

그러나 '그리스인의 기적'이라는 신화를 무너뜨리고 대신 인도-유럽인, 메소포타미아인, 이집트인 혹은 미노아인의 기적으로 대체하는 것은 아무런 소용이 없다. 우리에게 필요한 것은 하나의 단일한 '창조적' 민족이라고 하는 개념을 보다 광범한 틀을 가진 관점으로, 즉 각자가 기여한 바가 일종의 총합을 이루어 어떤 문화가 나타나도록 만든 앞서 언급한 모든 민족들 — 그리고 카르타고인, 에트루리아인, 켈트인 등까지를 포함하는 — 의 만남이라고 하는 광범한 틀로, 그리고 많은 공통된 요소를 갖는 문화 개념으로 대체하는 것이기 때문이다.

문자의 예를 보면 내가 말하고자 하는 바를 좀더 분명하게 이해할 수 있을 것이다. 아무래도 문자의 기원은 표면에 기호와 표적이 새겨진 속이 빈 구형 토기 안에 들어 있던 메소포타미아의 작은 점토 조각들에서 구해야 할 것 같다. 이러한 체계는 이 구형 토기가 애매한 기호를 가진 단단한 작은 점토판으로 대체되면서 단순해졌는데, 처음에는 숫자와 물체를 표현하는 데 제한된 단순한 그림 문자 수준에 머물렀으나 기원전 3200년경이 되자 진정한 의미의 최초의 기록된 문서가 출현한다. 이때 모음과 같이 쉽게 그릴 수 없는 개념을 표현하기 위해 상형문자의 음가(音價)가 사용되고 결합되었다. 기원전 2600년경에는 복잡한 문서들을 기록할 수 있는 쐐기 모양의 문자가 만들어지고, 그것이 이웃 민족들에게 퍼지는데 바로 이 시기에 바빌로니아 언어는 국제적 통상 언어 혹은 문화 언어가 되었다.

애초에 수메르인들에 의해 처음 고안된 이 체계는 그후 수많은 형태의 문자를 위한 모델이 되어 크레타에서부터 인도까지, 그리고 흑해로부터 아라비아에 이르는 넓은 영역에서 다른 언어들에 응용되었다. 그러나 결정적인 진보가 이루어진 것은 모든 상업적 혹은 문화적 흐름이 모여드는 교차점이자 이미 많은 형태의 글자가 알려져 있던 페니키아에서였다. 이것은 하나의 새로운 방법으로서 그곳에 정주한 사람들의 셈계 언어에 적용되었는데, 거기에서는 각각의 부호가 하나의 자음을 표현하고 또한 점토판에 쓰어진 설형문자보다 파피루스 위에 쓰어지기에 보다 적합한 선형(線形)의 획을 사용했다. 미케네 문명을 멸망케 한 재난 때 문자(이른바 선형 B문자)에 대한 지식을 상실한 그리스인들은 기원전

현대 알파벳	고대 페니키아	고대 히브리	고대 그리스	초기 로마	그리스 이름
A	⚹ ⚹	⚹	⊲ A A	m ʌ A	Alpha
B	ᔤ 9	� 9	9 E	B B	Beta
G	7 7	7 7	< ⌐ 1 1	C G	Gamma
D	⊲ ٩	٩ ٩	△ ⊲ ᐃ	△ D	Delta
E	∃	∃	∃ ⟆ E	E	Epsilon
F	1	⅄	⟊ ⟊ ⌐	F	Digamma
Z	Z	—	I	Z	Zeta
HE	目	E	日 H	H	Eta
TH	⊗	—	⊙	—	Theta
I	⌒ ⌒	⟨	⟨ ⟨	1	Iota

페니키아의 알파벳으로부터 발전해나간 여러 가지 형태의 알파벳. 서로 많이 닮아 있음을 볼 수 있다.

800년경에 이 페니키아인들의 간단하고도 실용적인 알파벳을 차용했다. 이와 함께 '알파벳'이라는 이름과 파피루스 잎을 의미하는 '비블로스(byblos)'라는 용어를 채용했는데, 거기에서 오늘날까지 사용되고 있는 책과 관련된 용어의 대부분이 파생했다. 여기에 그리스인들은 모음을 나타내는 부호들을 갖고 이 체계를 풍요롭게 만들었는데, 이는 그것이 셈계 언어들(이들은 오늘날까지도 아랍어나 히브리어와 같이 자음의 표현에 토대를 둔 문자 체계를 사용하고 있다)과는 다른 언어들에 적용되는 데 매우 중요한 단계를 이루는 것이었다. 그리스인들에 의해 다시 다듬어진 알파벳은 에트루리아어(이것은 다시 중세 시대까지 스칸디나비아에서 사용된 룬 문자의 모델이 되었다), 우리가 사용하고 있는 라틴어, 그리고 슬라브 족의 키릴어의 토대가 되었다. 이처럼 알파벳은 동부 지중해 문명의 교차 지점에서 일련의 문화적 상호 작용으로부터 생겨난 것이었다.

문자에 대한 앞서의 언급은 의심의 여지 없이 다른 분야들, 예를 들어 기하학, 천문학, 의학 등에도 유효할 것이다. 이러한 영역들에서도 역시 그리스인들은 '발명자'나 또는 단순한 '전달자'로 간주되어서는 안 되고, 다른 사람들이 이미 시작한, 또 그후로도 다른 사람들이 계속해서 발전시키게 될 과학적 행위들의 발전 단계에서 하나의 완성 단계를 담당한 주인공들로 간주되어야 할 것이다.

'과거의 파괴'와 '근대 연구자들의 무관심'의 결합이 우리로 하여금 이 '혼혈'의 문화가 그리스에서 그리고 후에 로마에서 표현되어진 모습만을 알게 만들고, 그 형성 과정에서 예를 들어, 선(先)인도-유럽어를 사용하고 생산품을 대륙 전역에 퍼뜨리고 오늘날에는 잊혀졌지만 당시 문학과 연극에 생명을 불어넣었으며 그리고 무엇보다도 "엄밀한 의미의 유럽 땅에서는 최초로 고도의 도시 조직의 표현"을 창조해낸 에트루리아인들과 같은 다른 민족들이 담당한 몫을 간과하게 하였다. 이들 에트루리아인들은 켈트 예술에 영향을 미쳤고, 라틴어를 말하는 민족들에게 littera, mundus, populus, publicus 혹은 persona 같은 극히 기본적인 단어들을 유산으로 남겨주었다.

이와 비슷한 상황을 지중해의 다른 쪽 연안인 카르타고에서도 찾아볼 수 있다. 카르타고인들의 문자 해독 수준은 그리스인들보다 더 높았던 것 같다. 농민들과 어부들까지도 읽고 쓸 줄 알았다. 그러나 이들의 문화에 대해서는 '페니키아의 책들'에 요약되어 나타나고 있긴 하지만 별로 알려진 바가 없는데, 그것은 로마가 카르타고의 도서관들을 아프리카의 추장들에게 선물로 줘버림으로써 이들에 대한 흔적을 말살해버렸기 때문이다. 그럼에도 불구하고 이 문화 대학살에서 살아남은 것도 있으니, 마고*의 농업 대백과사전이 그것이다. 28권으로 된 이 백과사전은 로마의 아폴로 신전에 예언자들의 책들과 함께 보관되었는데, 라틴어로 번

---

* Mago, 제2차 포에니 전쟁(BC 218~BC 201)중 로마에 맞서 싸운 카르타고의 장군.

역되고 수많은 요약본으로 만들어져 보급되었으며 중세 시대 아랍의 농학에도 영향을 주었다.

그리스 신화는 알렉산더 이후 성격이 바뀌며 새로운 차원을 갖게 된다. 세계 제국 건설에 따른 정치적 필요는 그 제국에 편입되기를 원하는 야만인들이 쉽게 그 속으로 들어올 수 있도록 하기 위해 '헬레니즘적인 것'이 엄격하게 문화적인 의미를 갖도록 강요했다. 플루타르쿠스에 따르면 아리스토텔레스는 알렉산더에게 그리스인들은 친구로 대하고, 야만인들은 "식물이나 동물처럼" 다루라고 조언했다고 한다. 그러나 알렉산더는 그 조언을 따르지 않고 "전세계를 위한 중개자"로 자처해 광대한 제국의 통치를 위해 필요한 원주민 지배 계층의 동화를 쉽게 만들었다.

헬레니즘 왕국들에 의한 그리스 언어와 문화의 피상적 수용은 일종의 '근대화적 위장'에 불과했다. 알렉산더 사후 헬레니즘 세계에 출현한 국가들은 겉으로는 폴리스의 민주적 제도들을 수용하고, 그리스어로 번역되고 상업적 번영기에 맞게 각색된 모습으로 고래의 오리엔트적 정치 형태를 그대로 유지했다. 근동의 도시들은 극장이나 체육관과 같은 공공 건물 등을 그리스 식으로 만들었다(유대인 사제들조차 예루살렘의 극장이나 체육관에 출입했다). 그러나 예를 들어 아고라*는 이미 정치적 기능을 잃어버리고 단순히 가게와 은행들 그리고 상가들이 운집해 있는 상업 중심지에 지나지 않았다.

무력으로 헬레니즘 세계를 정복한 로마는 라틴어가 그리스어의 방언이라고 주장하고, 로물루스의 가계에 아이네이스를 끼워넣고**, 혹은 베

---

* agora, 고대 그리스 도시에서 시민들이 모여 다양한 활동을 하는 집회장으로 쓰인 야외 공간.
** 베르길리우스의 『아이네이스』에 따르면, 그리스인들이 트로이를 불태운 그날 밤에 아이네이스는 모친 비너스의 말에 따라 불구인 아버지를 어깨에 메고 도망쳐 나왔다. 그리고 그는 지중해를 7년간 떠돈 끝에 티베리스 강 하구의 이탈리아 연안에 도착했고, 그것이 로마의 모태가 되

르길리우스*에 의해 적당히 개작된 호메로스의 전통을 자신의 역사로 수용함으로써 이 세계의 계승자로 자처했다. 그러나 정말 지속되었던 것은 알렉산더의 제국 정책이었고, 비록 로마가 그리스의 언어와 문화를 동화시키기는 했지만, 그것은 무엇보다도 아테네 민주주의라고 하는 과거의 수사학에 의해 정당화된 권위주의 사회의 건설 계획을 완성하면서 자체의 그리스화한 틀을 가지고 계속 통치해나가기 위한 수단에 불과했다. 왜냐하면 제국과 민주주의는 양립 불가능한 용어였기 때문이다. 알렉산더 사후 한 세기 반 후에 인질로 로마에 잡혀간 그리스인 폴리비오스는 헤로도토스가 그리스 문명의 특징으로 선언한 정치적 권한의 평등과는 전혀 비슷하지도 않은 로마인들의 정부 형태와 '혼합적 정체'에 대해 경의를 표했다.

로마 제국에는 참여 민주주의 체제가 존재하지 않았다. 형식적으로 로마 제국은 분명히 공화정의 지속(황제가 적어도 이론적으로는 원로원과 함께 통치했다)과, 황제의 개인적 결정(이것은 대개 속주인들의 '청원'에 대한 응답의 형식으로 내려졌다)이 법으로 간주되던 제국의 나머지 부분에 대한 황제의 직접적 지배가 기묘하게 뒤섞여 있었다. 지배 계층은 힘이 아니라 '빵과 서커스' 혹은 종교적 희생 등을 포함해 '에버게티즘'**이라 불리는 체제, 즉 프린켑스***의 선물에 기반한 민중의 동의를 통해

었다는 것이다.
* Vergilius, BC 70~BC 19, 로마의 가장 위대한 시인. 트로이와 로마의 신화적인 영웅인 아이네아스(Aeneas)에 관한 여러 전설을 모아 서사시 『아이네이스*Aeneid*』를 집필했다.
** evergetism, 그리스어 euergetês에서 유래한 말로 영어의 beneficient, 프랑스어의 bienfaisant에 해당한다. 원래 이 말은 그리스·로마사에서 한 단체에게 필요한 건물과 설비를 제공하거나 인민에게 호의를 베푸는 지배자들의 태도를 의미했다.
*** princeps, 아우구스투스 이후 제정 초기의 로마 황제들이 비공식적으로 사용한 칭호. 프린켑스는 원래 '제1시민' 쯤의 의미를 갖고 있으나 대개 '원수(元首)'라고 번역된다. 그들의 권한은 황제와 전혀 다르지 않았으나 프린켑스라는 용어를 사용함으로써 그의 권위가 여전히 과거 원로원의 지도적 인사의 그것에 준하는 것일 뿐이라는 외양을 취하고 있었다.

도시의 사회 질서를 유지해나갔다.

바로 이 때문에 로마인들은 그리스인들과는 달리 실질적으로는 정치적 권한을 의미하지 않는 '시민권'에의 접근을 제한하지 않고 다른 민족들의 지배 계층을 끌어들이기 위해 시민권을 속주의 유력자들에게 기꺼이 부여할 수 있었던 것이다. 212년에 카라칼라 황제에 의해 공표된 안토니누스 시민법은 시민권을 사실상 제국의 모든 자유민들에게로 확대시켰다.

로마 제국은 지금까지 '서로 통합되지 않은 지역들의 집합체'로 일컬어져왔다. 실제로 우리가 '제국'이라고 부르는 것은 일반적으로 '로마의 지배에 예속된 민족들'로 기록되고 있다. 제국은 하나의 영토 단위로 생각되지 않았던 것이다. 어떤 표시에 의해 구분되는 '국경'도 없었다. 왜냐하면 다른 이유도 있겠지만 무엇보다 국경을 정확하게 경계지을 수 있을 정도로 충분히 정확한 지도가 없었기 때문이다(반면에 속주들을 구분하고 속주 통치자들의 행동 범위를 제한하는 지도들은 있었다). 이 여러 민족들을 한데 묶어놓았던 것은 행정의 효율성도 군대의 힘도 아니었다. 로마 귀족과 각 지역의 유력 인사들 사이에 존재한 이념과 이해관계의 일치가 그것을 가능하게 해주었는데, 속주들은 이 두 집단의 조정에 의해 통치되었다. 중앙 행정부는 통치권의 '막대한 위임'을 실행하고, 그것은 다시 무니키피움*들을 통해, 그리고 일반적으로 유대의 헤로데**나 그의 후계자들처럼 제국에 충성하는 가신적 왕들, 그리고 티레*** 같은

---

* municipium, 로마 시대에 자체의 법에 의해 지배된 자치 도시들. 주민들은 대개 로마 시민권을 갖고 있었다.
** Herod, BC 73~BC 4, 로마가 임명한 유대의 왕으로 잔악무도한 전제군주였다. 나사렛 예수가 그의 왕국에서 태어났다고 전한다.
*** Tyre, 레바논 남부에 있는 해안 도시. BC 2000년경부터 로마 시대에 이르기까지 페니키아의 주요 항구 도시였다.

'자치적' 도시들을 포함한 상당한 자치권을 행사하는 지방 세력들을 통해서만 속주들을 통제할 수 있었기 때문이다.

광범위하게 공유된 문화도 없었다. 구전을 통한 문학의 확산이 언어의 대중성을 말해주는 그리스에서와는 달리 고급 문학의 라틴어를 로마인들이 완전히 이해했는지는 의문의 여지가 많으며, 속주 주민들의 경우는 더욱 그러하다. 이 때문에 형상(形象)에 의한 선전이 아주 중요할 수밖에 없었다. 즉 개선문에는 수많은 조각상이 새겨지고, 제국 전역에 수천 개에 이르는 황제들의 상이 세워지는 등(로마 시에만 수백 개의 아우구스투스 상이 세워졌고, 그 중 80여 개는 은으로 만들어졌다) 시각적 담론이 우세했던 것이다.

종교 영역에서는 "어느 누구도 로마 제국에서 숭배된 신들의 수를 헤아릴 수 없었다"고 알려져 있는데, 그것은 모든 지역의 종교가 각자의 신들을 그와 유사한 성격을 가진 로마 신들에 동화시키는 조건 하에서 두루 존중되었기 때문이다(예를 들어 로마에 패한 카르타고에서는 바알 샤멘*의 신전이 농업의 신 사투르누스의 신전으로 바뀌었다). 공통된 요소는 오직 하나, '희생 주재자'로서의 황제의 기능뿐이었다. 이 기능은 황제를 지상 사회와 신의 권능 간의 중재자로 만들어주었다. 그리고 이것은 매우 일반적인 형태로 행해졌기 때문에 많은 속주의 종교인들 중 유대인을 제외하고 어느 신봉자라도 기꺼이 이것을 받아들일 수 있었다.

그럼에도 불구하고 로마는 제국이라는 독특한 형태의 연합체를 구성하는 여러 민족들의 문화를 동화시킬 수는 없었다. 알렉산더 제국의 유산이나 혹은 노예들에 의해 수입되어 재빨리 로마화된 동방의 신앙과

---

* Baal Shamen, '하늘의 주인'이라는 뜻으로 고대 근동의 여러 부족이 섬기던 신인 바알의 별칭이다. 바알은 풍요의 신이자 여러 신들의 왕이었다.

신비주의의 경우(이란의 미트라*를 율리아누스 황제**의 헬리오스 미트라로 바꾸어놓은 발전이 잘 말해주듯이)를 제외하면, 로마인들은 유일하게 그리스 문화를 제외하고는 주변 민족들의 문화에 별로 관심을 두지 않았다.

로마인들은 자기 자신에 갇혀 세계가 두 부분, 즉 제국과 야만인들의 세계로 되어 있다고 믿었다. 이러한 이분법적 사고는 지리관에도 반영되었다. 그리스인들이 세계를

아우구스투스 청동상

세 부분으로 나누었다면 로마의 역사가 플리니우스는 세계가 단지 두 부분으로만 되어 있다고 말했다. 왜냐하면 유럽은 다른 지역에 비해 월등히 우월하고 모든 민족을 정복한 민족을 낳았으며, 그래서 많은 사람들이 '유럽은 세계의 3분의 1이 아니라 반'이라고 주장하기 때문이라는 것이다. 흑해의 끝 가장자리로 추방되어 "나는 어쩌다 이렇게 세상 끝 가장자리에 버려졌는가"라고 탄식한 오비디우스의 넋두리도 이러한 근시의 소산이었다. 그가 보기에 그 경계 너머에는 야만, 추위, 공포밖에는 아무것도 존재하지 않았다. 야만의 거울이라고 하는 왜곡된 표면을 통

---

* Mitra, 힌두교 베다의 신들 중 인간 세계의 질서를 수호하는 신으로 낮의 정령으로서 태양의 속성을 지닌다고 한다.
** Julianus, 331(?)~363, 로마의 황제(361~363 재위). 기독교를 적대시하고 공공연히 이교도로 개종을 선언해 '배교자'라는 별명을 얻었다. 기독교보다 헬레니즘을 더 선호해 그리스 신화에 나오는 태양신 헬리오스(Helios)와 힌두교의 미트라 신을 결합해 '정복되지 않은 태양신'의 숭배를 받아들였다.

해 인간을 바라보는 습관은 그 '경계' 너머에도 다른 세계가, 다른 문화가, 심지어는 자기네 것보다 더 우수한 과학과 기술이 있다는 것을 인식하지 못하도록 만들었다.

'로마인'의 이상적 초상과 대조적인 모습으로 비쳐진 '야만인'들은 하나의 정형화된 이미지를 제공했다. 암미아누스 마르켈리누스*가 우리에게 남겨준 공포와 부정확함으로 가득 찬 훈 족에 대한 기괴한 그림에서 잘 나타나고 있듯이 바로 이 '야만 족속들'은 어느 정도는 로마인들에 의해 발명된 것이었으니, 실제로 그들이 갖고 있지도 않은 인종적 단일성과 지역적 정착과 같은 몇몇 특징이 이들의 속성으로 주어졌다. 카이사르의 『갈리아 전기』와 타키투스의 『게르마니아』는 그것을 쓴 사람들의 상상의 산물이었다('게르만인'이 하나의 집단적 이름을 사용할 필요를 느낀 것은 그보다 천 년 이상이 더 지난 후였다). 야만인들이 제국 내에 정착해 로마인들과 가까이 살게 되면서 이들의 결속이나 동맹이 쉽게 이루어질 수 있었던 것은 이전에 제국의 변경에서 군 주둔지와 접촉이 있었기 때문이다. 즉 교역의 가능성, 로마 군대에서의 복무, 그리고 그후에 제국으로부터 받게 된 보조금의 배분을 조직화할 필요성 등이 이들을 결속시켰고, 그것을 지속적인 것으로 만들어주었던 것이다. 이런 식으로 로마인들은 상상 속의 유령들을 현실화하는 데 도움을 제공했다.

로마인들이 알게 된 최초의 유럽 '야만인'들은 켈트 족이었다. 켈트 족이란 이름은 기원전 4세기 초에 이탈리아에 침입해 로마의 황량한 거리를 휘젓고 돌아다니면서 로마를 공포의 도가니로 몰아넣었던 유럽 서

---

* Ammianus Marcellinus, 330경~395, 로마의 역사가. 로마 제국 말기의 역사를 기록한 저서 『사건 연대기 Rerum gestarum libri』에서 훈 족(370년경 유럽 남동부를 침략해 이후 140여 년 동안 유럽 남동부와 중부에 거대한 제국을 건설한 유목 민족)에 대한 최초의 체계적인 기록을 남겼다.

쪽 끝의 골 족에서부터 병사이자 비적떼이기도 했던 소아시아의 갈라티아인*들에 이르기까지 매우 폭넓은 민족 집단을 일컫는 것이었다. 예를 들어 폴리비오스가 벽이 없는 집에서 살고 나뭇잎 더미 위에서 자는 사람들이라고 말한 이탈리아 북부의 켈트 족과 갈리아로부터 도나우 강 계곡에 이르는 넓은 지역에 요새화된 거대한 오피다(oppida, 고대 켈트 족의 요새 도시 — 옮긴이)를 건설한 켈트인들 간에 존재하던 차이를 고려할 때, 이들간의 문화적 유사함이 얼마만큼 현실을 반영한 것인지(유일하게 결정적인 유사함은 이들의 언어들간의 친척 관계일 것이다) 아니면 로마인들의 편견에 기인한 것인지를 구별하기는 쉽지 않다.

유럽의 두번째 야만인 대집단은 게르만인들이었다. 로마인들은 이들을 모두 같은 사람들로 보았고 '하나의 순수한 인종'으로 생각했다. 타키투스는 이들에 대해 "그들은 모두 신체적 특징이 같다. 즉 사납고 푸른 눈, 붉은색 머리카락, 건장한 체구, 그리고 단지 충동에만 적합한 사람들로 노동과 고생은 그리 잘 견뎌내지 못한다"라고 적고 있다. 그보다 450년 후에 프로코피우스**도 고트 족***에 대해 이와 비슷하게 말하고 있다. 그는 "이들간에는 어떤 차이도 찾아볼 수 없다. 모두 하얀 피부, 붉은색 머리카락, 당당한 체구, 훌륭한 풍채를 갖고 있다. 동일한 법에 복종하고 같은 종교를 믿으며 동일한 언어를 말한다"고 적고 있는 것이다. 이 모든 것은 잘 알지 못하는 낯선 것에 대해 로마인들이 습관적으로 갖고 있던 근시의 반영에 다름아니다. 흑인이나 중국인을 거의 볼 수

---

* 지금의 터키에 해당하는 아나톨리아 중부 지역에 살던 민족. BC 3세기 초 주변의 그리스 국가들을 황폐화시킨 켈트 족 약탈자들에게 점령당해 이런 이름이 붙었다(당시 작가들은 켈트 족을 갈라타이라고 불렀다).
** Procopius, 490(~507)~?, 비잔틴 제국의 역사가. 저서로 『폴레몬 *Polemon*』 등이 있다.
*** 3~5세기에 로마 제국을 침략한 게르만 족의 일파. 서고트(비시 고트) 족은 스페인에, 동고트(오스트로 고트) 족은 이탈리아에 들어가 각각 왕국을 세웠다.

없었던 보통의 유럽인에게 이들이 모두 똑같아 보이는 것처럼 말이다.

분명 고트 족이 있기는 했다. 카시오도루스*에 따르면 이들은 스칸디나비아에 기원을 두고 있었다. 그 땅은 족속들의 공장, 민족들의 자궁과도 같은 곳이었다. 고트 언어도 있었다. 그것은 발칸 반도에서는 중세 초기까지 살아남았다. 그러나 로마 제국의 역사에 개입한, 즉 우리가 고트 족이라고 부르는 집단은 실제로는 여러 민족의 집합체 ― 알레마니 족**과 훈 족도 포함된다 ― 로서, 바로 이 점에서 고트 족은 하나의 지배 집단을 형성했을 뿐이다. 이 집단들은 고유한 언어, 공통의 종교(일반적으로 알려진 대로 아리우스 파 기독교***가 아니라 아리우스 파 기독교와 가톨릭 간의 중간 형태의 것이었다), 훈 족의 침입 이전에 이미 잘 정비된 법과 관습을 갖고 있었으며(바로 로마인들과의 접촉이 그것들을 정비하는 데 도움이 되었다) 로마인들과 인접하여 살아가는 동안에도 문화적 정체성을 유지했다.

그러나 이 고트 족들은 위대한 지도자, 왕조, 그리고 야만인 왕국들의 역사들이 시사하고 있는 것과 같은 정치적 단일성을 갖고 있지는 않았다. 카탈루냐 평원의 전투에서 싸운 아틸라†의 군대에서 훈 족은 매우 느슨하게 결속된 '다양한 민족과 여러 국가들'의 집합체 내에서 소수에 불과했다. 아틸라가 사망한 뒤 이러한 결속은 쉽게 해체되고 말았고, 훈

---

* Cassiodorus, 490경~585경, 고대의 역사가이자 정치가, 수도사.
** 게르만 족의 일파. 213년 로마군의 공격을 받아 처음으로 기록에 등장했다. 독일이라는 뜻의 프랑스어 'Allemagne'와 스페인어 'Alemania'는 이들의 이름에서 유래된 것이다.
*** 4세기 초 알렉산드리아의 그리스인 사제 아리우스(Arius)에 의해 창시된 기독교의 한 파로 아버지이신 성부와 아들인 성자 크리스트가 동일 본질일 수 없고 오직 유사 본질일 수밖에 없다고 주장하여 크리스트의 신성을 격하시켰다. 325년 니케아 공의회에서 이단으로 규정되었고, 그 후 주로 게르만 민족들에게 전파되었다.
† Attila, ?~453, 훈 족의 왕. 로마 제국을 침략한 새외(塞外) 민족 최고의 왕이다. 451년에 훈 족을 이끌고 골 지방에 쳐들어갔다가 게르만 족과 로마의 연합군에게 패배했다.

로마를 침공한 야만족들

족은 다른 게르만 족 혹은 슬라브 족과 뒤섞임으로써 역사의 무대에서 사라져버렸다. 보다 지속적인 정치체를 만들어낸 오스트로 고트 족(동고트 족)과 비시 고트 족(서고트 족)도 각기 자신의 수령을 가진 부족과 전사 집단들의 집합체 이상은 아니었던 것 같다(이 수령들은 나중에 고트 귀족이 된다). 로마인들에게는 왕국으로 보였겠지만 사실은 서로 융합되지 않은 채 연합 형식으로 좀더 큰 정치 단위들로 동맹을 형성하고 있었을 뿐이었다.

다른 한편 야만인들에 의한 서로마 제국의 정복을 하나의 결정적 단절로 제시하는 오래된 상투적 설명도 계속 유지하기는 어려워 보인다. 이들 야만인들과 제국의 관계가 항상 대립적인 것만은 아니었다. 그것은 교역으로부터 강탈에 이르는, 그리고 봉사에 대한 대가로부터 제국을 침공하지 않는다는 조건으로 받는 보조금에 이르는 폭넓은 스펙트럼 속에 표현되는 것이었음을, 따라서 이 양자간에 경계를 긋기가 항상 쉽지만은 않았음을 기억해야 한다.

국경을 넘은 대부분의 야만인은 침략자가 아니라 황제에게 복무하는 병사로서(처음에는 로마 군대에 편입되었다가 후에는 자신들의 수장에 복종하는 자치적 집단으로서 활동했다) 허가를 받아 제국 경내에 정착한 이민자로 들어왔다. 이들은 기존의 정치-행정 구조를 파괴하려고 하지 않았을 뿐만 아니라 오히려 그것을 지키는 데 관심을 갖고 있었다. 왜냐하면 그것이 군대 유지를 위한 세금 징수에 도움이 되었기 때문이다.

376년에 대규모로 도나우 강을 건넌 고트 족이 반란을 일으킨 것은 다름아니라 로마 관리들이 이들을 기아 상태에 빠뜨려 굴복시킬 목적으로 토질이 가장 척박한 지역에 격리시켰기 때문이다. 그러나 378년의 아드리아노플*에서의 승리(이 전투에서 고트 족은 몇 대의 마차로 로마군의 공격을 저지하는 것에서부터 시작해 나중에는 기병대로 제국 군대를 괴멸시키기까지 했다) 이후에도, 그리고 410년 알라리크**에 의한 로마 정복 이후에도 승리자들은 '제국의 경계 내에서' 자신들의 지위를 인정받는 것 이상을 넘으려고 하지 않았다. 서로마에 관한 최근의 한 연구는 실제로 5세기에 일어난 일은 로마의 통치가 제국 영내에 아무튼 합법적 방법으로 정주한 일부 야만인들의 통치로 대체된 것일 뿐 결코 제국의 종말을 의미하지는 않으며 단지 변형을 의미할 뿐이라고 주장한다. 476년에 있었던 로물루스 아우구스툴루스***의 폐위가 당시 이탈리아에 살던 사람들의 생활에 어떤 의미 있는 변화를 가져왔을 것이라는 설명은 의문의 여지가 많다는 것이다.

이런 식으로 운영되던 관계의 시스템은 제국의 서쪽에서는 결국 실패로 끝났다(그러나 동쪽에서는 그대로 유지되어 제국은 그후로도 천 년 이상 더 존속했다). 서로마에서는 야만인들의 압력이 로마 경제가 쇠퇴하고 크게 위축되고 있을 때, 그리고 주민들이 별로 유익하지도 않은 체제를 유지하기 위해 계속 늘어만 가는 비용을 부담할 의지가 감소한 바로 그 때, 그리고 무엇보다도 제국 자체의 내부적 분열이 모든 측면에서 이들 '외부의 적들'에 적대하도록 만든 갈등보다 더 심각한 양상으로 나타나고 있을 때 더욱 증가하였다.

서로마 제국의 붕괴를 이해하려면 야만인들이 제국을 지배하기 훨씬

---

* Adrianople 혹은 Hadrianopolis, 유럽권 터키에 위치한 곳으로 현재의 에디르네 지역이다. 378년에 벌어진 아드리아노플 전투에서 동고트 족의 도움을 받은 서고트 족은 로마군을 전멸시켰다(어떤 통계에 따르면 로마군 4만 명이 전사했다고 한다). 이 전투는 이민족의 기병들이 로마의 보병을 이겼다는 점에서 역사적 의의가 있다.
** Alaric, 370경~410, 서고트 족의 족장. 410년 8월에 그의 군대가 로마를 약탈한 사건은 서로마 제국의 몰락을 상징하는 것이었다.
*** Romulus Augustulus, 서로마의 마지막 황제(475~476 재위).

전부터 중앙 행정 조직의 마비와 함께 제국을 약화시켜온 사회적 분열을 염두에 둘 필요가 있다. '쇠퇴(decadencia)'(이는 진화(evolución)와 변화의 복잡한 과정에 대한 왜곡된 견해를 표현하는 용어이다)의 세기들에 공적 기능의 점진적인 사유화, 경제적 불평등의 증가, 그리고 그에 따라 대토지를 소유한 대부호 계층의 공고화가 나타났으며, 이들은 채무(무엇보다도 세금으로 인한 채무)로부터 도피하여 유력자의 보호 하에 들어간 콜로누스(로마 제국 말기의 소작농 — 옮긴이)로 하여금 자신들의 토지를 경작토록 했다. 그럼으로써 대지주들에게는 점점 수지가 맞지 않는 것으로 되어가고 있던 노예제의 쇠퇴와 함께 토지에의 예속화 과정이 시작되었다.

그러면 제국을 멸망시켰다고 일컬어지는 '야만인'들은 누구였는가? 러시아의 역사가 로스토프체프* — 소비에트 혁명에 두려움을 느낀 그는 조국을 떠나야 했다 — 는 로마는 농민 대중을 '문명화'하지 못하고 오히려 상층 사람들의 문화가 농민 문화에 굴복하고 말았기 때문에 쓰러졌다고 말한다. 먼저 "농촌의 야만이 도시민들을 침몰시키기 시작했고", 그리고 나서 이들 도시민들은 "외부로부터의 침투 혹은 정복을 통해 들어온 야만적 요소들의 도래에 의해 완전히 질식사하고 말았다"는 것이다.

이러한 설명에 따르면 제국을 멸망시킨 적들은 외부적인 것만큼이나 내부적인 요소들, 즉 로마화하지 못한 농민들이었음이 분명하다. 그것은 '야만인'이라는 용어가 국경을 넘어온 침입자들을 지칭하는 데 그치지

---

* M. I. Rostovtsev, 1870~1952, 러시아 태생의 고대사가. 고대 그리스와 로마사, 특히 경제사·사회사에 대한 20세기 최고 권위자의 한 사람으로 꼽힌다. 그는 로마 제국이 농촌 주민의 도시에 대한 반란 때문에 쇠퇴했다고 보았다.『로마 제국 사회경제사』,『고대 세계사』등의 저서가 있다.

않고, 이런저런 이유로 제국의 사회 질서를 받아들이지 않고 따라서 그것을 기꺼이 지킬 준비가 되어 있지 않은 모든 사람들을 지칭하는 것임을 말해준다. 그들은 주로 라틴 문화가 통합시키지 못한, 그리고 로스토프체프가 로마 쇠퇴의 본질적 측면으로 간주한 것(즉 대중에 의한 교양 계층들의 점진적 흡수)의 원인 제공자였던 농민들을 가리키는 말이기도 했다.

이 모든 점은 '야만인' 개념이 아주 불확실하다는 점과 함께 '제국의 몰락'에 대한 틀에 박힌 견해가 왜 그토록 커다란 성공을 거두었는지도 함께 설명해준다. 로마가 야만인들의 쇄도를 저지하지 못한 지배 계급의 실패로 붕괴되었다는 전통적 이미지는 지금까지 매우 유용한 교훈적 기능을 수행해왔고 지금도 여전히 수행하고 있다. 오늘날 많은 지식인과 정치가들은 우리 사회가 대중이라는 또다른 야만인들로부터의 위험에 직면해 있고, 따라서 문명의 파괴를 막으려면 이들에 대해 일정한 선을 긋는 것이 필요하다고 본다. 우리 자신의 현실적 문제와 직접 대면하고 싶지 않는 그들로서는 로마의 몰락이라는 케케묵은 허수아비를 다시 내세우는 것이 빈부 격차의 증가 혹은 자유의 제한 등과 같은 분열을 야기하게 될 내적 요인들을 분석하는 것보다 더 쉬운 일이기 때문이다.

오늘날 일부 사가들은 로마 제국 말기에 나라가 진정 부패했던 것은 사적 이익을 집단적 이익보다 우선시한 데 따른 당연한 정치적 결론이었다고 말하는데, 이러한 결론에 사람들이 동의하기를 주저하는 것은 전혀 이상한 일이 아니다. 왜냐하면 그것은 아주 불편하게도 우리로 하여금 현재 상황과 비교하도록 부추길 수 있기 때문이다. 로마 사회의 내적인 문제를 강조하는 해석에서는 제국의 위기를 설명하기 위해 야만인들을 끌어들일 필요가 없을 것이다. 그리고 전통적 견해의 지지자들은 카바피*의 한 시에서 황제와 원로원 의원들이 읊조린 다음과 같은 구절을 그들 스스로에게 적용해야 할 상황에 처하게 될 것이다. 야만인들의 도착을 헛되이 기다리다가 이제 어느 곳에서도 그들을 볼 수 없다는 것을 알고는 슬퍼하면서 되돌아서는 이들은 이렇게 노래한다.

이제 야만인들 없이 우리들은 어떻게 될 것인가?
이 친구들이 문제의 해결책이었음은 인정해야 할 것이다.

---

* Constantine Cavafy, 본명은 Konstantínos Pétrou Kaváfis, 1863~1933, 그리스의 시인. 서양 시에서 가장 중요한 시인 중 한 명이다.

2. 기독교의 거울

J. L. 제롬, 〈기독교 순교자들의 마지막 기도〉 부분화

기독교의 거울

전통적 역사관에서 고전 문화의 유산과 함께 '유럽적인 것'을 특징짓고 있는 두번째 요소는 기독교이다. 이것은 이미 그 기원에서부터 결정된 교리를 갖고 있던 것으로, 그리고 그후 지중해 세계 전역으로 확산되어 4세기(이때 콘스탄티누스*의 개종으로 제국이 바뀌었지 기독교는 변하지 않은 채 그대로 유지된 것으로 설명된다)에는 로마 제국의 국교가 된 것으로 이야기되어왔다.

그러나 초기 기독교와 콘스탄티누스 시대의 기독교 간에는 적어도 세 개의 중요한 단계를 포함하는 길고도 복잡한 발전 과정이 있었다. 첫번째 단계, 즉 '역사적 예수' 단계에서는 기독교가 기원후 초기 시대의 팔레스타인을 뒤흔든 종교 쇄신운동들 중의 하나였다. 그것은 본질적으로 '도시'에 반대한 농촌의 운동이었다. 당시 도시는 신전의 종교 지도자들과 제국의 행정가들로 이루어져 있었는데(이 종교 지도자들에 반대해 이러한 운동들은 중재자를 개입시키지 않는 인간과 신 간의 직접적 관계를 주

---

* Constantinus Ⅰ, 280(?)~337, 기독교도임을 공언한 최초의 로마 황제. 그의 개종에 힘입어 로마 제국은 기독교 국가로 변모하기 시작했으며, 그의 추진력 덕분에 형성된 기독교 문화는 비잔틴 제국과 서유럽의 중세 문화가 발전할 수 있는 길을 열어주었다. 초기 기독교 역사에 관해서는 이 장 맨 뒤쪽의 연표를 참조할 것.

창했다), 이 점은 이 두 세력이 초기 기독교를 탄압하기 위해 연합한 사실을 설명해준다.

두번째 단계에서 기독교는 아람어*를 포기하고 그리스어로 표현되기 시작하며, 팔레스타인으로부터 헬레니즘 국가 도시들로 확산된다. 이러한 확산은 곧 지지자들의 변화를 의미하는데, 이제 예수의 추종자들은 가난하고 소외된 자들에서 바울로의 추종자들과 결합한 유복한 시민들로 바뀌고 여자들이 두드러진 위치를 차지하게 되었다. 기독교 발전의 초기 단계의 이러한 복합적 성격은 신자들의 출신이 아주

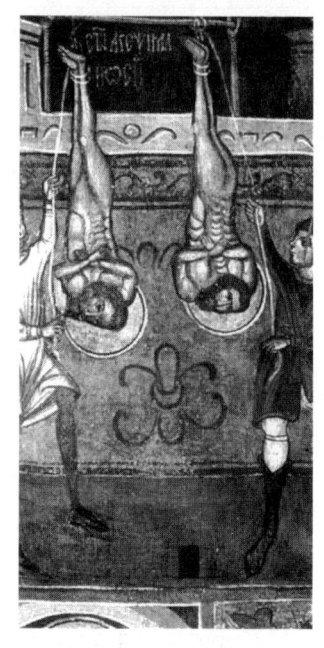
최초의 기독교 순교자들

다양했다는 사실을 반영한다. 신자 중에는 여전히 유대교와 밀접한 유대를 갖고 있던 할례받은 기독교도들이 있었는가 하면, 팔레스타인의 박해받은 집단들로부터 나온 개종자들('신전'에 적대적이었던 '헬레니스트들'**, 세례자 요한이 처형된 후에 외국으로 이주한 그의 제자들)도 있었고, 유대교를 거치지 않고 개종한 이교도들도 있었다. 포교중에 기독교의 여러 경향들간의 대립에 연루된 바 있었던 바울로는 이러한 견해차를 아주 정상적인 것으로 보았고 '이단'의 존재를 편리하다고까지 생각했다.

* 옛 시리아, 팔레스타인 등지에서 사용된 셈계 언어. BC 6세기 이후 히브리어 대신 유대인의 언어가 되었다.
** helenistas, 그리스 말을 사용하는 유대인들.

원래의 기독교는 "매우 다양한 목소리와 매우 폭넓은 관점들을 포함했다"고 말해져왔다. 시리아와 이집트에서 우리는 기독교가 최초 단계에서는 여러 교파의 유대교와 공존했다는 것을 발견할 수 있다. 그 뒤를 이어 동방적 사고와 그리스-로마의 '이교적' 교리를 따르는 그노시즘*이 주도하는 또다른 단계가 나타났다. 이 초기 시대의 역사를 살펴볼 때 그노시즘, 몬타누스주의** 혹은 아리우스 파 기독교를 이교(herejia)라고 부르는 것은 고전 작가들이 '선택', '의견' 혹은 '학파'라는 의미로 사용한 '아이레시스(airesis)'라는 말의 원래 의미에 따른다면 틀린 말은 아니다. 그러나 이 말을, 후에 이 말이 함축하게 되는 '종파' 혹은 '파당'의 의미로 사용한다면 그것은 옳지 않은 것이 된다. 사실 이들 여러 '파'들은 콘스탄티누스가 기독교를 제국과 연계시키고, 공인된 '진리들'을 결정하는 권한을 가진 중앙집권적 권위를 소유한 교회를 만들어낼 때까지는 큰 갈등 없이 공존했다.

더욱이 세상의 종말이 임박했다는 생각을 공유하고 있던 사람들에게는 교리상의 차이가 그리 중요하지 않았으리라는 것은 쉽게 이해할 수 있는 일이다. 폰투스(소아시아 동북부 지방의 고대 국가 — 옮긴이)의 기독교도들은 '최후의 심판'이 1년 내에 이루어질 것으로 확신하고는 토지와 직업을 내팽개치고 전 재산을 팔아치웠다. 그리스도 시대의 팔레스

---

* gnosticism, 페르시아적 전통 속에서 발전해온 종파로서 영지주의(靈智主義)라고 번역된다. 그노시스란 원래 그리스어로 '지식'을 뜻하는데, 이들은 철학적 사변이나 신학적 변증에 의한 이해 대신, 신비적 영감으로 신의 계시에 접하여 신과의 합일을 중시했다.
** montanism, 157년경 프리기아의 예언자 몬타누스가 시작한 종교운동. 이 파는 영지주의와는 달리 교회 내에서 일어난 반동적인 교회 개혁운동이었다. 몬타누스는 본래 이교도였다가 기독교로 개종해 156년부터 활동한 사람인데, 그는 스스로 자기가 예언자의 영을 받았으며 "내가 곧 아버지요 아들이요 성령"이라고 주장했다. 이들은 윤리적인 면에서 매우 엄격하여 재혼을 금하고 대체로 혼인 자체에도 반대했다. G. N. 본베치는 몬타누스 파를 가리켜 "교회의 세속화 문제로 야기된 최초의 독특한 운동"이라고 했는데, 2세기 말에 급격히 사라져가고 있던 초기 교회의 종말론적 신앙을 보존하려던 반동적인 시도로 보인다.

타인에서 꽃피웠던 묵시론적 전통을 이어받은 이러한 종말론적 요소는 기독교 내에서 '이교도들'이 비판한 사항 중 하나였다. 미누키우스 펠릭스*가 지은 한 논쟁적 대화에서 한 이교도는 "모든 천체와 별들을 포함하고 있는 창공이 마치 신의 법에 따라 확립된 영원한 질서가 대 재난에 직면하도록 예정되어 있는 것처럼 불과 파괴로부터 위협받고 있다는 그들의 믿음에 대해 도대체 무슨 말을 할 수 있단 말인가?"라고 말하고 있다.

오직 임박한 세상의 종말을 준비하는 사회만이 그 긴장에 의해 지탱되고, 모든 재산과 쾌락의 포기를 받아들일 수 있었다. 그러나 200년경에 그렇게도 고대하던 종말의 순간이 도래하지 않자 모든 것을 포기했던 폰투스의 기독교도들도 정상적인 생활로 돌아왔다. "젊은이들은 시집 장가를 가고, 남자들은 다시 밭으로 돌아갔다." 그 이후로는 금욕주의와 섹스의 거부에 대한 극단적 태도는 동방 기독교의 가장 과격한 집단들 사이에서만 유지되었다. '정통' 기독교에서는 절대적 순결의 원칙이 '사막의 교부들' — 이집트의 고행자들과 시리아나 카파도키아**의 은자들 — 에게만 적용되었다. 그것을 후에 수도승들이 본받았으며 재속 사제들 사이에서는 아주 서서히 확산되었을 뿐이다. 반면 속인 공동체 일반을 위해서는 간통을 금하고 혼인과 '육체적 음란'을 구분하는 몇 몇 원칙을 정하는 것으로 만족한 도덕률이 만들어졌다.

초기 기독교 역사의 세번째 단계는 제국의 정치 권력과의 결탁의 역사이다. 제국은 기독교를 '세속 정부와 함께하는 교회 정부'로 만들었으며, 제국의 법령이 준수되도록 교회와 협력했다. 이러한 변화가 아주 급

---

* Minucius Felix, 최초의 기독교 지식인 중 한 명으로 『옥타비우스Octavius』라는 문답집을 지었다.
** Cappadocia, 소아시아 동쪽, 지금의 터키 지역의 산악 지대를 일컫는 고대 지명.

작스럽게 이루어졌음을 보여주는 한 가지 증거를 우리는 314년 한 시노드*가 군사 복무를 기피한 기독교도 병사들에게 파문의 벌을 규정한 사실에서 볼 수 있는데, 이것은 막시밀리아누스(Maximiliano)처럼 기독교도가 남에게 해를 끼칠 수 없다는 이유로 군대에 가기보다는 죽음을 택했던 순교자들의 태도와는 좋은 대조를 이룬다.

이때가 되면 기독교의 다원적이고 공동체적 성격은 사라지게 된다. '기독교 신앙(cristianismo)'은 '기독교(cristiandad)'로 바뀌어 공인된 순간부터 모든 사람들을 안에 포괄하고 모든 행동을 통제하려고 하는 일원적이고 계서화(階序化)된 하나의 공동체가 되어간다. '기독교'는 대규모 종교 중에서 계서적으로 조직된 사제단의 통제에 의해 구속되는 유일한 종교임을 기억할 필요가 있다.

나는 앞에서 기독교와 제국 간의 정치적 연합이라고 했지 '콘스탄티누스의 개종'이라고는 얘기하지 않았다. 사실 콘스탄티누스 황제(그는 아폴로가 그에게 나타나고 나서 2년 후에 십자가의 발현을 보았다**)는 오리엔트의 새로운 수도에 과거의 신들을 위해 신전을 건축하는 등 '이교도' 신민들의 종교적 수장(首長)으로서의 의무를 게을리 하지 않았다. 그의 장인과 세 명의 사위, 그리고 맏아들과 처의 참혹한 죽음에 분명히 그 자신이 관련되어 있는 것을 고려해볼 때 그의 개인적 생활 역시 변화한 것 같지 않다.

확실한 것은 콘스탄티누스가 처음부터 기독교 공인에 정치적 의미를

---

* synod, 그리스어로는 sunodus이며, 주교 관할권 아래에 있는 교리, 규율, 전례의 문제를 토의하고 결정하기 위한 교회 대표자들의 공식 회의를 말한다.
** 콘스탄티누스가 황제로 즉위하기 전 정적인 막센티우스와의 결전을 앞두고 "이 표지로써 승리하리라"(In hoc signo vinces)라고 씌어 있는 불타는 십자가를 하늘에서 보았다고 말하면서 이제까지의 군기(軍旗) 대신 십자가가 그려진 군기를 사용해 대승했다고 한다.

콘스탄티누스의 세례 장면

2. 기독교의 거울 | 55

부여했다는 것인데, 그것은 산토 마자리노(Santo Mazzarino)가 황제의 혁명적 프로그램이라고 쓴 것 속에 포함되어 있었다. 좀더 완전한 정치적 중앙집권화, 금화에 바탕을 둔 경제, 부의 소유자들과 '비천한 자들'(이들은 노동을 통해 제국을 유지하는 데 드는 막대한 비용을 점점 더 많이 부담하지 않으면 안 되었으며 또 이전보다 훨씬 더 억압받게 되었다) 간의 사회의 이분화 등과 함께 이러한 프로그램의 한 본질적 부분으로서 국가에 의해 공인된 유일하고 보편적인 하나의 기독교가 만들어졌다. 그리고 사제들에게는 부뿐만 아니라(콘스탄티누스의 기증은 1,100킬로그램의 금과 5,300킬로그램의 은의 가치를 가졌다) 일련의 특권들(과세의 면제, 교회에 대한 상속권의 부여 등)이 주어졌으며, 그것들을 상당 정도로 증대시키는 것이 허용되었다.

이러한 동맹을 이해하려면 기독교 공동체들의 사회 구조에서는 지금까지 자주 언급되어 온 바와는 달리 '비천한 자들'이 지배적이지 않았음을 기억할 필요가 있다(이러한 주장은 기독교 공동체의 구성원들이 '비천한 서민들'이었다고 비난한 이교도들로부터 나왔다). 이러한 공동체들은 오히려 그리스-로마 세계의 도시민의 대표적 집단이라고 할 만한 사람들로 구성되어 있었고, 가장 교육을 많이 받은 유복한 계층 출신의 지도자들을 갖고 있었다(예를 들어 히스파니아*에서는 기독교화가 무엇보다도 상층계급 사이에서 시작되었고, 그것은 주교들이 흔히 귀족 출신이었던 이유를 설명해준다).

이처럼 교회는 새로운 '기독교 제국'을 떠받치는 대들보 중 하나가 되었고 동쪽에서는 그 제국이 15세기까지 존속되었다. 반면 제국적 구조가 그보다 훨씬 일찍 몰락한 서방에서는 ― 비잔틴 제국에서 왕의 어머

---

* Hispania, 고대 시대 이베리아 반도를 지칭하는 말.

니, 그러니까 대비가 왕의 두 눈을 뽑아버림으로써 발생한 콘스탄티누스 6세의 폐위로 인한 공위 상태를 이용해 — 로마에서 샤를마뉴에게 황제의 관을 씌움으로써 이러한 제국을 회복하려고 했던 것이 바로 교회였다. 효과 면에서 이와 비슷했던 것이 이른바 '황제교황'*인데, 그것은 교황들로 하여금 소위 '콘스탄티누스 대제의 기부장'**(9세기의 위조물로서 야만인들의 침입에 의해 단절되지 않은 연속성과 합법성을 인정하는 내용을 담고 있었다)을 통해 제국의 상속자로서의 지위에 의거, 정치 권력과 사제적 기능 두 가지 모두를 행사할 수 있도록 해주는 것으로 간주되었다. 이 때문에 17세기 중엽에 홉스(T. Hobbes)는 "교황직은 쓰러진 로마 제국의 무덤 위에서 왕관을 쓰고 앉아 있는 제국의 유령에 지나지 않는다"라고 말할 수 있었던 것이다.

기독교가 정치적으로 인정되어 새로운 상황이 나타나게 되면서 기독교의 다양한 경향들간의 평화로운 공존은 더이상 유지될 수 없었다. 종교적 견해를 달리하는 사람들 — 이교도와 분열론자들 — 은 소외되었고, 처벌할 수 있게 되었으며, 또 그렇게 하지 않으면 안 되었다. 실제로 처음으로 박해 대상이 된 아프리카 북부의 소수파였던 도나투스 파***는 어떤 교리상의 견해 차이가 아니라 정치 권력과 기독교와의 결탁을 반

---

* 국가원수가 교회의 최고 우두머리이며 종교 문제의 최고 심판자인 정치 체계를 '황제교황주의(caesaropapism)'라고 하는데, 이 말은 비잔틴 제국과 관련해 가장 많이 쓰인다. 비잔틴 법률은 교회가 제국에 일방적으로 종속되어 있는 것이 아니라 양자가 상호 의존 관계에 있음을 규정해 놓았다.
** Donatio Constantini, 콘스탄티누스 대제가 교황 실베스테르 1세(314~335)와 그의 후임자들에게 보낸 것이냐는 여부를 놓고 논란이 일고 있는 문서. 오늘날 이것은 날조된 것으로 인정되고 있다.
*** 4세기에 북아프리카에서 일어난 기독교의 일파. 도나투스(Donatus)가 최초의 지도자였다. 교회와 국가의 유착에 반대하고, 순교를 찬미하고, 종말 사상에 근거해 사회 변혁을 요구하는 열광주의의 입장에 있었으며, 7세기까지 북아프리카에서 존속했다.

대했기 때문에 탄압을 받았다. 때문에 그들은 당연히 박해와 순교의 초기 단계에서 자신들이야말로 진정한 교회의 계승자라고 생각했고, 제국과 결탁해 봉사하고 동시에 제국을 이용해 점차 고압적인 자세를 취하며 기독교도들간에 분열을 초래한 사람들이야말로 배신자라고 선언했다.

신자들 중 일부는 계서화된 교회를 위협하지 않았기 때문에 교회가 수용할 수 있는 개인적 해결책을 모색했다. '세상으로부터 은퇴' 하여 사막으로 간 은자들, 혹은 수도원에서의 공동 생활을 택한 수도사들이 그런 사람들이었다. 초기 시대의 덕목들을 그대로 고수했지만 그것을 기독교 세계 전체를 위한 하나의 규범으로 만들려고는 하지 않았던 이들 금욕주의자들은 이들의 고결한 명성에 이끌려 방문하려는 순례자들로부터 시달리게 되자 그들을 피하기 위해 온갖 수단을 다 강구했다. 예를 들어 성 시메온*은 높은 기둥 위에서 생활했는데, 기둥의 높이는 점점 높아져 나중에는 지면으로부터 거의 20미터에 이르렀으며 459년에 죽을 때까지 40년 이상을 그 위에서 살았다.

일단 권위가 확립되자 기독교 교회는 기독교 신앙의 기원에 관한 새로운 견해를 만들어내지 않으면 안 되었는데, 이에 따라 이제 다원주의의 모든 측면은 배제되고 침묵을 강요당하거나 아니면 소급하여 불법적인 것으로 간주되었다. 동시에 교회는 교회의 역사를 로마의 역사와 연계시켰는데, 예수는 아우구스투스가 제국을 창건하고 로마의 평화(Pax Romana)를 건설하고 있을 때 태어났다는 식이었다. "승리한 정통 교리는 교리를 독점하고 자신의 역사를 고쳐 썼다." 이처럼 '고쳐 쓰면서' 초기 기독교의 모든 특징들을 하나로 묶어 그 외 다른 경향은 개인적인

---

* Saint Simeon Stylites, 390경~459, 시리아의 수사로서 최초의 주상(柱上) 고행자이다.

6세기에 유스티니아누스 황제에 의해 세워진 성녀 카타리나 수도원. 황량한 시나이 산 골짜기에 위치하고 있다. 초기 기독교 수도원은 엄격한 금욕주의에 입각해 있었다.

것이라 하여 부정적 이미지를 갖게 만들고 이제 추방되어야 할 것으로서 새로 의미가 주어진 '이단'이라는 이름을 갖게 되었다. 정통 교리의 얼굴은 이처럼 왜곡된 거울 속에서 완성되었으며, 비록 여러 가지 이름을 갖고 있지만 거의 언제나 동방적 기원, 이원론적 요소들(즉 신으로 표현되는 선의 원칙과 함께 악의 원칙이 존재함을 인정하는 것), 부도덕, 마법과 같은 몇몇 공통적 측면들을 가진 다른 얼굴들을 자신과 대조시켰다. 이 모델은 너무도 큰 효력을 발휘했기 때문에 교회는 그것을 수세기 동안 '견해를 달리하는 사람들'을 식별하는 데 사용했고, 우리는 그것이 성전기사단*원들과 카타리 파**에 대한 판결에서도 여전히 이용되고 있음을 볼 수 있다.

이처럼 틀에 박힌 설명을 구성하는 여러 요소들의 기원을 찾아내기는 그리 어렵지 않다. 이단의 대부분은 동방에서 기원하고 있는 것으로 설명되었는데, 이러한 동방적 기원은 이 지역들에서 기독교가 갖고 있던 다원적 성격과 함께 '페르시아의 적들'에게서 유래한 마니교***에 대한 로마의 두려움과 관련되어 있기도 했지만 또한 그것은 '아시아적'인 것에 대한 그리스인들의 편견이라고 하는 유물로 덧칠되어 있기도 했다.

---

* Templar, 십자군 전쟁 때 예루살렘에 만들어진 종교적 무장 기사단. 원래 순례자들을 보호하기 위한 것이었으나 후에 많은 부와 큰 권력을 갖게 되어 14세기 초에 프랑스 왕 필립 4세에 의해 이단으로 몰려 탄압을 받았다.
** 카타르 파라고도 하며 12, 13세기 서유럽에서 번성한 기독교 이단 종파. 신(新)마니교의 이원론을 받아들이고 있다. 카타리(Cathars)란 말은 '순결한(pure)'이라는 뜻의 그리스어 'katharos'에서 유래했다. 고기를 전혀 먹지 않는 등 엄격한 금식의 계율을 갖고 있고, 성관계를 금했으며, 세상의 것을 금욕적으로 철저히 포기해야 한다고 주장했다. 그와 비슷한 계율을 가진 것이 발칸 반도와 중동에서 번성한 바울로 파, 보고밀 파이며, 카타리 파는 이들 집단과 밀접한 관계를 갖고 있다.
*** 3세기경 고대 페르시아의 조로아스터교를 바탕으로 파생된 종교. 페르시아의 귀족 출신 성직자 마니(Mani)에 의해 서기 250년경에 창시되었다. 간명한 교리와 예배 방식, 준엄한 의무와 도덕 계율을 갖추고 있다. 이 이원론적 종교운동은 오랫동안 기독교의 이단으로 간주되었다.

알렉산드리아의 사제 아리우스. 그는 하느님의 아들인 예수 그리스도가 모든 창조물 중에서 최초로 창조된 뛰어난 존재이기는 하지만 성부처럼 영원하신 분은 아니라고 주장했다.

이원론적 측면은 어떤 이단에서도 어렵지 않게 발견된다. 먼저 신약성서와 묵시론적 글에서도 나타나는데, 말하자면 그것은 '인류의 영원한 신조 중의 하나'였다. 거의 언제나 난잡함으로 이해되는 부도덕이라는 가설은 이렇게 설명될 수 있다. 즉 '이교적' 교회들에는 바울로 시대의 기독교 공동체 모델에 따라 많은 수의 여자들이 참가하고 있었던 것이다(그러한 비난이 일반적으로 성행위를 죄악시하고 금욕 생활을 옹호한 집단들을 겨냥해 형성된 사실은 의미심장하다). '유일하고 보편적'이라는 의미를 가진 새로운 '가톨릭' 교회와 제국 간의 연합이 갖는 정치적 성격은 '외부인들의 주교', 즉 속인들의 주교라는 명칭에서도 잘 반영되는데,

이것은 콘스탄티누스가 교리 혹은 성직자들의 기율 문제와 관련하여 개인적 신조와 다를지라도 교회 당국을 지지하는 쪽으로 개입하는 것을 정당화하기 위해 사용한 용어였다. 그리하여 죽기 직전에 아리우스 파 주교로부터 세례를 받을 정도로 아리우스 파 기독교에 기울어져 있었음에도 불구하고 이 황제는 니케아 종교 회의(325)에서는 아리우스 파에 대한 단죄를 승인했던 것이다. 이 모든 것 역시 콘스탄티노플에서 아리우스 파가 창시자가 죽고 난 훨씬 뒤인 4세기 말까지도 지배적이었음을 고려할 때 그리 놀라운 일이 아니다.

그럼에도 불구하고 기독교의 공인과 제국의 기독교화를 혼동하지 말아야 한다. 제국의 기독교화는 장기간에 걸쳐 일련의 단계를 거치면서 이루어졌기 때문이다. 4세기에는 마지막 10년까지도 기독교와 과거의 전통적 종교가 평화적으로 공존했다. 전통적 종교는 계속 신전의 문을 닫지 않았고, 국가로부터 원조를 받았으며, 그 축제일이 사람들의 일상을 지배했다.

솔-미트라*에 대한 숭배를 중심으로 재조직된 이교주의의 부흥을 행정과 군대 그리고 궁정에 대한 도덕적 개혁의 시도(콘스탄티노플에는 천 명에 이르는 요리사, 헤아릴 수 없을 정도의 이발사, 환관, 스파이, 그리고 온갖 종류의 식객들을 거느린 궁전이 있었다)로 생각한 율리아누스(361~363) 치세에 있었던 단기간의 재건기 후에 상황은 변하기 시작했다. 특히 테오도시우스 1세(379~395)의 즉위 이후 변화는 두드러지게 나타났

---

* Mitraism, 페르시아에서 생겨난 조로아스터교의 한 변형으로서, 그 기본 교리에서는 조로아스터교와 동일했지만 강조점이 달랐다. 미트라교의 이름은 악의 세력에 맞서 싸운 투쟁에서 아후라 마즈다의 대리인으로 나선 미트라스(Mithras)에서 유래했다. 미트라스는 처음에는 조로아스터교에서 그다지 비중 있는 신이 아니었으나 후에 페르시아인들은 그를 가장 경배해야 할 신으로 인정했다.

다. 그는 강제로 종교의 통일을 확립하려는 쪽을 택했다. 379년 8월의 법으로 이단들을 단죄하고, 콘스탄티노플 주민들에게 니케아 신조*를 따르도록 명령했으며, 이교 신전들을 폐쇄하고 희생번제를 금하면서 그러한 행위를 대역죄로 간주해 사형과 재산 몰수로 처벌했다.

물론 이러한 일이 그렇게 쉬운 것은 아니었다. 주민들이 신학적 논의에 특히 열중했던 콘스탄티노플에서는 아리우스 파가 지배적이었고, 게다가 여러 분파로 나뉘어 있었다. 거기에 아폴리나리우스 파**, 노바티아누스 파*** 등도 섞여 있었다. 황제에 의해 정통 교리의 재건자로 선택된 그레고리오 나키안세노(Gregorio Nacianceno)는 빈번히 사람들로부터 돌팔매질을 당했고, 따라서 계속 일을 하려면 제국의 적극적인 지원이 필요했다. 그러나 아리우스 파 사제들을 교회로부터 추방하는 것은 무력을 동원하면 그리 어려운 일이 아니었으나 신자들을 '개종'시키는 일은 확실히 어려웠다.

이교도들에게서도 마찬가지였다. 그후 수년 동안의 탄압에도 불구하고 탄압으로 얻어낸 것이라곤 이제 희생번제가 더욱 은밀히 사적으로 행해지게 된 것뿐이었다. 그리고 그들은 유스티니아누스(527~565) 시대까지도 그렇게 모였고, 그럼으로써 반복되는 금지 조치와 엄격한 처

---

* Nicene Creed, 325년 니케아 공의회에서 선포한 기독교의 신앙 선언서.
** 4세기에 라오디체아의 아폴리나리우스(Apollinaris)가 창시한 교파. 반(反)아리우스주의자였던 그는 그리스도에게는 육체와 혼(프시케)이 있으며 인간의 영(靈, 프네우마) 대신에 신의 영(로고스)이 머물고 있다는 삼분법을 주장했다. 이 설은 그리스도의 인성을 불완전하게 한다 하여 381년 콘스탄티노플 공의회에서 이단으로 몰렸으나, 훗날 그리스도 단성론의 길을 여는 계기가 되었다.
*** 3세기 중엽 로마의 장로 노바티아누스(Novatianus)에 의해 세워진 교파. 그는 교황 코르넬리우스가 이교도의 세례에 관대한 것을 이유로 여기에 반대하고, 스스로 교황이라고 주장했다. 또한 그는 이교도 세례의 무효를 주장했는데, 이는 로마 제국 내에서 많은 지지자를 얻었다. 기독교의 일파로서 거의 2세기 동안 존속했다.

벌에 도전했다. 최후의 이교도 공동체들을 끝장내기 위해서는 박해와 군사 작전(이제 이교도들이 기독교도들에 의해 맹수들에게 내던져지고 혹은 화형에 처해졌다)이 필요했다. 이러한 박해를 주도한 사람은 주교들이었는데, 이들은 '가난한 자들의 보호자'로서 도시 대중에 대해 상당한 영향력을 갖고 있었을 뿐만 아니라 명령대로 충실히 행동하는 사람들, 즉 매장인, 간호부 등을 거느리고 있었다.

예를 들어 우리는 율리아누스 시대 때 이교도들이 자기들을 박해한 주교와 고위 성직자들을 살해한 알렉산드리아의 복잡한 상황을 알고 있다. 기독교가 공인되면서 389년에 주교 테오필루스*의 청원으로 세라페움**이 파괴되고, 히파티아***의 암살을 선동한 그의 조카이며 후계자인 키릴루스가 나서서 이교도 박해를 더욱 악화시킨 시기가 이어졌다. 히파티아는 나이 지긋한 여자로서 높은 학식으로 존경받았으나 주교의 간호부들이 선동한 군중들에 의해 교회 앞에서 돌팔매질을 당하다가 결국 능지처참되었다.

알렉산드리아의 최후의 이교도 철학자들은 '주교의 깡패들'에게 시달리다 못해 결국 시를 떠나 도피하지 않으면 안 되었다. 그 중 일부는 시리아로 도망가 기독교화된 도시들을 피해 시골로 잠적했고, 거기서 (그들이 믿는) 전통적 신들에 대한 숭배 행위를 계속하거나 아니면 일부는

---

* Saint Theophilus of Alexandria, 5세기 초에 활동한 신학자이자 이집트 알렉산드리아의 총대주교. 기독교 이외의 종교를 격렬히 반대했으며, 385년 총대주교에 임명된 뒤 북아프리카의 비기독교 신전들을 파괴하기 위해 원정을 시작했다. 그는 이교 신전들을 철저히 파괴해 그 신전들에 사용된 돌로 새로운 기독교 교회를 지었다.
** Serapeum, '사라피온'이라고도 하며, 고대 이집트의 두 신전 중 하나로 그리스, 이집트의 신 사라피스에게 제사 지내기 위해 봉헌된 신전을 말한다.
*** Hypatia, 370경~415, 이집트의 신플라톤주의 철학자이자 수학자. 그녀는 학습과 과학을 기호화했는데, 당시 초기 기독교도들은 이것을 이교 신앙과 같은 것으로 여겼다. 결국 그녀는 412년 테오필루스에 이어 주교가 된 키릴루스(Cyrilus)를 따르는 광신적인 기독교도들에게 처참하게 살해되었다.

메소포타미아로 가기도 했다. 이런 식으로 기독교의 야만적 박해로부터 고대의 철학을 지켜낸 소수의 지식인들이 있었다. 그 중에는 로마 제국과 페르시아 제국의 경계인 하란(Harrán)에서 11세기까지 존속한 신플라톤 학파를 만들어 이슬람 세계에 그리스 학문을 전파하는 데 두드러진 역할을 수행한 사람들도 있었다.

같은 시기에 갈리아에서는 투르의 주교 마르티누스*가 지역 주민들의 저항을 물리치고 신전을 불태우고, 성수(聖樹)들을 도끼로 쓰러뜨리고, 우상들을 파괴하고, 까마득한 옛날부터 지켜온 전통적 축제일들을 계속 지키려 하는 이교도 사제들을 폭력적으로 탄압하는 일에 열을 올리고 있었다.

기독교의 공인과 정통 기독교의 점진적 강요를 통해 로마 제국의 주민들이 경험하게 된 변화를 이해하려면 고대의 '이교적' 종교라는 것이 여러 지방적 신위(神位)들을 그리스-로마에서 기원하는 공통적인 만신전에 통합시켜놓은 하나의 제설(諸說)혼합주의(sincretismo)에 다름아니었음을 기억할 필요가 있다(세베루스 알렉산데르 황제**는 그리스도를 위해 신전을 짓고, 그를 여러 신 중의 하나로 포함시키려고까지 했다). '기존 질서와 제휴한 이 종교들의 모자이크'를 공고하게 만든 중요한 요소는 행정관과 원로원 의원들이 갖고 있던 사제적 기능의 계승자로서의 황제에게 종교적 차원을 부여함으로써 정치적 통일성을 강화시켜준 세속적-종교적(cívico-religioso) 의식이었다. 때문에 제국의 종교는 '교회'도, 또 공적 권력과 구분되는 진정한 의미의 사제 계급도 갖고 있지 않았다. 따라서 종교를 감시해야 했던 사람은 원로원과 황제였고, 기독교도들처

---

* Saint Martin of Tours, 316경~397, 프랑스의 수호성인이자 갈리아 지방 수도원의 창시자이며 서방 수도원주의의 위대한 초대 지도자이다. 371년에 투르의 주교가 되었다.
** Severus Alexander, 로마의 황제(222~235 재위).

럼 제도권 밖에 머물고자 했던 사람들에 대한 박해도 정치적 동기에 따라 행해졌다.

'콘스탄티누스의 혁명'(기독교 공인)은 교리 문제에서 이처럼 절충적이고 관용적이던 구체제의 종말이 시작되었음을 의미했고, 그리고 이제 의식뿐만 아니라 개인의 행동과 신조의 영역에까지 종교적 중앙집권화가 확대되는 길이 열리게 되었음을 의미했다. 따라서 이제부터는 두 종교간의 대립이라기보다는 두 정치-종교 체제간의 대립이 나타나게 되는데, 이것은 왜 그러한 싸움이 특히 도시 지도자들 사이에서 나타난 반면 제국 인구의 대다수가 살던 농촌은 그후로도 오랫동안 지역의 신앙을 지키게 된다는 의미에서 여전히 '이교적 세계'로 남게 되었는가를 설명해준다.

초기 기독교 신앙으로부터 공인된 기독교로의 전환(380년부터 430년까지 정체성의 위기를 겪은 '구기독교'의 종말에 대한 많은 언급들이 있어왔다)은 수많은 변화를 동반했다. 탄압받던 신앙이 안정된 종교로 바뀌자 이제 이 종교는 사회 속에서 한자리를 차지하는 데 만족하지 않고 사회를 지배하고자 했으며, 그렇게 하기 위해 제국의 공공 질서를 기독교화하고 사람들(정월 초하루와 같은 전통적 축제일을 어떻게든 지키려고 했고, 원형 경기장의 경기에 여전히 환호했던 사람들)의 습관과 풍속을 바꾸려고 했다.

또 새로운 의미를 가진 시간과 역사가 창조될 필요가 있었는데, 그것은 본질적으로 일상적인 요소로서 특히 부활절 주기를 갖는 새로운 달력의 채택을 포함했다. 이 부활절 주기는 복잡한 계산법을 요했으나 신자들의 유대를 강화하는 데 필요한 일련의 새로운 기독교 축제일들을 제정하기 위해서는 반드시 필요했다. 나중에는 기독교 연대에 따라 연도를 계산하는 방법도 등장하는데, 6세기에 완성된 그것은 8세기가 되어서야 일반화된다.

또한 새로운 공간 개념도 생겨났다. 부정확하기는 하지만 현실적이었던 고전 문화의 지리는 이제 예루살렘을 중심으로 실제적인 것과 상징적인 것이 뒤섞인 세계 지도들로 대체되었다. 이러한 개념은 13세기에 만들어진 엡스토르프(Ebstorf) 수도원의 '세계 대지도'에까지 반영되고 있는데, 거기에서는 기본 방위가 그리스도의 몸, 즉 머리, 발, 두 손과 일치하고 있다. 그것은 세계라고 하는 대우주와 인간이라고 하는 소우주 간의 일치를 기독교적 용어로 표현해놓은 것이었다.

도시 질서도 새롭게 바뀌었다. 거의 언제나 순교자들의 무덤 혹은 성물(聖物)과 연계되어 있던 도시의 교회들은 이제 불규칙한 구조와 자연 발생적 성장을 그 특징으로 하고 있던 사람들의 필수 요소로 등장하였다. 또한 도시들은 지역공동체들을 대제국에 통합시키고 있는 정치 질서를 반영해 그물 모양 구조로 설계된 로마인들의 도시 모델과는 정반대로 "유기적" 성격을 갖게 되었다.

모든 일련의 생활 규범 또한 변하지 않으면 안 되었다. 성행위와 관련된 사항도 그 중 하나였다. 여기에서는 '이교적' 도덕률과 부부 관계까지 포함한 모든 성행위를 죄악시한 초기 기독교 시대의 몇몇 극단적 금욕주의간에 일종의 중도(中道)가 모색되었다. 이처럼 새로운 기독교적 규범은 4, 5세기의 교부들에 의해 시작된 신학의 체계화라고 하는 대사업으로부터 나왔다. 부부들에게 성생활은 재생산을 위해 불가피할 정도로만 최소한으로 제한되고, 거기에서 쾌락을 구하지는 말도록 권고되었다. 혼인날 저녁, 사순절 기간 동안, 축일 전야, 일요일, 월경과 임신중 그리고 어떤 죄를 지어 고행중에 있을 때(경우에 따라 어떤 고행은 5년에서 10년이 걸리기도 했다)는 성행위가 금지되었다.

새로운 기독교 세계의 교회는 '정통' 교리와 관행으로부터 배제된 초기 기독교의 요소들을 고수하려 한 소수파들을 말살하는 데 열을 올렸다고 앞에서 말한 바 있다. 이리하여 공적으로 무장 세력을 데리고 다니던 성직자들에게 시달리다 못한 오리엔트의 소수파들은 전에 이교도 철학자들이 갔던 길을 따라 메소포타미아, 페르시아, 그리고 중앙 아시아 쪽으로 떠났는데, 네스토리우스교* 같은 '외방 교회들' 중 몇몇은 뒤에서 살펴지겠지만 이후 아주 오래고도 빛나는 미래를 갖게 되었다.

이들을 기꺼이 받아준 지역으로부터 멀리 떨어져 있던 사람들은 아빌라**의 주교 프리스킬리아누스***의 예를 통해 자신들을 기다리고 있는 운명이 박해와 심지어는 죽음뿐이라는 것을 알아야만 했다. 우리가 아는 프리스킬리아누스교는 초기 기독교의 원리들을 연상시키는 요소들, 즉 세계의 임박한 종말에 대한 기대, 고행, 독신, 채식주의, 수비학(數秘學, numerología)의 절제된 사용, 점성술, 그노시스적 전통의 '출처가 의심스러운' 복음서에 대한 존중 등을 갖고 있었다(항상 박해받은 사람들의 사상은 박해한 사람들이 이들의 특징으로 치부해버리는 '비정상적 행위들'의 더미에 깔려버리기 때문에 진실을 발견해내기가 어렵다. 대개는 단죄하는 사람들이 이들 박해당하는 사람들의 목소리를 우리에게 전해주는 유일

---

* 5세기 콘스탄티누스 총대주교 네스토리우스(Nestorius)가 창시한 기독교의 일파. 그는 마리아를 '하느님의 어머니'라고 부르는 데 반대하고 그리스도의 신성과 인성을 엄격하게 구분함으로써 이단으로 몰렸다. 이 교리는 431년 에페소 공회의에서 이단으로 배척되었지만 중국에까지 전해져서 경교(景敎)라는 이름으로 13세기 후반에 중앙 아시아를 중심으로 크게 융성했다.
** Ávila, 스페인 중북부에 있는 도시로 '스페인에서 가장 훌륭한 중세의 유적'이라고 불려온 유명한 관광 중심지이다.
*** Priscillianus, 340경~385, 초기 기독교의 주교로 중형을 선고받은 최초의 이단자이다. 엄격한 금욕주의자였던 그는 비정통 교리인 프리스킬리아누스교를 창시했는데, 그것은 6세기까지 존속했다. 385년 그는 마법과 부도덕성이라는 죄목으로 처형되었다.

네스토리우스교가 중국에까지 전파되었음을 말해주는 비석. 781년에 만들어지고 1625년에 발굴되었으며 중국어와 시리아어로 되어 있다.

한 사람인 것이다). 그러나 근본적인 것은 '도그마' 문제가 아닌 '규율', 즉 주교의 사법권 밖에 머물고자 했던 몇몇 금욕주의적 경향에 대한 두려움이라고 하는 문제였던 것 같다. 교회 생활에 여자들을 포함한 속인들의 보다 적극적인 참여를 주장하는 종교 행위는 주교들의 권력 독점을 위협하는 것으로서 당연히 그들의 반발을 불러일으켰다.

따라서 충분히 예견할 수 있듯이 프리스킬리아누스 교도들은 어떤 주교에 의해 마니교(그것은 부도덕과 마법을 연상시키는 경향이 있었다)로 고발되었는데, 그 주교는 "성스러움이라고는 눈꼽만치도 갖고 있지 않은" 멍청한 음모가였다고 전해지고 있다. 385년에 트리어(독일 남서부에 있는 도시 — 옮긴이)에서 있었던 프리스킬리아누스와 그의 몇몇 추종자들에 대한 처형은 명백히 정치적 의미를 갖고 있었다. 프리스킬리아누스 교도들 중에는 원로원 귀족 중에서도 두드러진 자들, 즉 찬탈자인 마그누스 막시무스*의 잠재적인 적으로 간

---

* Magnus Maximus, 로마의 황제(383~388 재위). 스페인의 천민 태생인 그는 서부 지역 황제인 그라티아누스를 쫓아내고 제위를 찬탈했다. 트리어에 본거지를 두고 동부 지역 황제 테오도시우스 1세와 협상을 벌여 황제로 인정받았다. 388년 테오도시우스와 전쟁을 벌였으나 전투에서 크게 패해 붙잡혀 처형당했다.

주될 만한 사람들이 포함되어 있었다. 마그누스 막시무스는 그들을 단죄하고 서둘러 재산을 몰수한 다음 그것을 제국을 차지하기 위해 벌인 전투 비용으로 사용했다.

오랫동안 갈리시아(스페인의 서북쪽 끝에 위치한 지방 — 옮긴이)의 교회는 '트리어의 순교자들'을 성인으로 숭배했다('야만인'들의 침입으로 갈리시아에 로마인의 손이 미치지 못하게 됨으로써 가능했다). 산티아고 데 콤포스텔라의 대성당*은 전에 프리스킬리아누스의 무덤이 있던 자리에 세워진 성전 위에 건설된 것일 수도 있다는 의문이 제기되어왔는데, 만일 그것이 사실이라면 그것은 수세기 동안 성 야곱의 무덤으로 추정되어온 이곳을 향해 이루어진 성지 순례의 내용을 크게 수정하는 것이 될 것이다.

어떤 사람들은 이러한 서유럽 기독교 역사의 두번째 단계, 즉 '교부의 시대' 혹은 '고대 말기 교회'가 서유럽에서 '가톨릭' 교리의 형성 과정이 완결되면서 끝나고, 이어서 야만 세계의 개종이라고 하는 대과업이 시작되었다고 본다. 그들은 이 새로운 단계에서 게르만 족이나 영국의 켈트 족과의 교류가 '중세 기독교 세계의 독창성'에 색깔을 부여하게 될 하나의 종합을 만들어냄으로써 유럽 문화를 풍요롭게 하는 데 기여했다고 주장한다. 그러한 관점은 중세 유럽의 건설을 새로운 민족들을 하나의 공통된 기독교 문화의 영역 안에 통합시키는 것으로 축소시키고, 유럽의 확대를 선교사들의 포교 사업과 동일시하게 만든다. 그러나 문제는 그렇게 간단하지가 않다.

우선은 우리가 습관적으로 기독교로의 개종이라고 부르는 것은 많은

---

* 산티아고 데 콤포스텔라(Santiago de Compostela)는 갈리시아 지방에 있는 도시로, 12사도 중 야곱의 무덤이 있었고, 대성당은 바로 그 무덤 위에 세워진 것으로 알려져 중세 시대 동안 서유럽인들의 유명한 성지로서 중요한 순례지의 하나였다.

경우 도시의 지배 계층(이 계층이 초기 기독교 사제들과 마찬가지로 새로운 성직자들도 공급했다)에 한정되었다. 농촌에는 교회에서 '이교'라고 불렀던 것이 여전히 존속했는데, 그것은 이교라기보다는 고래의 토착 신앙(그 중 많은 것이 오늘날까지도 '미신' 혹은 '민간 전승'으로 살아 전해내려오고 있다)과 로마 제국의 종교로부터 끌어온 요소들의 일종의 종합이라 할 수 있는 것으로서 후에 기독교적 요소들이 더해진다. 4세기 초의 엘비라 공의회에서 제정된 교회법들은 기독교도 지주들이 여전히 민중의 이교주의와 타협하지 않으면 안 되었고, 유대교가 기독교와 공존하고 있었으며(종교 회의는 랍비들이 땅을 축성하는 것을 금했는데, 그것이 주교에 의해 이미 이루어진 축성의 효과를 '없애기' 때문이었다), 그리고 살아 있는 사람들이 죽은 사람들을 위해 봉헌해주는 미사의 집전에서 보이듯이 주술 행위가 기독교 의식과 뒤섞여 있던 히스파니아 사회의 모습을 보여주고 있다. 572년경 브라가*의 마르틴이 지은 『농민의 교화에 대하여 De correctione rusticorum』에서 그가 고발하는 갈리시아 농민들의 신앙은 아직 그 지역에서 잔존하고 있던 프리스킬리아누스교의 영향과는 무관한 토착적인 미신들이었다.

바위, 나무, 샘가 혹은 네 거리에 촛불을 밝히고…… 점을 치고 예언하는 행위…… 처음 내딛는 발에 신경쓰는 행위…… 나무 그루터기에 불을 피우고 거기에 곡물이나 포도주를 뿌리는 행위, 샘가에 빵을 차려놓는다든가 주술에 사용하기 위해 풀에 주문을 외우는 행위…….

---

* Braga, 포르투갈 북부에 위치한 지역. 이곳은 아우리스 파와 프리스킬리아누스 이론을 반대했던 곳으로 유명하다.

6세기 초에 갈리아에서는 짐승 가면을 쓴 사람들의 춤과 같은 고래의 신앙이 아를의 성 카이자리우스(San Cesario de Arles)의 말을 빌리면, "교회에 올 때는 기독교도로 오지만 집으로 갈 때는 다시 이교도로 돌아가는" 사람들 사이에서 여전히 잔존하고 있었다. 주인에 의해 부당하게 희생된 '성견(聖犬)' '성 기네포르(San Guinefort)'에 대한 숭배 또한 이교적 기원을 갖는 것처럼 보이는데, 많은 어머니들은 병이 든 자식을 치유하기 위해 이 개의 무덤에 데리고 갔다. 이러한 전통은 교회의 단죄에도 불구하고 19세기까지 존속했다.

고래의 토착적 신앙을 '대체한' 기독교에 대한 우리의 생각에, 기독교가 비기독교적 정신 세계와 연결되고 또 그로부터 취한 여러 요소들을 동화함으로써 수평적으로 확대되었다는 생각을 덧붙임으로써 풍부하게 할 필요가 있다는 주장이 있어왔다. 중세 유럽의 민중 문화는 오랜 기간 동안, 일찍이 기독교화한 지역에서조차 계속해서 어느 정도의 종교적 혼합주의를 특징으로 해왔음을 우리는 알고 있다. 그러나 이것은 보다 광범하고 뿌리 깊은 어떤 것의 한 측면에 불과하다. 아론 구레비치(Aron Gurevich)는 신학자들에 의해 체계적으로 만들어진 상징주의와는 별도로 "기독교보다 더 깊은 곳에 자리잡고, 기독교로부터는 모종의 덧칠밖에는 취하지 않은 중세적 의식의 층"을 반영하는 수많은 상징적 의식(儀式)과 표현이 있었다고 지적한 바 있다. 그런 시각에서 그는 "중세의 상징적 의식(意識)은 기독교로부터 태어난 것이 아니라 고래의 원시적 의식의 한 변형"이라고 주장한다.

중세 유럽의 사회와 문화의 형성처럼 대단히 복잡한 과정에 대한 역사적 해석을 '기독교', '이교주의' 혹은 '이단' 등 지나치게 일반적인 개념들을 갖고 단순화하는 것은 신앙의 '순수함'을, 다시 말해 신앙의 해석자로서 어떻게든 이것을 독점하려 했던 억압자들의 빈곤하고 애매모호한 언어를 그대로 받아들이는 것을 의미한다. 그러나 그것은 실제 상황을 이해하는 데는 전혀 도움이 되지 않는다. 무엇보다도 기독교는 위협받고 있는 사회 질서를 고수하기 위해 제국의 생명을 연장시키려는 노력의 일환이었다.

콘스탄티노플이 투르크인들의 수중에 떨어질 무렵 플레토(Pletho)라고 알려진 비잔틴의 철학자 게미스투스 플레톤*은 누구이건 또 '수가 얼마가 되건' '이성의 중재자인 신들'에게 호소하면서 기독교를 버리고 사실상 자연신의 한 형태인 이교도 신들에게로 되돌아갈 것을 주장했다. 그것은 옛날의 신앙으로 되돌아가자는 것이 아니라 새로운 종교적·철학적 기반 위에서 사회를 다시 세워보자는 것이었다. 제국의 위기는 콘스탄티누스 체제의 수정을 요구했다. 의미심장하게도 플레토의 책을 불경하다고 비난하면서 불 속에 집어던진 이는 다름아니라 콘스탄티노플을 점령한 술탄이 그 도시의 총대주교 자리에 임명하자 이를 감지덕지하면서 받아들였던 바로 그 사람이었다.

---

* George Gemistus Plethon, 1355경~1450(?), 비잔틴 제국의 철학자이자 인문주의자. 플라톤과 아리스토텔레스 사상의 차이를 명확히 규명하여 이탈리아 르네상스의 철학 방향을 결정짓는 데 큰 영향을 끼쳤다. 콘스탄티노플과 그에 인접한 에디르네에 있는 오스만 제국의 이슬람 궁정에서 연구 활동을 했고, 미스트라에서 비밀 종교철학 학파를 창설하기도 했다.

〈로마 제국과 초기 기독교사 연표〉

BC 27   옥타비아누스가 원로원에서 아우구스투스로 명명됨. 제정 수립
BC 4   예수 그리스도의 탄생
30   예수, 십자가에 못박힘
35   성 바울로의 개종
45~64   바울로, 키프로스 · 소아시아 · 그리스 등에 전교 여행
60~100   4복음서 작성
64   로마에서 네로 황제의 기독교 탄압
161-180   마르쿠스 아우렐리우스의 치세
170   몬타누스교 예언자들, 소아시아에서 활동 시작
235~284   군인 황제들에 의한 혼란기
250   노바티아누스가 로마에서 별도의 교회를 세움
280   은자들과 수도승들의 공동체가 이집트와 시리아에서 성장하기 시작
311   도나투스 파가 아프리카에서 출현
313   콘스탄티누스 황제에 의한 기독교 합법화
325   니케아 종교회의
325~381   아리우스 파와 아타나시우스 파 간의 대립
364   고트 족의 제국 침입 시작
386(387?) 북아프리카에서 출생한 아우구스티누스가 밀라노에서 기독교로 개종
392   테오도시우스 황제, 기독교를 국교화. 다른 종교들을 탄압함
395   테오도시우스 황제 사망. 제국의 양분
397   성 마르티누스 사망
410   알라리크에 의한 로마 점령과 약탈
431   콘스탄티노플의 총대주교였던 네스토리우스가 직위를 박탈당함
461   성 패트릭에 의한 아일랜드 개종
476   서로마 제국 멸망
498   프랑크 국왕 클로비스의 세례
493~526   테오도릭의 이탈리아 지배

3. 봉건제의 거울

왕이 봉건 제후에게 봉을 수여하고 있는 장면

봉건제의 거울

전통적인 역사 서술에 따르면 로마 제국 멸망 이후의 중세는 '암흑의 시기'다. 즉 찬란한 고전 고대와 르네상스 사이에 낀 정체와 퇴보의 시기라는 것이다. 이후 그 천 년의 기간은 여러 르네상스(카롤링거 르네상스*, 12세기 르네상스, 13세기 르네상스) 혹은 여러 혁명('1000년'의 혁명, 봉건제의 탄생, '중세의 상업 혁명', 기술 혁명) 등 일련의 중요한 사건들이 제기되면서 단축되었다. 하지만 로마 제국의 몰락이라는 '대단절'과 그 '회복'으로 짝을 맞춘 이러한 역사상(像)은 의문의 여지가 많다. 6세기 말에 『역사Historias』를 쓴 투르의 그레고리우스**는 로마 제국의 몰락에 대해 전혀 언급하지 않았는데, 자신이 살고 있는 세계와 다른 '고대 세계'가 존재한다는 것은 생각해보지도 않았던 것처럼 보인다. 이 시대 사람들에게는 로마 제국이 과거의 사실이라는 것이 분명치 않았는데, 다른 이유도 있겠지만 무엇보다 동로마에서 아우구스투스와 콘스탄티

---

* 서유럽을 통일한 카롤링거 왕조의 샤를마뉴 대제의 재위 기간(768~814)에 형성되어 9세기 후반까지 계속된 교육, 문화 전반의 문예부흥.
** Gregorius Florentius, 영어로는 Saint Gregorio de Tours, 투르의 주교로서 6세기에 프랑크-로마 왕국을 이해하는 데 주요 자료가 되는 『프랑크사』(그는 단지 이 책을 '역사'라고 불렀을 뿐 '프랑크사'는 원래의 제목이 아니다)를 저술했다.

누스의 후계자들이 여전히 통치하고 있었기 때문이다.

서로마 제국의 위기는 야만인과 로마인 간의 관계의 종말이 아니라 다만 그러한 관계의 점진적 변화를 의미할 뿐이었다. 첫번째 거대한 침략의 물결(가장 파괴적이었던 것으로 생각된다)은 어떤 곳에서는 별다른 큰 변화 없는 '지속'으로 끝났다. 도시들도 사라지지 않았다. 혹 변한 것이 있다면 도시 주민들의 성격, 이들이 주변 농촌과 맺은 관계의 성격뿐이었다. 상공업 활동은 게르만인들에 의해 계속 영위되었다. 프랑크 왕국의 물레방아에 비유하여 말하자면, "로마 제국의 붕괴는 방아를 찧는 것과 같은 일상 행위에는 거의 영향을 주지 못했다".

야만 세계와 지중해 간의 관계 약화는 야만 세계 자체 내의 교역의 발전과 오리엔트로의 새로운 교역로의 탐색을 자극했다. 로마인이 떠나버림으로써 혼란 상태에 빠진 라인 계곡에서부터 영국에 이르는 지역에는 북해 문화권이 형성되었다. 먼저 재난에서 살아남은 유일한 로마 인종의 왕국인 전설적인 아서 왕국이라는 '유사 로마' 왕국이 출현했다. 이 왕국은 전사 귀족들이 거주하는 성들을 갖고 있었으며, 후에는 다양한 수공업 생산과 함께 활발한 도시 시장, 그리고 풍부한 주화를 가진 도시들이 발전하는 시기도 있었는데, 이것은 상당한 규모의 국제 교역이 있었음을 증명해준다(브리튼 족은 북서 유럽과의 교역에서 생기는 잉여 덕분에 바이킹 침략자들이 요구하는 돈, 즉 상당액에 이르는 데인겔트*를 은화로 지불할 수 있었다).

스칸디나비아 민족들의 교역 활동도 중단되지 않았다. 400~1000년 사이에 영광의 시기를 경험한 스웨덴의 두 상업 도시 헬외(Helgö)와 비

---

* Danegeld, 10세기 후반 영국에서 북유럽 침입자 대인 족에게 바친 공물 또는 대항할 군비로 바치던 조세.

르카(Birka)의 여러 무덤에서 아랍과 프랑크, 그리고 앵글로색슨인의 온갖 주화와 함께 중국, 인디아, 그리고 이집트 산 사치품들이 출토되었다. 이 주화들(약 25만점 이상이 나왔다)과 함께 출토된 사치품들을 모두 바이킹에 대한 판에 박힌 이미지에 따라 해적 행위나 약탈에서 얻은 전리품이나 공물이라고 할 수는 없다. 바이킹들이 아이슬란드와 그린란드를 식민화하기 위해 나선 것은 전리품을 얻기 위해서가 아니었다. 그들은 거기서 목축과 사냥에 종사하거나 혹은 '차지할 땅'을 찾아 빈랜드*의 아메리카로 모험에 나섰던 것이다. 브리타니아 섬에서의 활동을 보면 스칸디나비아인들은 침략의 시기가 지난 후에 곧바로 정착하기 시작했음을 알 수 있다. 아일랜드에서 최초의 도시를 건설하고, 더블린을 상업과 수공업의 대 중심지로 만든 것도 이들이었다.

800년경에 스칸디나비아에 들어온 칼리프 왕국의 주화들은 바이킹들이 러시아 땅을 통해 비잔티움까지, 혹은 카자흐인들의 땅을 경유해 카스피 해 쪽으로 해서 바그다드까지 짐승 가죽, 칼, 호박, 꿀, 해마의 어금니(당시 상아는 매우 드물었다), 매, 노예 등을 내다 판 무역의 결과였다. 볼가 강 언덕에서 이들 '러시아' 상인들을 만난 이븐 파들란(Ibn Fadlan)은 그들을 금발의 머리카락과 큰 체격에 당당한 풍채를 갖고 있고 온몸은 문신으로 뒤덮인데다 더럽고 고약한 냄새를 풍기는 "신의 피조물 가운데 가장 지저분한" 사람들로 묘사하고 있다.

바이킹들이 약탈과 해적질에 열을 올리게 된 것도 칼리프 국가들의 위기로 무역이 위축되었기 때문이다. 하지만 오리엔트와의 무역과 함께

---

* Vinland, 북아메리카 대륙에 있는 삼림지. '포도주의 땅'이라는 뜻이다. 1000년경에 탐험가 레이브 에릭손이 이 지역을 조사한 후 이 이름을 붙였는데, 정확한 위치는 알려지지 않았지만 지금의 캐나다 동부나 북동부의 대서양 해안 지역일 것으로 짐작된다. 바이킹들은 이 지역을 수차례 탐험했다.

악탈에 나서는 바이킹인들

9세기 바이킹인들의 활동 영역

새로운 교역지를 갖게 되자(이제 주화는 바그다드가 아니라 부하라와 사마르칸트로부터 들어왔다) 스칸디나비아 경제가 점진적으로 발전하면서 약탈 행위의 중요성은 감소되었다. 8세기부터는 국내 시장에서 획득된 현금의 일부를 지불 수단으로 사용하고 9세기와 10세기에는 이미 자체의 화폐를 주조했는데, 이 화폐들은 폴란드와 러시아처럼 멀리 떨어진 지역에서도 발견되고 있다.

이처럼 단절보다는 적응이 더 많았다. 새로운 것은 재난이 아니라 중세 초기의 점진적 성숙으로부터 나왔다. '야만인 왕국들'은 새로운 나라를 건설하려고 한 것이 아니라 합법성의 기반이 되었던 로마 제국으로부터 보전할 수 있는 것을 보전하려 했다. 클로비스*는 아나스타시우스 황제(491~518)가 내려준 콘술(consul, 집정관 — 옮긴이)의 직위를 받아들였다. 투르의 생마르탱 성당에서 대관식을 가진 그는 이 콘술 혹은 아우구스투스라는 직책을 애매모호한 형태로 채용했다. 아이슬란드의 스노리 스튀를뤼손**은 바이킹의 역사를 고전 세계의 역사와 접합시켜 오딘(북유럽 신화에 나오는 전쟁의 신 — 옮긴이)을 트로이 왕 프리아모스***의 후손이라고 기술했다(이는 수세기 전에 프랑크인들이 트로이의 도망자들에게서 자신들의 건국 시조를 찾았던 것과 비슷했다).

그럼에도 불구하고 로마적인 것을 지키려는 이러한 노력은 로마적인 것을 '복원'하는 데까지는 이르지 못했다. 구체제의 해체로 끝나버린 쇠퇴의 과정을 되돌리기란 불가능했기 때문이다. 부활한 로마의 황제로

---

* Clovis, 466경~511, 프랑크 왕국 메로빙거 왕조의 창시자. 가톨릭으로의 개종, 영토 확장 등으로 프랑크 왕국이 발전할 수 있는 토대를 마련했다.
** Snorri Sturluson, 1179~1241, 아이슬란드의 시인이자 역사가. 시학(詩學)에 관한 지침서인 『산문 에다』와 초기 노르웨이 왕들의 무용담을 모은 사가(saga) 『헤임스크링글라』을 썼다.
*** Priamos, 그리스 신화에 따르면 트로이의 마지막 왕이다.

세례를 받고 있는 클로비스

대관하고자 했던 샤를마뉴의 의도는 실현될 수 없었으며, 따라서 당연히 실패했다. 당대의 연대기 작가들은 샤를마뉴의 계승자들이 야만인에 맞서 끊임없는 투쟁을 전개했음을 보여준다. 즉 프랑크인들이 야만인들과 대적하는 '로마인들'로 대체된 것이다. 이들 연대기 작가들의 기록은 아주 음울한 어조를 띠고 있는데, 당시 온갖 자연의 경이(지진, 밤하늘을 붉게 물들이는 혜성, 화살처럼 쏟아져내리는 작은 별똥별들)가 많기도 했지만 다른 한편으로는 파리를 휩쓸며 투르의 생마르탱 성당을 불태워버리는 바이킹을 막아내지 못한 '새로운 카이사르들'의 무기력 때문이기도 했던 것 같다.

제국을 재건하려는 의도는 유럽 민족들의 저항 앞에서 실패할 수밖에 없는 시대착오적인 것이었다. 유럽은 카롤링거 제국으로부터 만들어진 것이 아니라 오히려 이 제국에 대적하는 과정에서 만들어졌다. 이 당시 형성되고 있던 새로운 유럽의 가장 중요한 측면 중 하나는 민족과 국가들의 정치적 다양성에 역행해 새로운 '보편적' 제국을 공고화하는 것은 불가능하다는 것이 입증되었다는 점에서 찾을 수 있을 것이다.

반면 고대의 보전은 '문자 문화'(cultura letrada, 문화 전체와 혼동하는 경향이 있지만 이 둘을 혼동해서는 안 된다)의 영역에서 보다 효과적으로 수행되었다. 교회는 여전히 라틴어의 독점적 이용을 강요하는 데 성공하여(교회가 통제하는 교육을 통하지 않고는 라틴어를 배울 수 없었다) 문화적 주도권을 유지하고, 성직자의 행정과 정책 참여를 불가피하게 만들었다. 또한 교회는 '이교적' 문화의 전달 수단이었던 토착어들에 대항해 싸웠다. 1000년 이전의 영국 왕들 대부분은 읽고 쓸 줄 몰랐다. 프랑스에는 읽고 쓰는 것은 물론이고 라틴어 시까지 짓기도 한 힐페리히*라는 왕이 있었는데, 투르의 그레고리우스는 "인정된 음운 법칙을 따르지 않는다"는 이유로 그를 폄하했다. 샤를마뉴 자신도 글쓰기를 배우려고 노력했다. "그러나 그는 매우 늦게 시작한데다 성과도 보잘것없었다." 황제가 좋아한 것은 게르만어로 된 "옛날 옛적부터 전해내려오는 야만적인 이야기들"이었다.

라틴어로 된 법전들이 갖는 중요성과 매우 풍부한 문서들에 현혹되어 카롤링거 세계의 문자 해독 수준을 오해해서는 안 된다. 실제로 많은 판

---

* Chilperich Ⅰ, 539경~584, 프랑크 왕국 메로빙거 왕조의 왕. 야심만만하고 잔혹하며 방탕했지만 학자임을 자처했던 그는 서투른 시를 썼고 알파벳에 네 글자를 추가하라고 명령하기도 했다. 또한 그는 교회를 자신과 부를 다투는 경쟁자로 간주하여 주교들을 적대시하고 경멸했다. 그래서 동시대인인 투르의 그레고리우스는 그를 당대의 네로이며 헤로데라고 불렀다.

샤를마뉴 대제. 14세기 프랑스의 연대기에 나오는 그림으로 대관 장면이다.

례들은 구전된 것으로서(기록된 텍스트들은 기록으로서의 기능과 함께 지위의 격상을 보증해주는 이중의 기능을 수행했다), 어떤 행위를 문서화하기 위해 공증인을 찾는 사람들이나 증인으로 참석한 사람들의 대부분은 '소극적' 문자 해독 능력을 갖고 있을 뿐이었다. 하급 성직자들도 문맹인 경우가 많았다. 교구 사제들은 몇 가지 기도문을 더듬거리며 읽거나 암기할 수 있으면 충분했는데, 그것마저도 제대로 못하는 경우가 많았다. 이는 성 보니파키우스*의 언급 중에 어떤 사제가 "*In nomine Patria, et Filia et Spiritu Sancta*"라고 말하면서 세례를 베풀고 있는 것을 보았다고 기록하고 있는 것을 보아도 잘 알 수 있다.** 때문에 사실적인 그림들, 특히 '교육적' 초상화 프로그램에 따라 교회를 장식한 그림들이 글을 모르는 신자들을 가르치는 책이 되었다.

기록이 아니라 기억에 바탕을 두고 있는 문자 문화는 학문을 과거와 현재가 명백히 구분되지 않은 채 뒤섞여 있는, 시간을 초월하는 어떤 것으로 간주했다. 우리가 중세의 '르네상스'라는 말을 혁신적인 의미로 이해한다면, 그것은 당시의 개념과 동떨어진 것이 되고 말 것이다. 당시 이 말은 단순히 '레스티투티오(restitutio)', 즉 과거의 회복이라는 의미를 넘어서지 않았다.

식자들만 이해할 수 있는 옛날 식의 문어체 라틴어와 로망스어 간의 분리를 확실하게 한 것이 바로 카롤링거 르네상스였다. 이전에는 투르의 그레고리우스나 비드***도 구어에 가까운 '비천한 말투(sermo humilis)'로 글을 썼다. 그러나 그들의 후계자들은 라틴어를 "옛날의 모

---

* Bonifacius, 영어로는 Saint Boniface, 영국의 선교사이자 개혁가. 독일을 복음화하는 데 이바지했기 때문에 '독일의 사도'라고 불린다.
** "성부와 성자와 성령의 이름으로······."의 제대로 된 라틴어 표현은, "*In nómine Pátris, et Fīlii et Spíritus Sancti*"이다.

델에 따른 완전히 인위적인 언어"로 바꾸었고, 그리고 "빈번히 일종의 현학적 퀴즈로 전락시켰다". 즉 미래가 없는 죽은 시들만 생산해내는 언어가 되었던 것이다. 반면 토착적인 구전으로부터는 차후 '무훈시들'이 출현했다. '르네상스들'을 발견하는 데 열을 쏟아온 사람들은 중세의 진정으로 가치 있는 것은 '보존된 것'이 아니라 '창조된 것'이라는 사실에 동의할 것이다. 그리고 고전 문화의 모든 자산을 보존한 것은 어쨌거나 비잔틴인들이었다.

더욱이 교회 문화를 교회 행위의 정치적 차원과 분리해서 이해한다면 결코 완전히 이해할 수 없다. '이교도' 민족들의 기독교화를 이야기할 때 개종, 즉 군주에 의한 기독교의 공적 수용과 대중들 사이에서의 새로운 신앙의 확산을 혼동하는 경향이 있으나 후자는 전자보다 훨씬 오랜 기간에 걸쳐 이루어진다. 기독교로의 개종은 이슬람의 수용과 마찬가지로 하나의 정치적 선택이었다. 이런저런 교회에 참여하는 것은 이런저런 동맹 체계 속에 통합되는 것을 의미했으며, 따라서 중요한 내적 결과를 초래했다.

모든 권력은 신으로부터 유래한다고 설교한 교회는 귀족들의 야심에 반대하여 국왕의 권위를 정당화했다. 그리고 다른 한편으로는 왕에게 글을 읽고 쓸 줄 알며, 행정을 조직화하는 데 필요한 훈련된 인적 자원을 제공했다. 이리하여 이제 개종한 지배자는 '동등한 자들 가운데 첫째'가 아니라 신에 의해 임명된 군주가 되었다. 즉 비시 고트 군주들은 자신들이 '신에 의해 선택되었음'을 천명했으며, 작센 족 황제와 비잔틴 공주 사이에서 태어난 오토 3세의 초상화는 보통 그리스도를 둘러싸고

*** Saint Bede the Venerable, 672(?)~735, 앵글로색슨인 신학자이자 역사가, 연대기 학자. 로마 문명의 몰락과 샤를마뉴 시대 사이에 서유럽이 낳은 가장 위대한 학자 중 한 명이다. 앵글로색슨 족의 기독교 개종사를 다룬 중요한 사료인 『영국인 교회사』를 쓴 것으로 특히 유명하다.

있는 광배에 감싸인 옥좌에 앉은 그에게 신이 왕관을 씌워주는 형상으로 그려졌다.

법과 종교가 긴밀하게 뒤엉켜 있었기 때문에 종교적 통일은 법적 통일의 필요 조건이었다. 레카레도*의 가톨릭으로의 개종은 이베리아 반도에서 게르만 침략자들과 선주민들 간의 사법적 통일을 용이하게 했다. 아이슬란드 의회는 상이한 두 가지 법이 지배하는 것은 좋지 않다고 판단해 지극히 실용적인 동기에서 '이교도들'에게 기독교로 개종하도록 권유했다.

이런 사실은 왜 지도자들이 일단 개종하게 되면 무슨 수단을 써서라도 새로운 신앙에 귀의한 자들을 확보하는 데 그렇게도 큰 관심을 가졌는가를 설명해준다. 덴마크의 옐링(Jelling)에 세워진 룬 문자로 된 비문은 하랄 왕**이 "덴마크인을 개종시켰음"을 말해주고 있으며, 스칸디나비아의 한 시는 노르웨이의 울라프 왕***이 "방패를 피로 물들이는" 대가를 치르면서까지 "다섯 나라를 기독교도화"했음을 보여준다. 클로비스가 개종하자(그전에 그가 어떤 종교를 갖고 있었는지는 알려져 있지 않다) 그의 프랑크 족 병사들 대부분도 그와 뜻을 같이했다.

대(大) 기독교 세력들, 즉 비잔틴 제국, 교황, 그리고 카롤링거 제국에게는 한 민족의 개종 과정의 중재자가 되는 것은 곧 그 민족을 정치적으로 장악하는 것을 의미했다. 즉 그곳의 주교를 임명하거나 교회에 대해 종속적 유대 관계를 만들어낼 수 있었다. 물론 이 때문에 대립과 갈등이

---

* Recaredo, 586~601년간 서고트 족 왕국을 지배한 왕. 589년 가톨릭을 국교로 선언했다.
** Harald Ⅰ, 910경~985경, 덴마크의 왕(940~985경 재위). '푸른 이빨 왕 하랄'이라는 별칭으로 불리는 그는 덴마크를 처음 통일한 왕으로 여겨진다.
*** Olav Ⅰ Tryggvason, 964경~1000경, 스칸디나비아 문학에서 찬양을 받는 노르웨이의 바이킹 왕. 재위 기간중 셰틀랜드, 페로, 오크니 제도 및 아이슬란드와 그린란드에 기독교를 전파했다.

유틀란트에서 발견된 옐링 비석은 10세기 때의 왕가 묘비로서 두 개로 되어 있다. 여기에 새겨진 룬 문자는 하랄드 왕이 덴마크와 노르웨이를 정복하고 덴마크인들을 기독교로 개종시켰음을 말해준다.

생겨나기도 했다. 860년경 모라비아의 로스티슬라프 공작*이 선교사 파견을 요청하자 메토디우스와 콘스탄티누스 형제**가 파견되었다(콘스탄

---

* 중부 유럽에 위치한 모라비아(Moravia)는 모이미르 1세(830~846 재위) 때 통일 왕국을 이루었다. 그의 뒤를 이은 로스티슬라프(Rostslav, 846~870 재위)는 영토를 더욱 확대하여 대(大)모라비아 왕국을 세웠다. 또한 로스티슬라프는 비잔틴의 선교사 키릴루스와 메토디우스를 초청했고, 그들은 주요 전례문(典禮文)을 슬라브어로 옮겨 보헤미아와 모라비아 지방에 기독교를 전파했다.

** 슬라브어에 능했던 메토디우스(Metodius)와 콘스탄티누스(Constantinus) 형제는 복음을 전파하러 모라비아에 갔다. 그들은 그리스어와 러시아 고어에서 영감을 받아 글라고르 알파벳을 만들었는데, 이로써 고대 교회 슬라브어가 체계를 갖추게 돼 그리스어와 라틴어에 뒤이어 하나의 국제적 언어로 발돋움할 수 있었다. 키릴루스(827~869)는 로마 여행중에 죽었고, 메토디우스(825~885)는 슬라브 국가의 대주교가 되었다. 이들 형제는 '슬라브인의 사도'라는 칭호를 얻었고, 동서 교회 통일의 수호자로 간주된다.

티누스는 후에 수도승이 되면서 키릴루스라는 이름을 갖게 되었다). 이들은 '슬라브' 어를 확정하고 거기에 적당한 알파벳을 만들었으며 몇몇 성서를 번역했다. 바로 이 알파벳이 글라고르어(Glagolitic)로서 그로부터 키릴루스의 이름을 따 키릴 문자가 나왔다. 그러나 이러한 시도는 프랑크인들의 정치적 압력 때문에 실패했다.

이 두 형제를 로마로 소환한 후 교황 하드리아누스 2세는 방언으로 미사를 드리는 것을 허락하고, 콘스탄티노플의 교회 및 프랑크인들의 교회와 강력한 경쟁 관계에 있던 시기에 새로운 민족들의 충성을 확보할 생각으로 메토디우스를 대리인으로 파견했다. 그런데 프랑크인들은 메토디우스가 자신들이 파견한 선교사와 영역 다툼을 할 수 없도록 즉각 그를 감금시켜버렸고 방언으로 드리는 미사도 금지했다. 메토디우스가 죽고 난 후 프랑크인들의 압력과 그때까지의 보잘것없는 결과에 실망한 교황들은 메토디우스가 육성한 사제들을 포기했다(그들은 감옥에 갇히거나 노예로 팔렸다). 또 신의 음성은 예수 그리스도의 십자가 뒤에 달려 있던 표찰에 나타나는 세 가지 언어, 즉 라틴어, 그리스어 그리고 히브리어로만 해석될 수 있다고 주장하면서 슬라브어 미사를 금지했다. 반면에 콘스탄티노플의 교회는 이러한 의식을 계속 수용했다.

이러한 대립의 결과 '슬라브' 유럽은 가톨릭을 신봉하고 라틴어를 사용하는 크로아티아인, 폴란드인과 그리스 정교를 신봉하고 키릴 문자를 사용하는 불가리아인, 러시아인으로 분열되는데, 이러한 종교적-문화적 경계선은 오늘날까지도 남아 있다. 이 때문에 각 집단은 종교적 선택을 넘어 "사고와 표현에서도 상이한 양식"을 갖게 되었다.

이교도 민족들을 평화적으로 '개종시키지' 못할 경우 '성전(聖戰)' 을 통해 교화시키는 방법이 있었다. 계속 저항하던 작센 족을 복속시키려

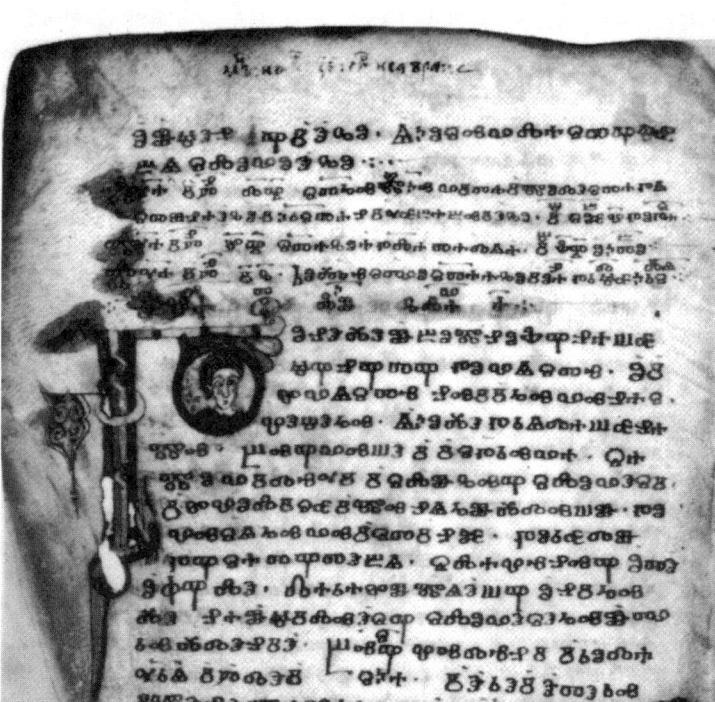

슬라브어를 기록하기 위해 키릴루스가 발전시킨 최초의 알파벳. 글라고르어라고 불렸다.

고 작심한 샤를마뉴는 한꺼번에 4,500명이나 처형하고, 세례를 거부하는 사람들을 사형에 처하는 법을 공표하는 것과 같은 '사도적 방법'으로 개종시켰다. 이 방법은 개종한 사람들이 살던 땅의 대부분을 지배할 수 있게 된다는 매력 때문에 그후에도 곧잘 모방되곤 했다. 잘 조직되고 번영된 사회를 형성하고 있던 발틱 해 연안의 슬라브인들이 이러한 교화 형태의 대표적인 표적이 되었는데, 그보다 동쪽의 프로이센인, 리투아니아인, 레트인(라트비아인)도 마찬가지였다. 발틱 지방에 대한 포교 사업은 무력으로 슬라브 땅을 침공한 작센인 기사들에 의해 시작되었다. 이어 토지를 개간하기 위해 농민들이, 그리고 약탈당한 자들을 '진정시키기' 위해 성직자들이 뒤를 따랐다. 그후 교황의 승인 하에 대규모 정복이 시작되었다. 1147년 색슨 족과 데인 족에 의해 촉발되고 그후 튜튼 기사단*에 의해 수행된 일련의 '북방 십자군들'의 정복 사업은 발틱 민족들의 "패배, 세례, 군사적 점령 그리고 때로는 약탈과 몰살"을 초래했는데, 그후 발틱 민족들은 정복자들에게 몸과 마음 모두 예속되었다.

인종적·문화적으로 비슷한 기원을 가진 세 족속의 서로 다른 종교적 발전을 비교 검토해보면 '개종'의 정치적 의미를 더욱 잘 이해할 수 있다. 불가리아인들은 두 집단으로 나뉘어 있었는데, 그 중 하나는 도나우 강가에 한국(汗國)을 건설하고 있었고, 다른 하나는 볼가 강과 카마 강이 합류하는 지역에 자리잡고 있었다. 그리고 그 중간 지점인 흑해 연안에 이들과 인척 관계인 카자흐 족이 살고 있었다.

863년에 도나우 강 쪽 불가리아의 군주인 보리스**가 기독교로 개종

---

* 독일기사단이라고도 한다. 중세 때 프로이센을 정복해 강력한 국가로 변모시킨 독일 십자군 단체이다.
* Boris Ⅰ, ?~907, 불가리아의 칸(852~889 재위). 통일 불가리아 형성을 위해 단일 종교가 필요하다고 느낀 그는 863년에 기독교 국가군에 합류했다. 그러나 로마 가톨릭과 콘스탄티노플의

했다. 프랑크인들과 로마인들은 서둘러 이곳에 주교와 선교사들을 파견하려고 했다. 그러나 비잔틴인들이 먼저 군사 원정을 오겠다는 협박으로 그들을 설득해서 그리스 정교를 택하도록 강요했다. 이와 동시에 키릴루스와 메토디우스가 만들어낸 문자와 언어, 그리고 슬라브 식 미사 의식도 함께 수용하도록 했다. 새로운 언어의 채택은 '로마인' 슬라브 정주자들과 투르크어와 유사한 언어를 사용하면서도 타민족과의 소통은 그리스어로 하던 소수 불가리아인 지배 집단 간의 융합을 쉽게 했다.

그러나 반세기 후 불가리아의 지배자는 매우 다양한 기원을 가진 주민들의 결속을 위해, 그리고 카자흐 족의 압력에 저항하기 위해서는 외부의 도움이 필요했기 때문에 이슬람으로 개종했다. 그리고는 당시의 지리적 위치를 감안할 때 도움을 제공할 수 있는 유일한 세력이었던 바그다드의 칼리프 국과 동맹을 체결했다. 12세기 중엽 이 지역을 여행한 그라나다*의 여행가 아부 하미드(Abu Hamid)는 오래된 전승 하나를 수집했는데, 그것에 따르면 이슬람화한 지 얼마 되지 않아 카자흐 족의 공격을 받은 불가리아인들은 "흰빛을 띤 말을 탄 엄청나게 많은 사람들"의 도움으로 승리를 거두었다고 한다. 그들은 '신의 군대' 였던 것이다.

한편 카자흐 족은 돈 강과 볼가 강 분지 사이에 부강한 국가를 건설했는데, 이 나라에는 갖가지 인종과 문화를 가진 사람들이 모여드는 상업도시들이 있었다. 이 도시들이 번영할 수 있었던 것은 칼리프 국의 은과 멀리 북쪽 '러시아인' 으로부터 유입된 상품이 교환되는 교역로를 장악

동방 정교회 사이에서 선택이 어려웠다. 그는 원래 로마 가톨릭교를 받아들이려 했으나 비잔틴과 싸워 지자 동방 정교회를 택해야 했다(864). 어느 날 밤 그와 그의 가족 및 그의 정책을 지지하는 귀족들은 불가리아의 수도 플리스카에 파견된 비잔틴의 주교와 사제로부터 비밀리에 세례를 받았고, 이후 국민들에게 적극적으로 기독교 신앙을 전파했다.
* Granada, 13세기 초 스페인에 세워진 이슬람 왕국.

하고 있었기 때문이다. 이 상업 도시들의 잡다한 주민들이 평화롭게 공존해야 했기 때문에 카자흐 군주들은 종교적으로 관대할 수밖에 없었다. 그들 자신은 유대교를 신봉하고 있었지만 각 집단의 종교적 전통에 따라 판결이 이루어지도록 일곱 명의 법관을 임명했을 정도로 주민들의 종교를 존중해주었다. 따라서 이곳에서는 규정된 종교의 공식적 채용이라는 의미의 '개종'은 없었다.

다른 한편 중세적 종합의 기반이 된 요소들은 일반적으로 말해지듯이 로마 문화와 게르만 문화 그리고 기독교 문화의 총합 혹은 융합으로만 한정될 수는 없다. 그러한 관점은 인종적 토대들(los substratos étnicos, 고전기 이전 문화들의 유산)의 재출현을 간과하고 있으며, 또한 바이킹과 켈트인들 간에 이루어진 것과 같은 다양한 유럽 문화들간의 생산적 교환, 그리고 아시아의 과학과 기술로부터 받은 많은 것의 의미를 망각하고 있다. 이러한 과학과 기술은 주로 이슬람 세계로부터 들어왔는데, 중세 시대 이슬람 세계의 문화적 중요성은 르네상스와 종교개혁이 고전 작품과 성서의 번역을 자극할 때까지는 아랍어가 세계에서 가장 많이 번역되는 언어였다는 사실로부터 능히 짐작할 수 있다.

이슬람 과학을 고대 그리스 학문의 단순한 '번역판' 쯤으로 격하시키고 있는 유럽 중심의 편견은 그리스 문화가 원래 혼혈적 성격임을, 즉 그리스적 요소와 동방적 요소를 융합해놓은 것임을, 그리고 아랍인들이 이미 오래 전부터 이 과정에 참가해왔다는 사실을 망각하고 있다. 그리스 고전 작품들에 대한 체계적인 번역 작업이 시작된 것은 근동으로서 8세기부터 10세기에 이르는 시기에 특히 시리아어를 사용한 네스토리우스 파 기독교도들이 주역을 담당했다. 이곳에서는 정통 기독교에 의해 추방된 이교적 과학이 보존되어 있었는데, 알 파라비*의 말에 따르면 그것은 "이슬람이 도착할 때까지 비밀 속에 묻혀 있었다". 아무튼 이들은 그리스어 원본과 풍부하게 남아 있는 시리아어 판을 이용해 아랍어 번역 작업을 했는데, 이는 이 두 문화가 이전부터 공생해왔기 때문에 가능한 것이었다.

그러나 그 외에도 그리스나 그리스 문화와는 전혀 상관없이 이슬람 교도들에 의해 전해진 다른 많은 공헌이 있다. 새로운 작물, 보다 효율적인 관개 형태, 종이(파피루스나 양피지보다 값이 훨씬 싼 종이 덕분에 책이 널리 확산될 수 있었다) 그리고 일련의 기술적·과학적 지식들이 그것이다. 이러한 지식들 중에서 특히 두드러지는 것은 오늘날까지도 사용되고 있으며 현대의 어느 과학자가 "지구상에서 지금까지 이루어진 가장 성공적인 지적 발명"이라고까지 말한 인도의 수 체계이다. 이 수 체계와 숫자들(오늘날 '아라비아 숫자'라고 부른다)은 10세기에 카탈루냐 수도원들(오리야크의 제르베르**는 이곳에서 수학했다)을 매개로 서양의 이슬람 교도들을 통해 유럽에 들어왔다. 만일 이 수 체계의 전파가 없었다면 근대 과학의 발전이 훨씬 더 어려웠을 것임은 두말할 나위가 없다.

모든 문화적 조류에 개방적이었던 유럽은 새로운 어떤 것이 싹트는 데 이상적인 토양이었다. 동쪽에서는 유스티니아누스가, 그리고 서쪽에서는 샤를마뉴가 제국을 재건하려고 시도했지만 결국 실패하고, 사고와 행동에 엄격한 규범을 강요하려 한 로마 교회의 시도도 실패했다. 이것은 결국 상품, 인간, 이념의 교통과 교환을 위한 공간의 출현에 유리한

---

* al-Farabi, 878경~950경, 이슬람 교도 철학자이자 중세 이슬람의 탁월한 사상가. 아라비아에서 아리스토텔레스 이후 가장 위대한 철학자로 간주되었다.
** Gerbert of Aurilac, 945경~1003, 프랑스 출신의 첫 교황(999~1003 재위)으로 실베스테르 2세(Sylvester Ⅱ)로 더 잘 알려져 있다. 프랑스 중남부 오리야크에서 태어난 그는 젊은 시절 스페인 카탈루냐 지방에 있는 리폴의 산타마리아 수도원에서 3년간 공부했다. 그는 대학자였고 뛰어난 교육자였으며 예리한 정치적 판단력의 소유자였다.

분위기를 조성해주었으며, 거기서 토착적 기반에 뿌리를 두기는 했지만 외부로부터 유입되는 요소들을 동화시키고 통합시키는 데 상당한 능력을 가진 하나의 문화가 성숙했다. 그것은 그리스 문화도, 그렇다고 로마 문화도 아닌 진정한 의미의 유럽적인 문화였다.

이 시기는 부동성(不動性)에 갇힌 암흑의 시대가 아니었다. 중세의 정체라는 개념은 이 천 년의 기간 동안 유럽 대륙의 인구가 두 배 내지 세 배로 늘어났고, 작물들이 알프스 이북으로 확산됨으로써 도시가 번영했다는 사실과 일치하지 않는다. 인구와 농업 생산의 증가는 교역의 증대를 낳았다. 이 '중세의 상업 혁명'은 대단히 새롭고 갑작스런 것이어서 어떤 저술가는 "11세기에 나타난 경제적 변화의 폭발적 성격"을 말하기도 한다. 또한 교역 증가와 밀접하게 관련되어 산업 '혁명'이 나타났다. 이는 특히 양모 산업과 관련이 있는데, 적어도 10세기부터 축융기(縮絨機)를 이용하고 수평 베틀이 널리 전파되고 또 물레가 확산되면서 이러한 일이 일어났다. 이것들은 한 사람이 한 시간에 할 수 있는 생산량을 네 배 정도 증가시킨 것처럼 보인다. 생산자들의 부의 축적은 이들을 조직화시켜 직조 기술과 관련된 여러 직업의 길드(guild)가 12세기와 13세기에 출현했으며, 이와 동시에 임금 노동도 확산되었다.

이 시기는 또한 문화적 혁신의 시기이기도 했는데, 이로부터 "신은 자연 속에서 행동한다는 식의 보다 합리적인 관점"이 생겨났다. 여기에 10세기부터 사용되기 시작한 주판과 12세기 중엽부터 이루어진 아라비아 숫자의 확산과 함께 '산술적 사고 방식의 출현'이 추가되었다. 그리고 또한 '발명의 발명', 즉 역사상 처음으로 발명을 하나의 고립된 사실이 아니라 '일관성 있는 프로젝트'로 바꾸어놓은 기술에 대한 새로운 태도가 나타났다.

이 일련의 '혁명들'은 왜 일어났을까? 명백히 그것은 인구 증가를 가능케 한 농업 생산의 발전이 있었기 때문에 가능했다. 그렇다면 이러한 농업 생산의 발전의 원인은 무엇인가? 이 점에 대해 역사가들은 영주와 지주들의 이해를 반영한 문서들에 근거해 무엇보다도 농업 발전을 가능케 한 제도적 틀에 관심을 집중해왔다. 그것을 설명하기 위해 제시된 다양한 의견을 여기서 종합하기는 불가능하다. 그리고 어떤 의견도 서유럽 전체를 설명할 수는 없기 때문에 종합은 더욱 복잡해진다. 대신 각각의 '지역적' 모델에 따라 각기 달리 추론해볼 수밖에 없는 형편이다. 갈리시아로부터 론 강까지에서는 무엇보다도 "생존을 위한 투쟁과 해방에 대한 기대로 움직인 소농들"이 주도권을 지닌 반면 다른 지역에서는 영주 직영지의 이용과 영주로부터 부여받은 땅을 경작하는 농민들의 노동을 결합시킨 '양분된' 체계 안에서 성채를 소유한 영주들이 주도권을 가졌다.

1000년경에 이러한 발전의 결과들이 분명한 형태로 가시화되기 시작했다(많은 사람들이 이야기했던 서기 1000년의 '공포'는 수세기 후에 글을 쓴 사람들의 상상 속에서만 존재했던 것 같다). 당시 유럽 사회에는 봉건제의 출현이라고 하는 근본적인 변화가 나타났다. 이것은 하나의 사회가 세 가지 '위계' 혹은 '신분'(즉 기도하는 자, 싸우는 자, 그리고 가장 다수 집단으로서 앞의 두 집단을 부양하기 위해 노동하는 자)으로 나뉘고, 각 집단은 서로 다르면서도 필요한 기능을 수행하는 사회적 구도를 정당화해주는 체계였다(귀족적 사회를 지향하는 좀더 현실적인 관점은 사회를 체스 게임에 비유해 사회 구성원은 단지 귀족과 병졸만으로 이분되어 있는 것으로 보았다).

최근의 한 연구는 1000년경에 발생한 것은 분명 하나의 혁명이라고 주장한다. 즉 단기간에 발생하였고, '유럽적 사실'로 간주되어야 하는 하나의 거대한 단절이라는 것이다. 그 결과 영주제의 틀 안에서 새로운 유형의 착취가 이루어지고 사적 유대에 기반을 둔 새로운 형태의 정치적 지배가 나타났으며, 농촌과 도시 간의 노동 분화가 경제 발전을 자극했으며, 기사들의 폭력 사용이 증가하면서 이에 맞서 '신의 평화' 운동*과 같은 형태로 교회가 개입하게 되었다. 이것은 30~40년 동안 일어난 격동으로서 '봉건 사회의 출현'을 위해 지불해야 했던 대가였다.

봉건제와 기사도라는 말은 매우 다양한 측면을 포함하는 하나의 복합체를 가리키고 있다. 조르주 뒤비**는 '봉건제'라는 말은 두 가지의 근본적인 측면을 포함하고 있다고 말하는데, 하나는 정치적인 것으로서 주권의 해체와 관련되어 있는 것이고 다른 하나는 영토적인 것으로서 "모든 토지와 이러한 토지를 통해 거기서 살고 있는 사람들"까지 모두 포함하는 하나의 종속의 망이 만들어진다는 것이다.

기사 계급의 힘은 군사적 능력에서 나오므로 무기와 전쟁 기술과 밀접하게 관련된다. 기사들의 사회적 신분이 상승하고 이들을 부양하고 유지하기 위해 토지가 제공되었던 것은 초기의 경우에는 보병보다는 기병이 효율적이었던 것으로 설명될 수 있다. 그러나 후기에는 성(城)이 봉건제 최고의 표현 형태가 되었으며, 그것은 12세기 영국의 한 역사가가 영국을 뒤덮고 있던 성들에 대해 다음과 같이 완벽하게 표현하고 있듯이 이중의 얼굴을 갖고 있었다. 즉 "각각의 성은 지역을 보호하기도

---

* 10세기 말부터 교회는 봉건 기사들의 전투를 줄이기 위해 '평화운동'을 전개하였다. 즉 '신의 평화'라 하여 비전투원에 대한 공격을 금지하였고, '신의 휴전'이라 하여 특정 축일에 전투 행위를 금지했다.
** Georges Duby, 1917~1996, 프랑스의 역사가. 20세기 후반 중세사 중 가장 뛰어난 역사가로 평가받는다.

했지만 사실을 좀더 정확히 말한다면 지역을 약탈했다".

전쟁에서 궁수의 비중이 점차 증대함에 따라(교회는 1139년과 1215년의 공의회에서 '기독교도들을 상대로' 활을 쏘는 것을 금지하려고 했다) 기사들은 방어 장비를 점점 더 강화하지 않을 수 없었다(1250년부터 1350년 사이에 그물코 모양의 갑옷에서 보다 두껍고 무거운 갑옷으로 바뀌었다). 그러나 성채의 급증(이것은 전쟁을 1%의 전투와 99%의 공성〔攻城〕으로 바꾸어버렸다)은 기사의 군사적 중요성을 크게 감소시켰고(대신 그 중요성은 성주에게로 넘어갔다), 개인 화기의 보급은 기사들을 거의 무용지물로 만들었다. 기사들은 자신들의 몰락이 시작되자 군사적 효율성보다는 사회적 기능을 내세움으로써 스스로의 정당성을 강화했다. 그리하여 기사도 신화가 만들어졌는데, 그것은 귀족적 가치와 종교적 가치를 뒤섞어 놓은 것이었다. 그후 유럽 사회는 기사도 신화가 소수 상층 계급이 어떻게 '대중'을 지배하는가를 보여주는 하나의 이상적인 모델을 제공한다는 이유로 계속해서 그것을 고수해나갔다.

봉건제의 두번째 측면, 즉 토지와 토지를 경작하는 사람들을 복속시킨 형태를 설명하기는 좀더 어렵다. 과거 로마의 라티푼디움(고대 로마의 대토지 소유 제도 — 옮긴이)과 노예제는 모종의 경로를 통해 자유와 소농 경영 형태로 바뀐 바 있다. 그런데 어떻게, 그리고 왜 소위 농노제라는 새로운 형태의 예속으로 되돌아오게 되었을까? 이 물음에 대한 대답을 구하는 과정에서 우리는 서로 다른, 그리고 장기적이고 아주 복잡했던 사회 현실에 적응하기 위해 고안된 다양한 전략이 있었음을 확인할 수 있다. 단지 몇 년 동안 완결될 수 있는 단일한 모델에 걸맞는 '혁명'은 존재하지 않았다.

11~12세기 동안의 카탈루냐*라고 하는 한 지역을 주의깊게 분석해보

중세 봉건 기사의 전투 복장

면 이런 변화들이 어떻게 일어났는지를 알 수 있다. 전에는 자유 사유지 형태로 토지를 보유한 자유 농민들이 있던 이곳에서 점차 한 가문이 부를 축적하고, 도시에 대한 백작의 권리를 사들이고, 성을 쌓아 거주하고 또 "전사적 특징과 생활 방식으로 인해 다른 사람들과는 확연히 구분되는" 그런 시기가 시작되었다. 이 가문은 다시 수도원을 세운 다음 가문의 일부 권리를 양도했으며, 이 수도원은 다시 기증이나, 영주들의 자의적 과세로 인한 경제적 어려움을 이겨내지 못한 농민들로부터의 매입을 통해 점차 토

* 스페인 북동부 구석, 프랑스와 국경을 접하고 있는 역사적인 지역이다. 해안 지역을 중심으로 전통적으로 상공업이 발달하여 오늘날 스페인에서 가장 부유한 지방이며 중심 도시는 바르셀로나이다. 이곳은 스페인 영토 중 로마 제국에 가장 먼저 정복당한 곳 중 하나이며, 5세기에는 고트 족에게, 712년에는 무어 족에게, 8세기 말에는 샤를마뉴 대제에게 넘어갔다. 15세기에 스페인의 통일이 이루어진 후 카탈루냐의 중요성은 감소했고, 17세기부터 분리 운동이 시작되어 20세기까지 이어져왔다.

지 재산을 키워나갔다. 그리하여 새로운 형태의 예속을 만들어낸 사적 영주 관계 형태가 생겨났는데, 이와 함께 수도원은 보다 많은 봉헌물을 요구하는 새로운 장례 관습을 도입함으로써 사람들에 대한 영향력을 증대시켜나갔다. 이처럼 거대 권력으로부터 멀리 떨어진 한 시골에서 농민의 자유가 사라지고, 세 가지 위계가 출현해 이제 현실은 힘있고 부유한 사람들과 가난하고 힘없는 사람들로 양분되어나갔음을 확인할 수 있다. 이런 유형의 설명(비교가 가능할 정도로 충분한 경우들을 이용할 수 있을 때라야만 하나의 단일한 모델로 만들 수 있을 것이다)이 내가 보기에는 단순화된 다른 구도들보다 실제에 훨씬 더 가까이 접근할 수 있게 해줄 것처럼 보인다.

그러나 유럽 농촌 사회에 대한 지배라는 이처럼 거창한 사업은 만약 교회의 협조가 없었다면 불가능했을 것이다. 이 시기는 1073~1085년 간 교황으로 재위한 그레고리우스 7세의 이름을 따 소위 '그레고리우스 개혁의 시대'로 일컬어진다. 개혁은 먼저 교회 자체 내의 성직자들에 대한 조치로 시작되었다. 즉 성직을 매매한 성직자들을 단죄하고(서품이나 직책을 매수한 사람들을 단죄하는 내용이었으나 실제로 중요했던 것은 세속 영주들 혹은 제후들의 성직 수여를 막으려는 것이었다), 성직자들에게 독신을 강요했다(성직자 아들이 아버지의 교회 재산이나 혹은 교회 자체를 상속하는 것을 금지했다). 그러나 1074년에 파리 주교구의 시노드는 독신 생활이 인간 본성에 배치된다는 이유로 이러한 조치에 반대했다.

성직자에 대한 이러한 통제는 추기경단*의 창설과 모든 신도에게 보편적으로 적용할 결정을 이끌어내기 위한 교황과 주교들의 만남인 공의

---

* 3개 직위(주교·사제·부제)로 구분되는 추기경단은 교황 우르바누스 2세(1088~1099 재위)의 교회 개혁에 그 기원을 두고 있다.

회의 개최를 통해 교회 내에서 로마 교황의 권한이 강화됨으로써 한층 더 강화되었다. 교황 칙서(Dictatus Papae)에 따라 교황청은 시노드 위에 존재하고, 교황은 주교를 개인적으로 파면할 수 있는 반면 교황 자신을 심판할 심급(審級)은 존재할 수 없음이 확인되었다. 이 시기가 '교황 군주정' 시대로 규정된 것은 이처럼 그만한 이유가 있었던 것이다.

그러나 개혁의 보다 중요한 측면은 교회 안에서 속인들의 역할을 축소시키고, 마을 교구를 통해 신자들의 일상생활을 통제함으로써 교회를 "성직자 중심으로 만든" 것에서 찾을 수 있었다. 마을 교구는 이제 기독교적 생활의 중심이 되었고, 길드 설립의 감독 기능을 통해 이러한 역할이 강화되었다. 하지만 이처럼 점점 '제도화되고' 점점 더 '세상' 문제에 휩쓸려들어가게 되면서 교회는 많은 기독교도에게 실망과 불만을 가져다 주었는데, 이는 훗날 이단의 기원이 되었다.

신자들에 대한 통제는 또한 혼인이나 성생활에 대해 전보다 훨씬 제약적인 새로운 규범을 도입함으로써 더욱 강화되었다. 인척간 혼인은 이전보다 훨씬 더 강하게 제약받게 되었는데, 이것은 제멋대로 이혼하고 다시 재혼하는 데 익숙해 있던 봉건 귀족들의 일부다처 풍습을 근절하기 위한 진지한 노력을 반영한 것이었다.

교회와 세속 유력자들의 관계는 복잡했다. 교회는 먼저 정치 권력은 신으로부터 직접 받는 것이 아니라 중개자인 교황으로부터 받는 것이라고 주장하면서 교회의 우월함을 강요하고자 시도했으나 군주와 제후들의 저항에 부딪혀야 했다. 그리고 혼란과 불안의 시대에 귀족의 폭력으로부터 자신을 지키기 위해 '신의 평화' 속에서 민중 계층과의 연합을 시도해보기도 했으나 오히려 성직자들은 점점 단호해지고 자치적으로 되어가는 농민들의 행동에 깜짝 놀라 귀족과의 동맹 관계를 다시 회복하지 않을 수 없었다. 교회는 귀족들의 기사 서임을 축성하고 수도회와 더불어 기사단의 창설을 격려했다.

그러나 지금까지 내가 기술한 것은 기독교 유럽에서 어떻게 세속 유력자들(군주와 영주라는 상호 연관된 사슬을 따라 분산되어 있었다)의 지배와 교회 유력자들의 지배가 확립되어갔는가에 대한 이야기일 뿐이다. 중세의 발전이라는 주제는 이것과는 별로 관계가 없다. 먼저 이 시기의 처음 몇 세기(전통적 관점에 따르면 가장 어두웠던 세기들)에서 발전에 대한 보다 근본적인 이유들을 찾아야 할 것 같다. 최근의 고고학적 발견들은 600년에서 1000년에 이르는 기간이 개혁적 시기였다는 생각을 갖게 한다. 즉 7세기경에, 그러니까 봉건제가 형성되기 이전에 농업 생산이 증대하기 시작했다는 것이다.

이 점을 설명하려면 무엇보다 토지 소유와 잉여의 착취에 사로잡혀 있는 전통적 견해가 '아래로부터의 관점' 즉 인간의 노동에 좀더 근접한 관점에 의해 보완되어야 할 것이다. 이러한 관점으로부터 우리는 중세의 농업 생산 증대의 밑바탕에는 농민에 의해 집단적으로 조직화된 새로운 경작 형태의 도입이 있었음을 알 수 있다. 즉 수확 후에 가축들이 그루터기에서 풀을 뜯을 수 있도록 경작지를 개방해두는 식의 토지 이용 방법이 그것인데, 이러한 체계는 개별 경작에 비하면 하나의 진보를 의미했다. 또 이것은 좀더 집약적인 토지 이용 방법의 발전을 가능케 함으로써 경작지 면적을 최대로 확대시켜주었다(기후가 허락하는 곳에서는 이포식에서 삼포식으로 바뀌었다). 동시에 각 농민들이 기르는 소규모 가축떼를 위해 공동 목초지가 조성되었다. 그 덕분에 경작물을 위한 거름과 직물 공업을 위한 양모를 생산할 수 있었으며, 알프스 이북의 대부분의 유럽 땅에서는 쟁기질에 소를 이용할 수 있었다(농업 생산물의 상품화가 발전하게 되는 두번째 단계에서 소가 말로 대체되는 경향이 나타났다).

이러한 발전은 당시 여러 모로 변화하고 있던 유럽의 맥락 속에서 나타났다. 700년부터 1000년에 이르는 기간 동안 더블린으로부터 키에프에 이르는 넓은 지역에는 주로 원거리 무역과 밀접하게 관련된 많은 상업 혹은 공업 도시들이 있었다. 고고학자들은 무엇보다도 이 원거리 무역과 지배 계층의 '위신(威信) 상품들(bienes de prestigio)'의 획득 간의 관계에 관심을 집중시켜왔는데, 그것이 부족에서 국가로의 이행을 설명해주는 사회적 구별짓기와 함께 권력과 부의 계서의 출현을 밝혀줄 것이라고 믿었기 때문이다. 그러나 이것은 그러한 사치품을 획득한 사회가 또한 그것과 교환할 수 있는 다른 어떤 것을 갖고 있었음을 말해준다. 또 이것은 국내 시장이 존재했으며, 그 결과 주민들의 노동간에 상호 보완 관계가 존재하였음을 의미한다.

1000년경의 유럽 도시들의 지도를 그려보면 누구나 예상할 수 있듯이 프랑스와 이탈리아에 대도시들이 가장 밀집되어 있었음은 분명하다. 그러나 독일, 불가리아, 이베리아 반도 혹은 러시아와 같이 변경 지역에도 대도시들이 있었음을 잊어서는 안 된다. 이들의 대부분은 하나의 핵심 도시에 의해 지배되는 지역들에 몰려 있었다. 그리고 대개 원거리 무역에 종사한 핵심 도시(대체로 교역은 좋은 세입원이었기 때문에 또한 정치 중심지이기도 했다)는 제2, 제3 혹은 제4급의 일련의 중소 도시들로 둘러싸여 있었으며, 수도와 함께 하나의 일괄적인 단위를 구성했다. 1300년경의 유럽은 이러한 지역들의 집합체로 나뉘어져 있었는데, 이것은 후일의 국민 국가로의 발전을 예시해주는 것이었다.

이러한 구조들을 특징짓고 — 궁전과 성채의 잔해말고는 거의 아무것도 남기지 않고 사라져버린, 결국 중앙의 정치 권력에 대한 예속에 바탕을 둔 고대 왕국들과는 달리 — 이러한 구조가 항구적인 것이 될 수 있었던 것은 이처럼 다양한 공간들 각각에서 이루어진 활동이 상호 연결되어 있었기 때문이다. 이러한 상호 연결을 통해 지역 주민들간에 결속의 끈이 만들어졌으며, 이러한 결속 위에서 하나의 문화와 언어를 가진 공동체가 건설될 수 있었다. 중세 유럽은 전성기 때도 로마 제국의 대도시에 견줄 만한 큰 도시가 없었다(아우구스투스 시대의 로마에는 아마 100만이 넘는 인구가 있었던 것처럼 보인다). 또 당대의 이슬람 세계나 중국 혹은 식량의 상당 부분을 국제 무역에 의존하고 있었던 동남 아시아의 대도시들(1550년경 말레이시아의 말라카에 살던 20만 명 가량의 주민은 사이암, 페구, 자바로부터 배를 통해 들어오는 쌀에 생존을 의지하고 있었다)보다도 대부분이 규모가 작았다. 그러나 유럽의 도시들은 아시아 제국의 도시들과는 달리 주변 세계에 확고한 뿌리를 내리고 있었고, 주변 세계에 발전을 위한 자극을 제공했다.

상호 관련(articulación)은 상호 의존(interdependencia)을 의미한다. 즉 하나의 일정한 지역적 공간 속에 통합된 도시들간의 관계(원거리 무역과 수공업 간의 관계)이기도 하지만 또한 농촌과 도시의 관계이기도 하다. 도시의 성장과 농촌의 발전은 보조를 함께하면서 국내 시장의 초기적 발전을 가져오고, 지속적인 경제 발전을 확실하게 해줄 뿐만 아니라 사람들간에 '원(原)국민적(protonacional)' 유대를 만들어낸다.

이 모든 것은 잠시도 중단되지 않은 발전의 결과로 설명되어야 한다. 그래야만 '1000년의 혁명' 대신 장기간에 걸친 중세의 변화를 이해할 수 있다. 이렇게 보면 사회적 대변화들은 경제 성장의 '원인'이 아니라 그 결과일 수도 있다. 그것은 영주들이 점점 해방되어 번영해가는 농민들을 통제하기 위해, 그리고 새로운 형태로 예속시켜둔 채 보다 큰 생산력을 착취하기 위해 이용한 전략이었다(그리고 영주와 이해를 같이한 교회의 전략이기도 했다). 이러한 목적을 달성하기 위한 방법이 지역에 따라, 즉 각각의 경우가 전개되는 상황에 따라 서로 달랐다는 바로 그 사실이 봉건제의 발전이 '응답적 성격'을 가진 것이었음을 증명해준다. 즉 그것은 하나의 혁명이라기보다는 하나의 반응이었던 것이다.

그렇다면 성취된 진보에 대한 설명은 사람들의 집단적 행동의 보다 심오한 차원에서, 그리고 기록된 문서들에서는 잘 나타나지 않는 다른 수준에서 찾아야 할 것이다. 고고학 혹은 일부에서 역사인류학이라 부르는 학문의 도움을 통해야만 이러한 차원이나 수준에 도달할 수 있을 텐데, 그것은 우리가 중세 유럽인들의 역사에 대해 보다 견고한 관점을 재건하는 데 도움을 줄 것이다. 지금까지는 일그러진 거울, 즉 기사 계급이라고 하는 봉건제의 거울이 '대중' 즉 보통 사람들이 수행했던 주인공 역할을 감추기 위해 사용되어왔던 것이다.

4. 악마의 거울

1682년 리스본에서 거행된 이단자들의 화형 장면

악마의 거울

1000년의 대발전을 이야기할 때 우리는 흔히 이 시기가 또한 사회적·종교적 혼란의 시대로서 그러한 혼란이 새로운 경계들을, 즉 유럽을 이슬람 교도 혹은 동방의 기독교 세계와 분리시킨 외부적인 경계와 함께 서유럽 사회의 일부를 격리시킨 내부적인 경계를 정착시켰다는 사실은 망각하곤 한다. 유럽의 이러한 재조정은 배제되고 격퇴되어야만 하는 새로운 모습의 '다른 사람'을 설정하는 것에 기반을 두었다. 물론 이번에는 이 다른 사람이 '야만인'이나 '이교도'가 아니라 '이단'과 '불신자'였다. 이 두 이름은 하나의 얼굴을 하고 있었다. 즉 그 이름 뒤에 숨어 있는 악마의 얼굴이 그것이다. 악마의 추종자들에 대한 투쟁은 십자군과 종교재판소를 통해, 그리고 고문의 체계적인 사용과 소수 집단을 격리시키기 위해 만들어낸 규범의 강제를 통해 이루어졌.

십자군을 지휘하고 그것에 영감을 제공한 것은 교회만이 아니었다. 귀족과 성직자 간의 동맹이 그 속에 내재하고 있었다. 즉 '정신적 이해와 물질적 이해의 합치'가 이루어졌고, 이로써 플랑드르의 보두앵*이 말했듯이 이들은 "이승과 저승 모두의" 막대한 부를 소유할 수 있었다.

| * Baudouin, 중세 이후 플랑드르 지방을 지배해온 통치자를 가리킴.

십자군의 대상이 된 최초의 적은 이슬람이었다. 이전까지 완전히 적대적이지만은 않았던 기독교도와 이슬람 교도 간의 관계는 이때부터 유럽의 중세사 전체에 새로운 의미를 부여하게 되는 하나의 전쟁 서사시로 바뀌게 된다(한 무리의 이슬람 교도 도적떼들의 실패에 불과한 것처럼 보이는 732년의 이른바 푸아티에 전투*와 같은 사소한 사건들을 마치 대단한 것인 양 확대 포장하는 대가를 치르면서 말이다).

기독교도와 이슬람 교도 간의 충돌에 대한 이러한 신화적 개념은 이슬람 세계가 실제로 가졌던 개념과 전혀 일치하지 않는다. 이슬람 세계는 유럽과는 다른 가치 체계에 따라 기능하고 있었고(이슬람 세계에서 지상에서 가장 강력한 군주는 칼리프였다. 서열상 비잔틴 황제는 다섯번째 자리를 차지하고 있었고, 반면 서유럽 왕국들은 그러한 서열에 끼지도 못했다), '책의 종교들'**(즉 기독교와 유대교 그리고 조로아스트교)에 대해서는 그 추종자들이 이슬람 교도를 개종시키려고 하지 않는 한 비교적 관용적인 태도를 취했다. 기독교가 이슬람을 '잘못된 종교'로, 그리고 마호메트를 악마가 보낸 자로 규정한 반면 코란은 '예언자 예수'를 존경심을 가지고 기술했으며, 마리아의 동정 수태를 인정했다. 또 '책의 사람들'(즉 기독교도, 유대교도, 조로아스트 교도들)이 세금을 바치고 반항하지 않는 한 관용을 베풀었다.

유럽인들에게 오리엔트는 경이와 엄청난 부의 땅이었음에 반해, 이슬

---

* 투르 전투라고도 한다. 카롤링거 왕조의 궁재(宮宰)이자 사실상의 지배자인 카를 마르텔이 스페인으로부터 쳐들어오는 이슬람 교도에게 승리를 거둔 전투이다(732). 이 전투 이후 프랑크 왕국에 대한 더이상의 이슬람 교도의 침공은 없었다. 그래서 카를의 승리는 때때로 세계사에서 결정적인 사건으로 간주되고 있는데, 실상은 이슬람 세계의 내분과 북아프리카에서 일어난 베르베르인의 반란 때문에 이슬람 교도의 진출이 중단된 것이었다.

** 공식적인 경전 체계를 갖춘 종교들이고, 이 경전을 떠나서는 존재할 수 없는 종교들이라는 점에서 이런 이름이 붙여 널리 사용된다.

람 교도들은 기독교 유럽에서 동경할 만한 것을 거의 발견하지 못했다. 그래서 당연하게도 유럽인들을 덜 문명화된 사람들로 간주했다. 이븐 주바이르*는 메시나(이탈리아 시칠리아 지방의 도시 — 옮긴이)에서 "악취와 오물로 가득 찬" 모습을 보았으며, 많은 교회들 또한 "더럽고, 볼 만한 것이 하나도 없다"고 기록하고 있다. 그들은 유럽의 도시들만 더럽게 본 것이 아니라 유럽인들도 지저분한 존재로 보았다. 한 여행가는 유럽인들이 "일 년에 한두 번밖에는 목욕을 하지 않으며", "옷은 거의 빨지 않고 걸레가 다 될 때까지 걸치고 다닌다"고 말하고 있다. 한편 기독교도들도 자신들의 열등함을 의식하고 있었다. 『제1차 십자군에 관한 익명의 역사 Historia anonyme de la Premiere Croisade』를 쓴 저자는 "무장도 거의 하지 않은 비참한 거지꼴"의 모습을 한 기독교도들에게 패배했다는 수치감에 절망감을 느낀 '바빌로니아의 에미르'를 묘사하고 있는데, 이는 분명 자화상을 그린 것이었다.

이슬람 세계의 우위는 경작지의 확대와 생산의 증대를 가능케 해준 농업 혁명에서 기인했는데, 이로써 하나의 부유한 도시망의 창출이 가능해졌다. 그 중 특히 당대의 가장 큰 두 도시였던 바그다드와 코르도바(스페인 안달루시아 지방의 중심 도시 — 옮긴이)가 두드러졌다. 그것은 또한 '직물의 문명'이기도 했는데, 메리노 양**을 통해 이베리아 반도에 양모 생산을 증대시키고 지중해 세계에 목화를 도입시켰으며, 비단을 확산시켰다(누에고치는 6세기에 처음으로 중앙 아시아로부터 한 네스토리우스교 수도승에 의해 시리아로 들어왔는데, 이 시리아인들이 스페인의 안달루시아 지방에 들어와 정착하면서 서유럽에 보급됐다). 이슬람은 인디아로부터

---

* Ibn Jubayr, 1145~1217, 스페인의 이슬람 교도. 메카 순례 여행을 자세히 서술한 책 『여행기』로 유명하다.
** 스페인이 원산지인 메리노(Merino) 양은 12세기에 무어인들이 들여온 것으로 여겨진다.

이베리아 반도에 이르는 광대한 지역으로 확산되었는데, 그곳에서는 사람과 이념이 자유롭게 유통되었다. 그리하여 알 타바리(al-Tabari)나 혹은 그보다 4세기 후에 "역사는 인간 사회, 즉 보편적 문명의 연구를 목적으로 한다"고 주장한 이븐 할둔*이 내세운 진정으로 보편적인 역사관을 생산해낼 수 있는 빛나는 종합 문화가 형성되었던 것이다.

이러한 문화적 우위는 막강한 동화 능력이라는 결과를 가져왔다. 이슬람 교도들 사이에서는 기독교 문화가 좀처럼 확산되지 않은 데 비해, 이슬람은 과거 그리스-로마와 기독교 세계의 대부분을 그리 어렵지 않게 변화시킬 수 있었던 것이다. 8세기 중엽만 해도 이 거대한 제국의 10% 정도만 이슬람교를 받아들였던 데 비해 채 200년이 지나지 않아 인구의 대부분이 이슬람화되고, 보편적으로 이해되는 하나의 언어를 가진 단일한 문화가 만들어졌다.

이슬람으로의 개종이 칼에 의해 이루어졌다는 편견과는 달리 이러한 이슬람의 확산을 실제로 가능하게 한 것은 무엇보다도 집단의식을 갖게 함으로써 "만일 이슬람화되지 않았다면 매우 파편적이고 분열된 사회에서 살아갈 수밖에 없었을 민족들"과 부족 집단들을 원(原)국가적 공동체 속에 결속시킨 이슬람의 능력이었다. 구(舊) 지중해 세계의 광대한 지역을 그처럼 어렵지 않게 정복하고, (침략자가 아니라) 해방자로 환영받았다는 점도 인상적이지만 천 년의 그리스-로마 문명과 수세기에 걸쳐 이루어진 기독교화의 효과를 일소하면서 정복민들을 그토록 빨리 동화시킨 사실은 그저 놀랍기만 하다. 이집트를 정복할 무렵(639~641) 이슬람 교도들은 단지 극소수의 침략자일 뿐이었으나 10세기가 되면서 아랍어

---

* Ibn Khaldún, 1332~1406, 최초로 비종교적인 역사철학을 발전시킨 아라비아의 가장 위대한 철학자. 걸작 『역사서설』을 남겼다.

는 그 지역에서 거의 독점적인 언어가 되었고, 12세기에 이븐 주바이르가 이 지역을 지날 때는 특히 그리스적 기원을 가진 나라들에서 이슬람화가 뿌리깊게 이루어져 있었다. 이와 동일한 상황이 시리아에서 페르시아 만에 이르는 지역, 혹은 성 아우구스티누스의 조국인 북아프리카와 같은 민족과 문화의 거대한 용광로들에서도 나타났다. 이 지역들에서도 기독교와 라틴어는 얼마 못 가 사라지고 토착적 문화의 완고한 토대가 다시 나타났다(한편 소수가 신봉하던 유대교는 이슬람에 굴복하지 않고 끝까지 저항했다).

가장 극적인 경우는 의심할 바 없이 소아시아에서 일어났다. 트로이 전쟁이 벌어졌고, 헤로도토스, 아낙사고라스, 헤라클레이토스가 태어났으며, 안티오크*, 타르수스** 혹은 니케아 등의 이름으로 기독교 역사와 뗄래야 뗄 수 없는 관계를 가진 이 지역에서 불과 3세기 남짓한 기간에 두 가지 문화 유산, 즉 기독교와 라틴어는 거의 사라지고 말았다. 진퇴를 거듭하며 장기간에 걸쳐 이루어진 이슬람 교도들의 아나톨리아 점령은 복속된 자들의 유일한 결속의 끈이었던 기독교 교회의 오래된 구조를 파괴했다. 대신 이슬람 사원, 학교, 병원 그리고 이슬람의 자선 기구들이 생겨났고, 이로써 하나의 대안적 사회 형태가 만들어졌다. 전에는 기독교 기구들에 의해 주어지던 사회적 원조와 봉사가 이제 이 이슬람 기구들에 의해 주민들에게 제공되었다. 비록 약간의 폭력과 강제 개종이 없지 않았고 순교자들이 나타나기도 했지만 16세기 초의 인구 조사에서 아나톨리아의 전체 가정 중 이슬람 교도 가정이 92%를 차지하고 있는 것은 이러한 과정이 강제보다는 동화에 의한 것이었음을 입증해준다.

---

* 오늘날의 터키 남동부에 위치한 도시. 사도 바울로의 갈리티아 전도를 위한 중심지 중 하나였으며, 341년에는 이곳에서 기독교 공의회가 개최되었다.
** 터키에 있는 고대 도시. 사도 바울로의 고향이다.

이슬람 교도와 기독교도 간의 충돌이 당연하지도 또 불가피하지도 않았음을 입증하는 많은 사례들이 있다. 기독교 유럽과 이슬람 '레반트'(동부 지중해 연안 — 옮긴이) 간에는 빈번한 교류가 이루어졌는데, 이러한 교류는 아시아의 상당 부분이 이슬람으로 편입됨으로써 레반트 항구들이 동서 교역의 이상적인 지역이 되었음을 고려할 때 양자 모두에게 대단히 중요했다. 교황의 금지 명령도 또 십자군도 이러한 교역을 방해하지는 못했다. 기독교 지중해의 상업 도시민들, 즉 제노바인, 베네치아인, 카탈루냐인들은 여전히 이슬람 교도 국가의 항구들에서 사고 팔기를 계속했다. 이들은 교황이 무슨 이야기를 하든 상관하지 않았으며, 목재와 철의 공급자로서 환영을 받았다.

그리고 십자군이 비록 물질적 이익을 염두에 두고 모험에 착수한 것은 아니었지만 일단 물질적 이익을 얻게 되자 이를 무시하지 않았으며, 오리엔트 라틴 국가들의 생존에 필수적인 교역 활동을 계속 유지했다는 사실은 확실하다. 이 지역을 여행한 이븐 주바이르는 전쟁과 교역이 공존하고 있는 사실에 매우 놀랐다. "이따금 양편은 전투 대형으로 정렬해 대립한다. 그러나 기독교도와 이슬람 교도 대상(隊商)들은 끊임없이 서로를 오고 간다."

십자군 정신은 이슬람뿐만 아니라 동방 기독교 세계에 대한 우리의 생각을 왜곡시켰다. 그리고 유럽 역사에서 비잔틴 제국을 망각케 했고 (우리는 비잔틴을 대개 '오리엔트적' 측면을 가진 쇠락한 문명쯤으로 보고 있다. 즉 "비잔틴어는 존재하되 읽혀지지는 않는다 *Byzantinus est, non legitur*"라는 말처럼 말이다), 스칸디나비아인과 슬라브인과 몽골인의 놀라운 융합의 산물인 러시아인을, 그리고 무엇보다도 '아시아' 기독교도들을 배제시켜버렸다.

우리가 지금 '비잔틴 제국'이라고 부르는 것은 실제로는 결코 존재하지 않았다. '비잔틴인들'은 자신들의 국가를 '로마 제국'이라고 불렀는데, 그럴 만한 충분한 권리를 갖고 있었다. 왜냐하면 거기에서는 로마 제국의 역사가 결코 단절되지 않았기 때문이다. 유럽의 서쪽에서는 비너스가 남자였다고 생각하는 사람이 생겨나고, 프랑수아 비용*이 알키비아데스(BC 5세기경의 아테네의 정치가 — 옮긴이)를 '과거의 여자들' 속에 포함시킬 정도로 고전 문화가 망각되고 있을 때에도 비잔틴에서는 여전히 호메로스의 시가 연구되어 주석이 붙여지고 있었다. 그리고 과학 지식에 대한 두드러진 관심 또한 유지되었다(알렉시우스 1세**는 일식을 예측할 수 있었던 덕분에 스키타이인[주로 흑해 동북쪽 초원 지역에 살았던 유목민들 — 옮긴이]들을 겁먹게 할 수 있었다.)

서유럽인들이 비잔틴인들에게 도움을 제공한 것은 이들이 로마인이요 기독교도라는 사실 때문만은 아니었다. 제4차 십자군 원정중이던 1204년에 콘스탄티노플을 정복한 서유럽인들은 귀중품과 땅을 나누어 가졌다. 콩도르세***는 십자군 병사들이 "콘스탄티노플을 점령하고 약탈하면서 즐거워했는데, 그러한 행위는 그곳 주민들이 교황의 무오류성을 믿지 않았기 때문에 허용되었다"고 말했다. 좀더 후에 투르크인들의 결정적인 기습이 이루어지고 또 동방과 서방의 교회들이 화해했음에도 불구하고 라틴 기독교 세계는 오스만 제국의 한 술탄이 콘스탄티누스의 황제위(皇帝位)의 합법적 계승자가 되는 것을 무관심하게 받아들였다(이는 동방 교회에서 새로운 총대주교를 서둘러 임명한 데서도 잘 나타난다). 그

---

* François Villon, 1431~1463, 프랑스의 위대한 서정시인.
** Alexius Ⅰ Comnenus, 1048~1118, 제1차 십자군 원정 당시의 비잔틴 황제(1081~1118 재위).
*** Condorcet, 1743~1794, 프랑스의 계몽주의 철학자.

1204년 서유럽인들의 콘스탄티노플 점령. 외젠 들라크루아, 〈십자군 병사들의 콘스탄티노플 점령〉(19세기, 루브르 박물관, 파리)

대가로 유럽은 2세기 반 동안 "투르크인에 대한 공포 속에서 살아야 했다".

또한 우리는 13세기에 이집트부터 중국해에 이르는 지역에 기독교 공동체들이 있었다는 사실을 잊고 있다. 즉 메소포타미아, 아르메니아, 코카서스, 시리아 등지에 오래고도 강력한 뿌리를 가진 기독교 공동체들이 있었을 뿐만 아니라 중앙 아시아에는 최근까지도 투르크인과 몽골인을 대상으로 개종이 이루어진 '아시아'의 기독교 세계가 있었다는 사실에 대해서는 기억마저도 지워버렸다. 이러한 기독교 공동체들의 소멸을 이슬람의 승리에 기인한 것으로 돌리는 것은 원인과 결과를 혼동하는 것이다. 중앙 아시아의 종교적 상황은 적어도 14세기까지는 불안정한 상태였다. 아시아의 유목민들은 종교 문제에 관한 한 '관용적이거나 무관심했고', 중국 제국과 이슬람의 팽창주의적 경향 둘 다를 불신했다. 이러한 성향으로 인해 이들은 자신들의 고유한 개성을 포기하지 않고도 '문명화를 이루는 데' 기독교가 도움을 줄 것이라고 생각했다.

아시아에서 기독교는 마니 교도들에 의해 최초로 확장되기 시작해 위구르 족의 개종에서 정점에 이르렀다. 당시 하나의 제국이었던 위구르 족은 중국과 활발히 교역하고 있었고, 수도 카라발가순은 열두 개의 철 대문과 거대한 왕궁을 보유하고 있었다.

위구르 족은 9세기 중엽에 멸망했으나 마니교는 살아남았다. 10세기에도 사마르칸트에는 마니교 수도원이 남아 있었고, 투르크의 몇몇 소국에서는 13세기까지도 유지되었던 것처럼 보인다. 그러나 마니교는 기독교의 한 이단이라기보다는 기독교, 유대교, 조로아스트교 그리고 불교적 요소들이 뒤섞인 일종의 종합 신앙이었다. 유대 기독교의 한 분파에 속했던 마니(216~276)는 동서양 모두에 유효한 종교적 종합을 시도했다. 그러나 그의 선교사들, 즉 '선택된 자들(los elegidos)'은 북아프리카에서 중국까지 교리를 전하기는 했지만 하나의 안정된 교회 구조를 만들어내지는 못했고, 포교한 민족들과 일체화되지도 못했다.

아시아 기독교 세계의 가장 중요한 형태는 네스토리우스 파 교회였다. 이 교회는 페르시아 교회에 기원을 두고 있었으나 424년에 서방 교회로부터 독립했다. 그로부터 60년 후에는 네스토리우스의 이원론(그리스도

안에 두 가지 다른 본성이 있다는 믿음)을 채택했다. 이로써 비잔틴과의 마지막 연결끈마저 끊어지게 되었다. 네스토리우스 파 교회의 종교적 수장, 즉 '카톨리코들(los católico)'은 체시폰(티그리스 강 연안의 고도 — 옮긴이)에 머물고 있었지만 이들의 포교 활동은 대상로를 따라 이루어짐으로써 수마트라에서부터 아제르바이잔에 이르는 광대한 지역에 기독교 공동체들을 만들어낼 수 있었다. 이들은 그리스 문화를 페르시아에 전하는 데 공헌했다. 페르시아의 쿤디샤푸르(Khundishapur)에 대규모 교육 기관을 만들었고, 특히 의료 분야에 두드러진 공헌을 했다. 이슬람 교도의 침입도 이들의 활동을 중단시키지 못했다. 바그다드 의사들의 대부분이 네스토리우스 교도였는데, 그 중 한 명인 후나인 이븐 이스하크*는 그리스의 과학, 철학서들의 체계적 번역 작업을 수행한 '학예관(la Casa de la Sabiduría)'의 조직자 중 대표적 인물이었다.

1009년에는 중앙 아시아의 몽골 족 중 가장 다수이며 가장 문명화된 부족인 케라이트 족(los kerait)이 네스토리우스 파 기독교를 받아들였고, 거의 같은 시기에 훈 족의 후손인 온구트 족(los ongut)도 개종했다. 케라이트 국은 후에 징기스칸이라는 이름으로 불린 테무진의 욱일승천하는 기세 앞에 무너졌다. 이 테무진은 하늘과의 관계를 사제의 중재를 거치지 않고 직접 유지하는 사람이었다(『몽골 비사』는 그의 종교 행위를 "손으로 가슴을 치고, 태양에게 아홉 번 절하고, 공물을 바치고, 기도를 올렸다"라고 묘사하고 있다). 그러나 그는 자신의 제국 안에 편입된 민족들의 종교를 존중해주었으며, 그의 후계자들 중에도 기독교도들에 대해 동정

---

* Hunayn Ibn Ishaq, 808~873, 아라비아의 학자. 플라톤, 아리스토텔레스와 신플라톤주의 등의 책을 번역해 아라비아 철학자들과 과학자들에게 그리스 사상과 문화의 중요한 자료들을 소개했다.

심을 가진 사람들이 적지 않았다. 폴로 가(家) 형제들이 교황에게 "기독교 신앙과 일곱 가지 학예 모두에 해박한" 현인들을 파견해줄 것을 요청하고, 젊은 마르코 폴로를 따라 중국으로 두번째 여행을 떠난 것도 쿠빌라이 칸의 재촉에 의해서였다(그러나 그들은 교황에게 요청한 현인들을 동반하지는 못했는데, 왜냐하면 교황에 의해 파견된 탁발승들이 도중에 생각을 바꿔 "성전기사단의 단장과 함께 말없이 사라져버렸기 때문"이다).

몽골인들은 서방 기독교 세계가 프레스터 존의 전설*에 걸었던 희망의 화신이었다. 1258년에 서방 기독교 세계는 '아시아 십자군'을 보내 바그다드, 알레포(지금의 시리아 북쪽에 위치 — 옮긴이), 다마스쿠스를 정복했고, 네스토리우스 파 장군을 앞세운 승전군은 아르메니아인 군주 한 명과 십자군을 대동하고서 이 도시들에 입성했다. 그리고 기독교도들은 미사를 드리기 위해 이슬람 사원을 뜯어고쳤고, 대규모로 종교 행진을 했다. 그러나 십자군보다는 약탈에 더 관심을 갖고 있던 예루살렘 왕국의 프랑크인들은 맘루크**들과 동맹을 맺은 다음 이들로 하여금 몽골 장군을 쳐부수게 하였다. 이를 통해 스스로의 운명을 결정짓고, 몽골부터 팔레스타인에 이르는 동방 기독교 세계의 가능성을 파괴했다.

잘못은 십자군의 소(小) 우두머리들에게만 있지 않았다. 이란 기독교도들의 보호자였던 일한국의 칸 아바구(Abagu)가 1285년에 교황에게 사절을 보내 이슬람 교도들에 대항해 함께 싸울 수 있도록 십자군을 조직해 보내줄 것을 요청했을 때 서방 기독교 세계는 이를 거절했다. 이슬

---

* 전설적인 그리스 정교회 지도자 프레스터 존(Prester John)이 다스리는 잊혀진 기독교 국가가 동부 아프리카나 아시아의 어느 곳에 존재한다는 전설. 십자군 원정 기간(11세기 말~13세기 말)중에 생겨난 것으로 보이며, '지리상의 발견'의 한 원인이 되었다.
** Mamluk, 아랍어로 노예 병사를 의미한다. 이들이 1250년부터 1517년까지 시리아와 이집트를 지배했다. 이것이 '노예 왕조' 혹은 '맘루크 왕조'이다.

람 교도들에 대한 공동의 승리보다는 '기독교 이단 반역자들'(로마 교황의 권위에 불복종하는 모든 사람들이 적이었다)의 말살이 더 중요했기 때문이다. 당시 로마 교황은 자신의 정치적 이익을 확보하기 위해 기독교 카탈루냐에 대한 '십자군'을 조직하는 데만 몰두했을 뿐 예루살렘에 대해서는 십자군들이 교황의 주권을 인정하지 않았기 때문에 아무런 이득이 없다는 이유로 어떤 조치도 취하지 않았다. 네스토리우스 파 사제 라반 싸우마(Rabban Çauma)가 1287년에 다시 이슬람 교도들의 수중에 들어간 예루살렘을 재정복하기 위한 동맹을 제안하기 위해 또다시 서방에 파견되었다. 그러나 영국 왕에게 성체를 베풀고 로마에서 미사를 거행했지만 아무도 그의 말에 귀를 기울이지 않았다. 그후로도 몽골 사절들이 서방에 파견되었지만 결론은 마찬가지였다.

그러는 사이 십자군 국가들의 최후의 보루들은 하나둘씩 무너져 갔고, 비록 네스토리우스 기독교가 위구리아(위구르 족이 거주하던 지역 — 옮긴이)의 수도원들에서 다소 살아남긴 했지만 동방 기독교 세계의 운명은 결국 끝장나고 말았다. 이로써 중앙 아시아는 결정적으로 이슬람에 흡수되었다. 나중에 로마 교회는 주도적으로 중국과 일본에 침투해 들어가려고 했지만 이 역시 실패했다. 로마 교회는 이미 다른 문화를 동화시킬 만한 능력을 상실했고, 이후로도 아메리카 원주민에 대한 '개종'(가혹한 정치적 행위에 뒤이어 정복과 복속을 통해, 또는 이를 동반하면서 이루어졌다) 외에는 이렇다 할 만한 성과를 이루어내지 못했다.

유럽 사회의 폐쇄성은 외부뿐만 아니라 내부를 향한 것이기도 했다. 그것은 '생각을 달리하는 사람들', 즉 '이단들'을 고립시키고 탄압했던 교회의 행동으로부터 영감을 받은 것이었다. 그레고리우스 7세 이후 교황의 지배가 강화되고 — 1302년의 '우남 상탐'*은 사람들이 로마 교황

청의 명령에 복종해야만 구원받을 수 있다고 선언했다 — 교리의 결정은 교회 계서의 최고위층의 책임 하에 있다는 원칙이 확고해졌다. 이러한 규범들이 이 '개혁' 시대의 새로운 창조물 중 하나인 종교재판소를 통해 널리 퍼지게 되었다. 이를 위해 종교재판소는 일반적인 방법으로는 여의치 않을 경우 가톨릭 교도로서 세례받은 남녀들에 대한 '내부의' 십자군에 호소했다.

이 당시 박해 대상이 된 이단들은 기원 후 처음 몇 세기 동안 기독교계에서 나타난 이단들과는 성격이 달랐다. 후자는 이미 사라진 것으로 생각되었다(11세기에서 12세기로 넘어가는 시점에 노위치의 주교는 "이제는 이단이 없거나 아니면 감히 모습을 드러내지 않는다"라고 말했다). 새롭게 이단으로 불리게 된 것은 전보다 덜 조직화되고 인민 대중에 좀더 가까이 있었는데, 이로부터 우리는 로마로부터 인정받지 못한 교리들(이 교리들이 박해를 정당화하기 위한 판결에서 두드러진 위치를 차지하고 있다) 말고도 기독교 탄생 이전의 민중 신앙의 토대를, 그리고 무엇보다도 기성 교회의 부패에 대한 비판과 거부를 발견할 수 있다.

이러한 이단 운동의 진정한 성격을 알기는 매우 어렵다. 이 운동들을 단죄한 심판관들은 그것들에 대한 편향된 관점만을 남겨놓고 또 많은 역사가들이 그러한 관점을 그대로 답습하고 있기 때문이다. 다시 말해 민중들이 자신들에게 영향을 미치는 문제들에 대해 자기 나름대로 생각할 줄 알고 거기에 대응할 능력을 가진 존재라고 생각하지는 않았으며, 예를 들어 어떤 불가리아 사제의 이념에 오염된 소수 광신자들이 유럽의 반에 이르는 지역의 대중들을 '꼬드겼다'고 생각했던 것이다.

---

* Unam Sanctam, 교황 보니파키우스 8세의 칙령으로 '유일한 거룩'이라는 뜻. 세속 권력에 대한 영적 권력의 우월성을 강력한 논조로 옹호하는 내용으로 되어 있다.

오늘날 우리는 상호 별개였던 두 문화, 즉 '교권적 문화'와 함께 대(大) 이단 운동과 병행해 11세기 이후 서양 문화에 침투해 들어간 '민간 전승의 전통'의 존재를 인정하고 있다. 그러나 이 대안적 문화, 즉 민간 전승의 전통 속에 신화와 표상을 만들어낸 전통이라는 보물말고도 생명과 생산의 요소가 들어 있었음은 인식하지 못하고 있다. 독일의 한 역사가는 다음과 같이 말하고 있다. "10세기의 대다수 속인들에 대해 우리가 알고 있는 것은 성직자들이 알 만한 가치가 있다고 간주한 것들뿐이다. 오늘날의 역사가들은 '침묵하는 다수'와 맞대면해야 한다. 왜냐하면 10세기 역사가들은 사회의 가장 낮은 계층 사람들에게는 거의 관심을 두지 않았기 때문이다."

상투적 설명들의 밑바닥을 더듬어보면 우리는 이들의 사고가 생각보다 훨씬 복잡하다는 것을, 그리고 이러한 운동들 대부분이 그 바탕에 기독교적이면서도 비판적인 사고의 요소들(신자들간의 형제애, 청빈, 순수한 관습으로의 복귀 등. 이것들은 모두 초기 기독교도들이 주장한 바로 그 요구들이었다)이 깔려 있음을 발견하게 된다. 그러한 요구들은 많은 경우

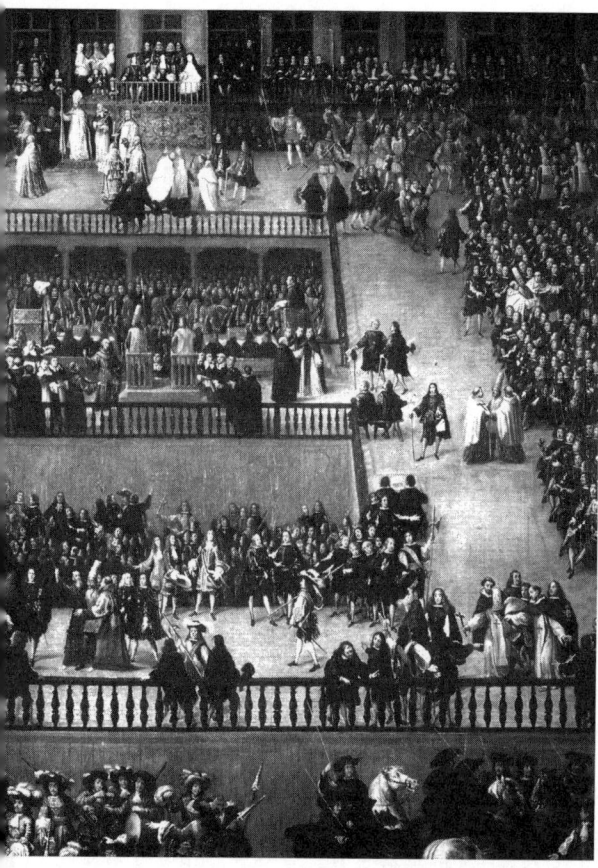

1618년에 스페인 마드리드의 중앙 광장에서 거행된 이단자 처형 의식 장면. 이 의식은 대개 국왕을 비롯해 국가의 고위 관리들과 수많은 시민들이 참석하는 보기 드문 구경거리였다.

'제3의 시대', 즉 공정치 못한 사회 질서의 수혜자들과 부패한 교회에 대한 일련의 비판과 함께 예언자들에 의해 예고된 평화와 행복의 밀레니엄이 곧 시작될 것이라는 생각에 의해 강화되었다. '그레고리우스의 개혁'이 성직 매매자들을 단죄하고 '초기 기독교의 순수함'으로 되돌아갈 것을 요구했을 때, 그것이 이루어지지 않으리라는 것을 알고 있었던 일부 성직자들은 이러한 자체의 프로그램마저 수행해낼 능력이 없는 계서제를 신랄하게 비판했다(1077년에 캉브레에서 라미르두스 Ramirdus는 성직을 매입한 성직자나 혼인했거나 정부〔情婦〕를 둔 사제들이 베푸는 성사는 받아들이지 말 것을 설파한 죄로, 즉 당시 교황들이 설교한 바로 그것을 지지한 죄로 화형당했다).

보다 순수하고 청빈한 교회를 원했던 사제와 수도사들, 교회가 새로이 부과한 세금에 저항했던(혹은 그들에게 강요된 새로운 형태의 봉건적 착취에 불만을 표시하거나 저항했던) 농민들, 고위 성직자와 도시 과두 귀족 간의 동맹을 비난했던 도시민들은 모두 이단이라고 하는 하나의 보따리에 휩쓸려 들어갔다. 이따금씩 출현했지만 교회가 진정 두려워했던 것처럼 보이는 현상이 하나 있는데, 여러 가지로 적극적인 역할을 수행한 여자들의 존재가 그것이었다. 예를 들어 로베르 다브리셀(Robert d'Arbrissel)이라는 사람이 있었는데, 그와 함께 살던 남녀 모두가 그를 추종했다. 그는 1101년에 퐁텐블로 수도원을 창설했는데, 이 수도원에서 여자들은 폐쇄된 삶을 살았고, 사제들은 성무(聖務)를 거행했으며, 사제가 아닌 남자들은 노동을 했다(발도 파*는 이러한 분위기에서 출현한 것처럼 보이는데, 이 발도 파의 창시자는 본격적으로 포교에 나서기 전 딸들을 이 수도원에 입적시켰다). 어떤 경우에는 교회가 그들이 주장한 이념의 일부를 개혁안 안에 포함시키기 위해 노력했으며, 이를 통해 사람들의 불만을 희석시키거나 혹은 이득을 얻기도 했다. 그러나 그것이 여의치 않을 때는 이러한 사람들을 사회 질서의 파괴자로 간주하여 오명을 씌우고 박해했다.

'새로운 이단들'은 교회의 권위가 약화된 바로 그때 나타났다. 그리고 이들은 교리 내용 때문이 아니라 교회의 권위에 도전했다는 이유로 단

---

* 리용의 빈자(貧者)라고도 불렸으며, 1170년경 리용의 부상(富商) 발도(Peter Waldo)가 시작했다. 초기 교회의 단순한 복음전도에 힘을 기울이면서 성직자의 부와 세속화를 격렬하게 비난했다.

죄받았다. 이러한 점을 우리는 오랜 기독교적 뿌리를 갖고 있으며 조아키노 다 피오레*를 매개로 해서 부활한 천년지복설**의 경우에서 찾아볼 수 있다. 조아키노는 성서 연구와 역사의 재해석에 근거해 예언적 메시지를 선언했는데, 그의 교의에 지적인 권위를 부여해준 이 선언은 식자층 사이에서 수세기 동안 회자되었다. 조아키노가 죽고 난 후에도 그의 이념은 '성령파' 즉 프란체스코 파 수도승들 가운데서 열성적인 추종자들을 낳았다. 그들은 '성령의 시대'가 임박했고, 그때가 되면 성사는 필요없고 사랑의 법칙에 따라 살게 될 것이라고 설교했다. 이 예언에 대한 사람들의 큰 호응에 놀란 교회는 서둘러 프란체스코 수도승들을 통제했고, 조아키노의 메시지를 현실에 적용시키는 자들을 단죄했다. 그러나 조아키노의 저술들을 금지하지는 않았다. 이러한 프란체스코 파 수도승 중 한 명인 게라르도(Gherardo)는 카스티야의 알폰소 10세 현왕(賢王)***이 적그리스도라고 주장했다. 이 때문에 그는 죽을 때까지 18년 동안을 감옥에 갇혀 빵과 물만 먹고 살아야 했다. 레아(Lea)는 "그가 만일 프란체스코 파 수도승이 아니었다면 분명히 화형에 처해졌을 것"이라고 말하고 있다.

이처럼 교회에 의해 교리의 전부 혹은 일부가 받아들여졌음에도 불구하고 교회의 통제로부터 벗어난 집단들에 의해 이용되었다는 이유로 단죄 대상이 된 이념들은 얼마든지 찾아볼 수 있다. 이 경우 종교재판소는

---

* Gioacchino da Fiore, 1130~1145년 사이에 태어나 1202년에 죽은 이탈리아의 신비주의자. 코라초의 시토 회 수도원장을 지냈고, 종말론과 복음주의적 청빈을 주장하다 이단으로 몰렸다.
** 『요한계시록』 20장에 적힌 문장에서 생겨난 기독교 종말론의 한 형태. 최후의 심판 전에 그리스도가 재림하여 천 년 동안 지상에 왕국을 세우는데 이때 순교자와 기독교도는 부활하여 천 년 동안 복락을 누리지만 마귀와 사탄은 최후의 심판을 받는다는 설이다.
*** 알폰소 10세(Alfonso X, 1252~1284)는 정치적 재능은 없었으나 문화적으로 업적을 남겨 '현왕'이라 불렸다. 특히 신앙을 불문하고 많은 학자, 문인들을 불러모아 법전, 역사서, 천문학서 등의 번역과 집필 사업을 활성화했다.

세 명의 마녀가 화형에 처해지고 있는 모습. 마녀들 위에는 악마가 대경실색하며 이 마녀들로부터 도망치고 있다.

이러한 이념을 성적 방종 혹은 모종의 악마적 모습으로 꾸며 천년지복설의 추종자들을 투옥시키거나 화형대에 보냈다. 수사 돌치노(Fra Dolcino)가 그러한 경우인데, 그는 제3의 시대는 이미 지나가고 제4의 시대가 시작되었으며, 이 제4의 시대는 육체적 교회(Iglesia carnal)의 멸망(즉 권위와 부의 상실), 평신도들의 지배, 절대 빈곤이라는 사도 생활의 규범으로의 복귀 등으로 특징지어진다고 설교했다. 돌치노와 그의 추종자들에 대해 교회는 조금도 고려하지 않았고, 진짜로 십자군을 조직해 이 '사도'와 그의 동반녀를 잔혹하게 처형했다.

이탈리아 북부 롬바르디아 지방의 '비천한 자들'의 경우를 보면 이단이라는 규정이 얼마나 모호했는지를 잘 알 수 있다. 주로 모직물 산업에 종사하면서 육체 노동으로 살아가는 속인 집단이었던 이들은 복음주의적 순결을 행동 기준으로 삼고 있었다. 이들은 1184년에 베로나에서 교황 알렉산데르 3세에 의해 정식으로 '영원한 파문'에 처해졌음에도 불구하고 계속해서 세를 확산시켜나갔다. 그리하여 놀랍게도 1201년에 그들은 인노켄티우스 3세에 의해 재심에 부쳐져 공인된 교단이 되었고, 심지어 대개 결혼해서 가정을 가진 속인들로 이루어진 '제3회원들'(속적에 있는 수도회원 — 옮긴이)의 설교도 인정받았다. 그러나 이 경우에서 가장 주목할 만한 점은 이들의 '정설(正說)'과 발도파처럼 단죄 대상이 된 다른 유사 집단들의 이념을 구별하기가 매우 어렵다는 것이다. 이들의 초기 역사를 좀더 정확하게 알 수 있게 된 지금 우리는 무엇보다도 성직자들에 대한 비판 때문에 박해 대상이 된 집단들이 먼저 교회로부터 떨어져나간 '후에야' '정설'로부터 분리되기 시작했음을 알 수 있다.

결국 원인이 무엇이든 간에(항상 교리적인 것만은 아니었다) 교회의 지배층이 받아들일 수 없으면 그것이 바로 이단이었다. '정치적 이단'도 있었는데, 이 경우 자신과 경쟁 관계에 있는 다른 권력을 두려워하거나 혹은 다른 사람들의 재산을 갈취하고 싶어한 군주들에 의해 단죄가 이루어졌다. 제후들에게 적당한 '이단의 증거물'을 제공한 것은 교회였는데, 고문을 통해 이끌어낸 자백으로 그러한 증거를 대는 것은 그리 어렵지 않았다. 예를 들어 기베르 드 노장(Guibert de Nogent)은 몇몇 이단들을 언급하면서 다음과 같이 증언하고 있다. "지하실이나 인적이 드문 곳에 사람들이 남녀 구분 없이 모인다. 촛불을 켠 다음 음탕한 여자가 모든 사람이 볼 수 있도록 땅에 드러눕고, 그런 다음, 전하는 바에 따르면, 궁둥이를 깐다. 그리고 사람들은 뒤에서부터 그녀에게 촛불을 건네준다. 촛불이 꺼지면 그들은 어지럽게 '카오스'라고 소리지르기 시작하고, 한 사람씩 가장 먼저 손에 닿는 여자와 간음을 한다." 만일 이러한 모임에서 아기가 태어나면, 아기를 집단 의식에서 불태우고 그 재로 빵을 만들어 마치 성체처럼 나누어 먹었다고도 했다. 성유물 숭배 문제에 대해서는 그 자신이 이성적으로 회의하는 사람임을 보여준 바 있는 이 성직자(즉 기베르 드 노장)가 도대체 어떻게 그런 얘기를 믿을 수 있었단 말인가?

14세기 초 프랑스 왕에게 수지맞는 사업이었던 성전기사단 단원들에 대한 재판(아마 이들에게 돌려진 혐오스런 일들에 대해 모든 책임이 있는 것은 아니겠지만 아무튼 이들이 지나치게 부자였던 것은 사실인 것 같다)과 같은 일이 몇 년 후 조작된 음모에 의해 나병환자들을 대상으로 되풀이될 뻔했다. 나병환자들에 대해서는 이들이 모든 기독교도들을 독살하고, 전염시키려고 하며 이를 위해 그라나다의 무어인* 왕과 결탁했다는 이야기가 있었다. 이로 인해 수많은 나병환자들이 고문당하고 산 채로 화장당한 것으로 끝난 이 광적인 현상의 이면에는 많은 사람들을 단숨에 휩쓸어버릴 수 있는 비이성적 공포가 존재하기도 했지만 그 외에도 나병원들의 많은 재산을 갈취하려는 의도가 있었음은 의심의 여지가 없다.

신학적 단죄를 정치적으로 이용한 가장 가공할 예 중 하나는 카타리파의 경우이다. 단죄를 쉽게 하기 위해 그들은 마니 교도로 분류되던 보고밀 파**와 동일시되었는데, 그럼으로써 확실히 이들을 사형시킬 수 있었기 때문이다("마니 교도로 기소되는 것은 신학적 논쟁에서 최후의 정치적

---

* 고대 마우리타니아(지금의 모로코)인. 711년 회교도의 이베리아 정복의 주역이었다. 이들 중 많은 사람이 이베리아 반도에 눌러앉아 살았으며 기독교도들에게는 오랜 증오의 대상이었다.
** 보고밀(bogomil)이란 슬라브어로 '하느님을 기쁘게 하다'라는 뜻이다. 이원론을 주장하였으며, 불가리아에서 생겨나 10세기와 11세기에 비잔틴 제국으로 퍼졌다. 보고밀 파는 두 파로 나뉘는데, 한 파는 '온건한 이원론'으로, 다른 한 파는 '극단적 이원론'으로 지칭된다. 두 파 모두 사탄이 물질 세계를 창조하였고 물질 세계는 본질적으로 악하다고 주장하였으나, 전자는 사탄이 하느님의 탈선한 아들이라고 주장한 반면, 후자는 태초부터 선악의 두 창조 원리가 팽팽하게 맞서 있다고 주장했다.

무기였다"고 말해지고 있다).

보고밀 파는 10세기에 불가리아에서 출현했는데, 그때는 이교도 슬라브인들이 아직 남아 있었고, 비잔틴 제국의 근방에는 이원론적 요소를 가진 기독교의 한 형태인 바오로 파*를 신봉하는 추방된 아르메니아인 집단이 있던 때였다. 온건한 이원론적 요소들을 내포하고 있던 보고밀 파의 교리는 초기 기독교의 단순함으로 돌아갈 것을 주창하였으며, 사제들('완전한 자'라고 불렸다. 반면 평신도들은 '믿는 자'라고 불렸다)은 독신을 지키며 가난하게 살았고 채소와 생선만을 먹었다. 또한 의식과 성사 그리고 성상을 거부하고 기존 사회 질서를 공격했으며, 노예와 농노들에게 주인을 위해 일하지 말라고 가르쳤다. 이러한 교리가 당시 영주에 대한 종속이 심화되면서 농민의 불만이 드세진 비잔틴 제국(국가가 영주들에게 토지와 함께 이 토지를 경작할 농민을 내주었다)으로 퍼져나간 것은 그리 놀라운 일이 아니다. 보고밀 파는 복음서의 순수함으로 되돌아갈 것을 주창한 만큼 또한 교회 당국과 제국 간의 연계를 비난했고, 따라서 정치적으로 위험한 존재였다("교회의 교리에 대해 왈가왈부하는 것은 국가의 정치적 이데올로기에 대해 왈가왈부하는 것과 같았다"). 게다가 농민들의 반봉건적 열망을 집결시켰기 때문에 한층 더 위험할 수밖에 없었다. 이들에 대해 적의에 찬 글을 쓴 코스마스(Cosmas)라는 한 사제는 "그들은 부자들을 중상모략하면서 신자들에게 영주들에게 복종하지 말라고 가르쳤다"라고 말하고 있다. 그러나 이들은 온갖 박해에도 불구

---

* '가엾은 작은 바울로'(3세기의 '입양파' 이단, 사모사태Samosata)의 바오로(Paolo))에 의해 창시되었으며 아르메니아 왕국으로부터 기원했다. 초기 시리아 기독교의 영향을 받아 세례에 큰 중요성을 부여했다. 신앙의 대상으로 형상을 배격했으며, 그리스도가 본성적으로 신이 된 것이 아니라 서른 살 때 세례를 통하여 성부로부터 '입양'됨으로써 은총에 의해 신이 되었다고 주장한다.

4. 악마의 거울

스페인 종교 재판소 고문실 광경(18세기의 상상도)

하고 투르크의 정복 때까지 살아남았다.

카타리 파가 주로 이탈리아와 옥시타니아(중세 프랑스의 남부 지방 — 옮긴이)에서 발생한 데는 발칸 반도의 이원론적 집단들, 즉 보고밀 파와 바오로 파의 영향이 있었음이 분명한 것 같다. 그러나 그것을 단순히 수동적 수용으로 치부해버린다면 그 교리가 왜 그렇게 광범하고도 열렬하게 환영받았는지를 설명할 수 없을 것이다. 먼저 카타리 파 교회의 엄격한 가르침을 추종한 소수 집단(옥시타니아에는 1,500~2,000명 정도의 카타리 파 사제가 있었던 것처럼 보인다)과 이보다 훨씬 더 많았던 기독교도들을 구분할 필요가 있다. 이들은 단순한 노동으로 생활할 것을 설교하면서 외부로부터 수입된 신학보다는 민중 문화의 공동 재산에 더 가까운 신앙을 수용했으며, 기도문의 각 낱말들의 의미를 정의하기 위해 공의회의 해석에 기대기보다는 단순한 기도문을 사용한 사람들에게 동정심을 갖고 있었다. 무엇보다 중요한 것은 옥시타니아에서 카타리 파가 불가리아나 비잔틴 제국의 보고밀 파처럼 공식 교회보다 민중들의 열망에 훨씬 더 잘 부응했다는 것이다.

요컨대 교회의 입장에서 볼 때, 신학자들의 심오한 신학 이론보다는 기독교 전도사들의 노력에 저항하는 민중 계층의 단순한 신앙이 더 위험했다. 이들 기독교 전도사들은 막대한 부(대부분 농민들의 십일조에서 나왔다)를 축적하고 있는 교회 계서제의 이름으로 전도했으며, 봉건적 정치 질서와 결탁해 있었다. 이 때문에 이들은 민중들 사이에서 다수에 대한 소수의 권위는 교회의 말대로 신이 아니라 악마에게서 나온 것이라고 주장하는 사람들(이들은 악마가 자기를 따르는 사람들에게 "너희 중 어떤 이들에게는 다른 사람을 지배할 수 있는 영주권을 줄 것이다. 그리고 그들 중에는 왕이 되는 사람도, 백작이나 황제가 되는 사람도 있을 것이다"라고 약속했다고 했다)이 누렸던 신뢰를 얻지 못했다.

카타리 파에 대한 이단 단죄가 있은 지 한 세기 후에 종교재판관인 자크 푸르니에(Jacques Fournier)에게 체포돼 심문받은 사람 중에 아르노 젤리스(Arnaud Gélis)라는 사람이 있었다. 그는 전에 어떤 성당 참사회원의 하인이자 보조 성물계로 일했었다. 그런데 이 아르노한테도 다른 농민들에게서와 마찬가지로 가끔씩 죽은 사람들이 나타나서 이야기를 나누곤 했다. 원칙적으로 교회는 이것을 인정했다. 교회가 도저히 받아들일 수 없었던 것은, 이 죽은 사람들이 징벌, 고행, 그리고 영혼의 구제는 사제의 개입 없이도 해결될 수 있다는 민중들의 생각을 확인해준 것이었다. 사람이 죽으면 대부분의 영혼은 이승을 떠돌면서 고행을 하다가 때가 되면 일종의 지상 천국인 '성스러운 휴식처(Santo Reposo)'에 머물면서 최후의 심판을 기다리는 것으로 되어 있는데, 아르노는 이 최후의 심판에서 "세례받은 모든 영혼은 아무리 악한 사람일지라도 그리스도가 모든 기독교도들을 동정과 자비로써 구원하기 때문에 단죄되지 않는다"고 말했던 것이다.

교회를 통하지 않고도 구원될 수 있다는 이런 생각에 대해 교회가 '휴식'이 아닌 벌을 받는 장소로서의 연옥의 개념을 만들어내고, 살아 있는 사람과 직접 교통하는 모든 유령들을 그 연옥이라는 장소에 단번에 그리고 영원히 격리시켜버린 것은 전혀 놀라운 일이 아니다. 또한 죽은 사람의 고통을 미사나 선행 혹은 면죄부를 통해 경감시키거나 혹은 고통의 기간을 단축시키기 위해 협상할 수 있는 유일한 존재인 성직자에 의한 중재를 강요했던 것 또한 전혀 놀라울 것이 없다. 우선 그런 식으로 교회는 신자들을 장악하고 수지맞는 사업의 발판을 마련했는데, 신자들이 유언을 통해 일정한 재산을 기증하고 대신 성직자들이 이들의 영혼을 위해 기도해줌으로써 징벌 기간을 단축시킨다고 하는 '유산의 사업'을 벌이게 된 것이다. 이는 지금은 눈에 띄지 않는 곳에 치워져 있지만 연옥의 모습을 그린 그림들('영혼을 위한 보시' 용 헌금함이 옆에 비치되어 있었다)의 수가 점점 많아진 이유를 설명하는 데 도움을 준다.

돈벌이에 혈안이 된 이들 교회와 카타리 파 교회 간에는 하늘과 땅만큼의 차이가 있었다. 카타리 파 교회는 세금을 요구하지도, 파문을 선언하지도, 감옥에 가두지도 또 사람을 죽이지도 않았다. 그리고 봉건 영주와 결탁하지도 않았으며, 대신 이들이 가진 권력의 정당성에 의문을 제기했다. 이들의 교리는 농민들이 조상 때부터 지켜온 신앙 세계와 완벽하게 들어맞았는데, 이들의 행동은 복음적 청빈의 이상에 근접해 있었다. 하지만 종교적 이견을 반봉건적 저항과 동일시하는 단순화된 해석에 빠져서는 안 될 것이다. 그러나 기존 교회에 대해 공동으로 반대함으로써 하나가 된 툴루즈의 도시 귀족, 직포공들, 그리고 농민 간의 동맹이 북쪽 봉건 사회의 특권 계층에게 하나의 위협이 되었음은 의문의 여지가 없다. 그러한 위협은 근절되어야만 했다. 이단의 씨앗까지 근절되어야 했고, '정통'의 설교사들이 신자들을 쉽게 재장악하도록 공포 분위기가 조성되어야 했다. 이런 작업은 이단들을 불태워 죽이기 위해 장작에 불을 붙였던 도미니크 회 수도승들보다 가난한 프란체스코 회 수도승들이 더 잘 수행했던 것처럼 보인다. 비록 실제로는 양자간에 작업이 적절히 분화된 것일 뿐이었지만 말이다.

이것은 죄인들(다르게 생각하고 다르게 신앙 생활을 했을 뿐인 사람들)과 무고한 사람들을 터무니없고 흉포한 탄압에 한꺼번에 내몰았던 십자군을 정당화하기에 충분했다(어떤 이는 죽임을 당할 만한 어떤 잘못도 저지르지 않아 보이는 암탉 한 마리를 죽이라는 이단 심문관의 명령을 따르지 않았다는 이유로 화형당하기도 했다). 남녀노소를 불문하고 이루어진 대학살을 묘사하고 있는 알비 파* 십자군의 다음과 같은 노래보다 더 충격적인 공포 소설도 흔치 않을 것이다.

> 살과 피, 골과 창자들
> 부러진 팔다리들, 내장이 불거져나온 채 뒹구는 몸뚱아리들,
> 짓밟히고 으깨진 간장과 심장들이
> 마치 비라도 내린 것처럼 광장에 널브러져 있다.

---

* 12~13세기 프랑스 남부에서 발생한 카타리 파의 이단 분파.

4. 악마의 거울

이러한 정통 교리의 승리로 프랑스 왕국은 남쪽으로 확장될 수 있었고, 봉건제가 살아남았으며, 또 로마 교회의 지배가 확고해졌다. 로마 교회는 이단뿐만 아니라 '교회에 대한 옥시타니아의 불평'까지 절멸시키기 위해 종교재판소라는 오른팔을 이용했다.

그러나 이러한 절멸은 일반적으로 생각되는 것처럼 완전히 이루어지지는 않았고, 불신과 반교권주의(anticlericalismo)라는 유산을 남겨놓았다. 몇 년 후 페르 카르데날(Peire Cardenal)이라는 한 음유 시인은 교회의 권력욕을 신랄하게 비난했다("지금 세상에 대한 영주권을 행사하고 있는 성직자들은 이것을 도둑질과 배신을 통해 획득했다"). 신에게 바치는 한 봉헌시에서 그는 "이 악한 시대가 나의 모든 인생에 고문을 가했다"고 불평을 털어놓은 다음, 신 자신이 악마의 자유로운 활동을 허락했기 때문에 신은 사람들이 죽은 후에 단죄할 권리가 없다고 말했다. "내가 이 승에서 악에 시달리고 또 지옥에서도 악이 나를 기다리고 있다면, 내 생각으로는, 그것은 불공평하고 또 죄악이다." 구래의 신앙은 카르데날의 경우처럼 카타리주의로 착색되어 쉽게 사라지지 않고 있었던 것이다.

십자군보다 한 세기 후에 있었던 자크 푸르니에의 이단 심문은 민중의 신앙심이 100년간의 탄압과 교화에도 불구하고 거의 변하지 않았음을 보여준다. 정통 신앙에 대한 열정은 생각보다 약했고, 그 안에는 회의주의적 요소가 상당히 섞여 있었다. 몽타이유(Montaillou)의 한 사제의 경우가 이를 잘 보여준다. 그는 "신이 씨앗을 싹트게 하는 것이 아니다. 만일 신이 싹트게 한다면 씨앗들은 바위 위에서나 흙 위에서나 똑같이 꽃을 피울 것이 아닌가"라고 말했다. 또 그는 "씨앗은 신의 어떠한 개입도 없이 오직 흙의 비옥함 때문에 싹을 틔우는 것이다"라고 말했다. 이처럼 과거의 신앙과 기독교적 요소들이 여전히 뒤섞여 있음을 볼 수 있다. 사람들은 각자 나름의 세계관을 갖고 자기 인생을 규제했으며, 새로운 세금(푸르니에가 공식적 단죄를 통해 강요했던 '가축의 첫 생산물'과 같은 것이었다)을 요구하는 탐욕스런 성직자들과 세금을 내지 않으면 파문하겠다고 위협하는 사제들 없이 살아갔다. 또한 티냑(Tignac) 출신인 장 주프르(Jean Joufre) 같은 농민은 새로운 십일조를 내지 않으려는 교구민들을 파문한 성직자에게 "성서에서 신이 누구를 혹은 어떤 사람이 다른 사람을 파문했다는 언급을 발견하지 못했다"고 주장하면서 대들었다. 게다가 그는 무장한 기사들의 호위를 받고 있는 주교들에 대해서도 "그들이 십일조와 '가축의 첫 생산물'을 요구하는 것처럼만 사라센과 싸우고, 사라센들의 땅을 정복하고, 그리스도의 죽음을 복수하는 데 열심이었으면 좋겠다"라고 비난했다. 이런 행동은 결국 그를 감옥 안에서 죽게 만들었다.

그러나 아마 이러한 내부의 십자군의, 그리고 이들 소수 집단들의 격리가 가져온 여러 결과를 가장 분명하게 보여주는 사례는 유대인 박해일 것이다. 유대인은 슬라브 족이나 불가르 족(불가리아를 구성하는 고대 민족 ― 옮긴이) 혹은 마자르 족(헝가리를 구성하는 기간[基幹]민족 ― 옮긴이)이 들어오기 수세기 전부터 유럽 땅에서 살고 있었다. 오늘날 우리가 유럽으로 이해하고 있는 지역의 창립 회원임에도 불구하고 왜 우리는 끈질기게도 이들을 외부인으로 간주하는가? 그들은 결코 별종의 민족이 아니었다. 다만 고유한 문화적 색깔을 가진 집단이었을 뿐이다. 그들은 '동양과 서양의 중요한 매개자'로서뿐만 아니라 자신들만의 고유한 공헌을 통해 유럽 문화 형성에 참여한 사람들이었다.

11세기까지만 해도 유대인들은 유럽 각 지역에서 지역 주민들과 완전히 통합되어 살았다. "그들은 지역 주민들과 똑같은 언어를 말하고, 같은 옷을 입고, 무기를 휴대한 채 말을 타고 돌아다닐 수도 있고, 재판정에서 선서도 할 수 있는 자유인들이었다." 예를 들어 세파르디*들은 스페인에서 태어났음을 자랑스럽게 밝혔는데, 추방된 후에도 마찬가지였으며 오늘날까지도 카스티야어(지금의 스페인어 — 옮긴이)를 자신들의 언어로 간직하고 있다. 이것은 그들이 얼마나 자신들이 살던 지역 사회에 융합되어 있다고 느꼈는지를 잘 말해준다. 바로 자신의 통제에서 벗어난 문화의 존재를 받아들일 수 없었던 교회가 이들을 소외시켜버렸으며 (1215년의 제4차 공의회 때부터 교회는 유대인들에게 다른 사람들과 다른 옷을 입게 하고, 쉽게 알아볼 수 있도록 표지를 부착토록 했다), 유대인과 기독교도 간에 '접촉과 친교'를 하지 못하도록 방해하는 데 열을 올린 것도 바로 교회였다.

유대인 박해를 마치 비이성적 편견에 기반을 둔 민중들의 증오의 결과처럼 보는 경향이 없지 않다. 그러나 11세기 이전에는 있었던 것 같지 않은 이러한 증오와 편견이 어떠한 집단적 불행이라도 '내부의 적' 탓이라는 신화를 만들어온 교회에 의해 조장된 것이라는 사실은 망각되고 있다. "유대인들과 무어인들을 기독교도들과 함께 살게 하지 말고 따로 살게 하라. 그들보다 더 위험한 존재는 없으므로 담 밖으로 몰아내라." 이것은 한 무식한 광신자가 한 말이 아니라 교회에 의해 성인으로 추대된 대단히 권위 있는 한 성직자의 말이다.

때문에 최초의 십자군이 유대인에 대한 박해와 대학살을 앞서 행한 것은 전혀 놀라운 일이 아니다. 일부 유대인이 갖고 있던 부(그리고 이들과 왕들과의 협력은 세금 인상의 책임이 마치 이들에게 있는 것처럼 보이게

---

* sefardi, 중세 스페인에 살았던 유대인.

했다)가 탄압의 빌미를 제공했다는 사실 때문에 누가 그 박해와 대학살의 씨를 뿌렸는가가 망각돼서는 안 된다. 이리하여 유대인에 대한 정형화된 이미지가 만들어지고 회화화되었다. 기독교도들 사이에서도 일상적으로 행해지던 고리대금업 같은 행위들(중세 무르시아*의 법정에서는 유대인들이 기독교도들의 고리대금 행위에 대해 소송을 제기하기도 했다)이 이들의 단죄 이유가 되었고, 심지어는 당시 고딕 기독교 세계보다 오늘날의 우리에게 더 가까워 보이는 이들의 생활 방식도 단죄 대상이 되었다. 동물의 비계가 아니라 식물성 기름을 갖고 요리한다는 이유로, 그리고 식사하기 전에 손을 씻는다는 이유로 비난받았던 것이다. 그러한 편견은 만일 유대인들이 1475년 트렌트에서 발생한 어린 순교자 시몬의 경우(아홉 명의 유대인이 그 때문에 화형당했다)나 1491년에 카스티야에서 아무도 아이를 잃지 않았고 어느 누구도 죽었다고 보고되지 않았음에도 불구하고 다섯 명의 유대인이 죽어야 했던 '라 과르디아의 산토 니뇨(Santo Nino de La Guardia)' 사건**의 경우처럼 의식(儀式)을 위반한 범죄에 관한 신화를 만들어내는 배양기가 아니었다면 그냥 웃고 지나쳐버릴 수도 있을 것이다. 그러나 당시 실상을 왜곡시켜 보여주는 새로운 거울 속에서 악마적 이미지로 인식되고 있던 유대인들의 죄를 입증하기 위해서는 그만한 일도 필요없었다.

---

* 스페인 동남부에 위치한 도시.
** 유대인들이 기독교 아이를 살해하여 의식에 사용한다는 세간의 믿음 때문에 일어난 사건으로, 1491년 스페인의 톨레도의 라 과르디아 마을에서 10여 명의 콘베르소들과 유대인들이 기독교도 아이 한 명을 십자가에 못박아 살해하고 그 아이의 심장을 꺼내어 기독교도들을 박멸시키기 위한 마법적 의식에 사용했다는 혐의로 처형되었다.

5. 촌뜨기의 거울

독일 농민 전쟁 당시의 무장한 농민군들

촌뜨기의 거울

유럽의 중세 후기는 둘로, 즉 14세기 초까지 지속된 상승과 성장의 국면과 그후부터 15세기의 상당 기간까지 지속된 위기와 쇠퇴의 국면으로 나누어볼 수 있다. 유럽 대륙의 인구는 1340년에 7,900만 명이던 것이 1400년에는 5,500만 명으로 줄었고(그것은 유례없는 재난을 의미했다), 1500년경에 가서야 7,500만 명으로 증가해 200년 전의 수치를 회복하게 된다.

이러한 위기는 바로 전 시기의 성장에 원인을 두고 있었다. 즉 1000년 이후 유럽 인구의 지나친 증가는 식량 확보를 위해 변두리 토지까지 경작하도록 만들었고, 그것이 전체적으로 사람들의 생존을 어떠한 기후의 재난에라도 쉽게 무너질 수 있는 불안한 상태로 만들어놓았던 것이다.

"생산성이 높았던 행복했던 시절에 뒤이어 반복되는 홍수와 가뭄 그리고 먼지 폭풍이 농민들을 괴롭히는 고통의 시기가 찾아왔다"고 한 역사가는 쓰고 있다. 15세기에 시인인 오시아스 마르치*도 "곡식 창고를 텅 비게 하고 말 형편없는 땅에 풍작을 기대하면서 좋은 씨를 뿌리는 아

---

* Ausias March, 1397~1459, 스페인의 시인. 카탈루냐어로 작품을 쓴 최초의 시인으로 현대 시인들에게까지 큰 영향을 미쳤다.

무것도 모르는 농사꾼"이라는 말로 이러한 상황을 아주 잘 표현해 보인 바 있다.

기근으로 인해 생물학적으로 아주 허약해진 유럽은 몽골인들이 크리미아의 카파(Kaffa)를 공성(攻城)하는 과정에서 퍼뜨린 페스트의 좋은 먹이가 되었다. 카파를 포위공격한 몽골의 칸은 당시의 관행대로 페스트로 죽은 시체들을 성 안에 던지도록 했다. 공성은 실패로 끝났지만 열두 척의 갤리선에 실려 1347년에 메시나(이탈리아 시칠리아 섬에 있는 도시 — 옮긴이)에 도착한 페스트는 그후 약 3년 동안에 대부분의 유럽으로 퍼져나갔다. 중앙 아시아의 풍토병이었던 페스트는 아무런 방비도 갖추지 못한 유럽인들을 덮쳐 막대한 희생자를 내게 했다.

특히 페스트는 도시에서 기승을 부려 단 며칠 사이에 시 인구의 50%를 희생시키기도 했다. 가족 전체가 희생되어 텅 빈 집들이 속출했고, 경작할 사람이 없게 된 농토는 방치되었다. 가난한 사람이나 부자나 할 것 없이 각계 각층의 사람들이 죽어나갔다. 카스티야의 왕도 죽었고, 지오반니 빌라니*도 죽었다. 그는 사업가이자 꼼꼼한 연대기 작가였는데, 자신의 연대기에 "역병은 ······에 끝났다"라고만 쓴 채 빈칸에 날짜를 채 써넣지도 못하고 죽었다. 페트라르카는 자신의 두 보물, 즉 후견인인 콜로나(Collona) 추기경과 사랑하는 라우라를 잃었다.** 그는 "콜로나 님과 젊은 라우라가 죽었다"라고 시에서 쓰고 있다(당시 라우라는 열한 명

---

* Giovanni Villani, 1275경~1348, 이탈리아의 연대기 작가. 12권으로 된 『연대기』 즉 『피렌치사(史)』를 남겼고, 1348년 흑사병이 휩쓰는 시기에 사망했다.
** 1327년(23세) 4월 6일 페트라르카(Petrarca)는 라우라라는 이름으로만 알려진 한 여인을 아비뇽에 있는 생클레어 교회에서 처음 보고는 순결한 사랑에 빠졌다. 라우라(그녀의 신원은 아직도 밝혀지지 않고 있다)는 그가 죽을 때까지 그의 손길이 닿지 않는 곳에 있었지만 페트라르카는 그녀를 이상적인 연인으로서 사랑하였으며, 이 사랑 때문에 르네상스 서정시의 개화에 기여한 그의 가장 유명한 시들이 탄생했다. 라우라는 1348년 페트라르카가 처음으로 그녀를 보았던 바로 그날 흑사병으로 죽었다.

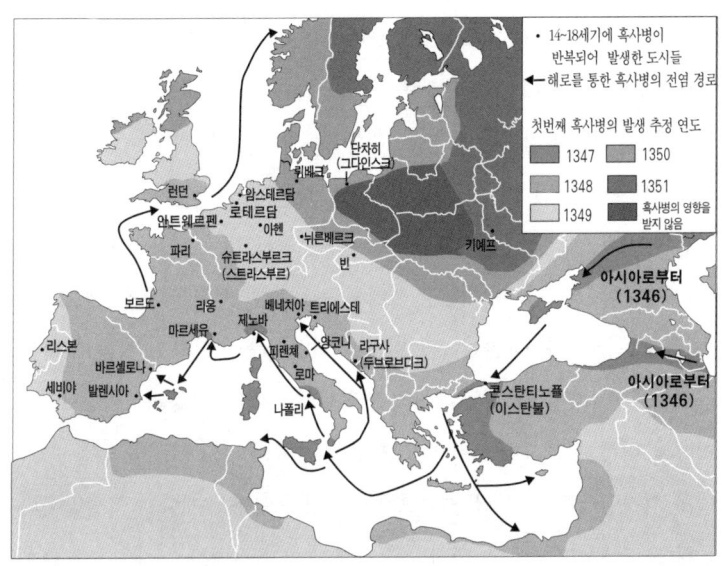

유럽에서 발생한 페스트의 두번째 대유행 경로

의 아이를 낳은 중년 여인이었으며, 그 아이들은 아마 위그 드 사드 Hugues de Sade의 아이들이었던 것 같다. 이것은 그녀를 '성스러운 후작[divino marqués]'의 조상으로 만들었다). 연대기 작가 프루아사르*는 페스트가 "세계의 3분의 1"을 앗아가버렸다고 적고 있다.

의학적 방법도 소용이 없었고(대륙에서 가장 훌륭한 의과 대학을 가진 몽펠리에 대학에서는 직위를 가진 의사들 전부가 죽었다), 계속되는 경건 행위(장엄한 종교 행진, 페스트를 집단적 죄악에 대한 징벌이라고 생각한 대 회개운동 등)도 아무 소용이 없었으며, 전염병을 퍼뜨린 장본인이라고 생각된 사람들 즉, '독살자들'(그때는 유대인들이었고, 1630년의 밀

---

* Jean Froissart, 1333(?)~1400, 중세 유럽의 시인이자 궁정사가. 그가 쓴 14세기의 『연대기 Chroniques』는 봉건 시대에 관한 가장 중요하고 자세한 기록이며 기사도적 궁정연애의 이상을 가장 잘 보여주는 당대의 자료이다.

라노에서는 '전염성의 기름을 칠하는 사람들'이었으며, 19세기에 콜레라가 창궐했을 때는 장소에 따라 탁발승들이기도 하고 혹은 의사들이기도 했다)의 씨를 말리기 위한 참혹한 응징도 아무 소용이 없었다.

페스트로 시작된 재난은 조상 대대로 내려온 정착지의 포기와 농업 생산의 변화, 즉 많은 인력을 필요로 하는 농사 대신 적은 인력으로 가능한 목축이 늘어난 현상 등을 설명해준다. 또한 사람들의 정신에도 깊은 흔적을 남겼다. 피렌체에서 발생한 페스트를 묘사하고 있는 무서운 장면들이 『데카메론』의 첫 페이지를 장식하고 있다. 페트라르카는 한 편지에서 다음과 같이 쓰고 있다. "직접 목격한 우리도 그것을 믿을 수가 없을 지경인데 후세 사람들이 그것을 믿기나 할까?" 게다가 이탈리아와 중부 유럽에서 페스트는 대지진과 함께 다른 불길하고 두려운 조짐들을 동반했다. 빌라니는 "그런 조짐들은 예수 그리스도가 제자들에게 이 세상이 끝날 때 나타나게 될 것이라고 예언했던 그런 이적이요 징조"라고 말했다. 이러한 일련의 상황이 빈번한 도시 폭동과 농민 반란, 그리고 '천년지복주의자들'의 대두라고 하는 심각한 사회적 위기의 출현으로 이어진 것은 너무나 당연하였다. 예를 들어 채찍 고행자*들은 하나의 경건 운동으로 출발했으나 후에는 성직자의 말살과 함께 부자와 빈자 간의 차별 철폐로까지 나아갔다. 따라서 이처럼 사회적 성격을 가진 현상들이 자연 재해의 '반향들'인 것처럼 보이도록 만드는 이와 같은 인상적인 묘사가 오랫동안 역사가들을 만족시켜온 것은 그리 놀라운 일이 아니다. 그렇지만 이 그림의 몇몇 조각들은 의심스럽고, 그것들을 연결시

---

* 14세기 중엽 사람들이 전염병을 두려워했으나 교회가 부패했기 때문에 사람들은 교회 안에서 평정을 찾을 수 없었다. 이러한 종교적 위기 상황에서 채찍질 고행이 등장했는데, 채찍질 고행자들은 무리를 지어 나라 곳곳을 걸어다니며 하루에 두 번 시행하는 공개 의식에서 남자들은 가죽 채찍으로 각자의 등과 가슴을 때렸고, 여자들은 독방에 들어가 고행했다.

페스트의 참혹한 모습을 묘사한 『데카메론』의 첫 페이지 삽화

키고 있는 논리 역시 논란의 여지가 있다.

지력 고갈이라는 가설도 의심스럽다. 1300년경에는 7,900만의 유럽인들을 먹여 살리지 못했던 땅이 왜 1500년에는 그 사이 생산성의 증대를 기대할 만한 별다른 변화가 없었음에도 불구하고 부양할 수 있게 되었을까? 다른 한편, 번영을 구가하던 이탈리아 도시와 은행가들이 몰락한 것은 무엇보다도 유럽의 군주들에게 대부해준 엄청난 액수의 돈을 돌려받지 못한 데 원인이 있었다. 파산한 보나코르시(Bonaccorsi) 회사의 일원으로 이러한 위기에 직접 연루되었던 빌라니는 그것이 "돈을 벌려는 욕심 때문에 자기 돈은 물론 남의 돈까지 영주들의 권력과 지배에 맡긴 일부 시민들의 탐욕에 대한 정당한 벌"이라고 비난했다.

사회적 결과들(도시와 농촌의 소요, 메시아주의 운동 등)과 관련하여 볼 때, 이러한 위기의 기원을 페스트 이전의 시기에서 찾아야 하는 것이 분명해 보인다. 즉 프랑스, 플랑드르, 이탈리아 혹은 신성 로마 제국의 도시들의 통치권을 둘러싸고 벌어진 '중간 계층'과 '대영주들' 간의 대립에서 기원을 찾을 수 있는데, 이는 페스트 훨씬 이전부터 있어온 문제였다.

페스트를 모든 것의 기원으로 보는 데 집착하는 대신에 현상들을 중세 사회의 발전 과정 속에 위치시켜 살펴보는 쪽이 더 타당할 것 같다. 이 과정의 상승 국면에서는 농업이 발전하고 도시 수공업도 개선되었으며 농촌과 도시 간의 교역이 급증했다. 이러한 상황은 잉여물을 도시 시장에 내다팔 수 있게 된 중소농들에게 유리하게 작용했고, 봉건 지주들을 농민들의 부역에 점점 덜 의존하게 만들었다(강제로 일하는 농민들은 자기가 생산하는 것보다 더 많은 양을 먹어치웠다). 이리하여 이제 영주들은 농민들에게 부역 대신 화폐를 지불하게 하여 그것으로 임금 노동자의 고용을 위한 비용을 조달하고 '가족'을 유지하는 데 사용했다. 도시에서 부의 축적은 새로운 유산자 집단을 만들어냈는데, 이들은 귀족들의 과두 지배에 맞서 자신들의 이익을 지키고 권리를 확보하기 위해 연합했다. 13세기 이탈리아 도시들에서 "정치적 갈등은 계속해서 유력자로 남아 있으려는 유력자들의 고집과 전체 공동체에 관계되는 문제에서는 자기 목소리를 내겠다는 새로운 사람들의 점증하는 요구로부터 생겨났다".

　경제 성장이 지속되고 농촌의 번영과 도시의 활기찬 경기 간의 밀접한 관계가 유지되는 동안에는 이러한 갈등이 타협과 협상을 통해 해결될 수 있었다. 당시 이탈리아 사회는 비교적 개방적이고 사회적 유동성이 있었던 것처럼 보이며, 도시 정부들은 점차 귀족들의 전제정으로부터 공화제적 자유로 발전해나갔다. 농촌에서도 영주들에 의해 직접 경작되는 대규모 봉토를 기반으로 하는 경제가 해체되어가면서 봉건적 지배가 서서히 퇴조하기 시작했다.

　경제 발전이 굴절하는 듯한 이런 징조는 이미 14세기 초에 나타나고 있었다. 그리고 페스트가 그것을 가속화하고 심화시켰다는 데는 의문의 여지가 없다. 농민들에게 도시 시장의 약화는 이전의 번영이 끝나게 되었음을 의미했다. 따라서 이제 선택된 길을 따라 다시 되돌아와 자가 소비를 위한 생산으로 복귀하면 된다고 당연히 생각할 수도 있을 것이다. 그러나 이미 돌이킬 수 없는 변화가 있었다. 농민들은 이미 금납화된 봉건적 부과조를 지불하고 늘어난 과세 요구에 응하기 위해 돈이 필요했다. 농산물 가격이 하락한 상황에서 많은 농민들은 농사를 포기하지 않을 수 없었고, 적지 않은 농민들은 반란을 통해 스스로를 지키고자 했다.

　사회적 변화를 재촉하는 힘 또한 돌이킬 수 없는 것이었다. 사람들의 의식 속에 각인된 자유에 대한 열망은 경제적 상황이 달라졌다고 해서 사라지지 않았다. '포폴로 미누토'*는 여전히 도시 정부들에서 자기 몫을 차지하기 위해 투쟁했다. 농노들은 자유를 갖기 위해, 농민들은 봉건적 착취를 철폐하기 위해 마찬가지로 노력했다. 경제 위기와 함께 상류

---

* popolo minuto, 이탈리아에서 소(小) 길드에 속한 사람들로 상점주, 소상인, 기능공 등이 여기에 속했다.

계층의 저항 또한 완강해졌고, 그것은 이전에 이탈리아 사회의 특징이었던 것, 즉 폭력과 타협이 계속 공존하면서 나름대로 기능하는 것을 불가능하게 만들었다. 페스트 이후 이탈리아 대도시들의 사회 구조는 화석화되었다. 사회적 유동성은 감소하고, 부자와 빈자 간의 양극화가 심화되었다. 결과적으로 사회적 폭력이 점증하게 된 것이다.

이런 현상은 피렌체의 양모 기술자들과 노동자들이 일으킨 반란에서도 볼 수 있다. 마키아벨리는 갈등이 장기화될 때 진압에 대한 공포 때문에 최하층 계급, 즉 임금 노동자들이 본래의 요구에서 얼마나 멀리 나아가게 되는지, 그리고 결국 사회가 이성이 아닌 힘에 바탕을 두고 있다는 사실을 '발견'하게 되기까지 이들의 사회의식이 어떻게 고양되어나 가는지를 이렇게 말하고 있다. "신과 자연은 모든 사람들의 운명을 근면보다는 약탈에, 좋은 기술보다는 간계에 더 노출시켜놓았다. 때문에 사람들은 서로를 잡아먹으려 하고, 가장 힘없는 자들은 항상 별 볼일 없는 존재가 된다." 임금 노동자들의 이처럼 과격한 태도는 이전의 동맹자였던 길드 수공업자들에게는 이제 어울리지 않게 되었다. 왜냐하면 그들이 과두 귀족들과 손잡고 반도들을 잔인하게 진압하는 데 동원되었기 때문이다.

이러한 대립으로부터 이탈리아에서 출현한 것이 과두주의 체제였다. 이탈리아의 과두주의 체제는 입법 기능을 '파르스 발렌티오르(pars valentior)', 즉 '보다 가치 있는 자들'에게 위임함으로써 소국들에게 평화를 가져다 줄 수 있었다. 이 공화국들에서는 국가 권력이 공직에의 피선거권을 가진 소수 시민들의 수중에 있었다(대개 전체 주민의 1~2% 정도로서 피렌체와 베네치아의 경우 200~600명 정도). 따라서 이들 '정치가들(statuali)'과 다수 서민 대중은 분명히 구분되었다.

그들은 사보나롤라*의 민주적 개혁안("관직과 작위 수여권을 전체 시민에게 두어야 한다"고 주장한 그는 이를 위해 '베키오 궁'에 대 인민의회를 위한 '500인 대회의실'을 만들었다)이 제기하는 것과 같은 위협을 극복하고 다양한 방법으로 사회적 결속을 유지할 수 있었다. 서민들에게 교회와 궁전 건축과 장식 사업 등을 통해 풍부한 일거리를 제공했으며(길드에 가입한 노동자의 약 4분의 1이 건축업에 종사했던 것처럼 보인다), 동시에 예술에 재능이 있는 사람들에게는 사회적 신분 상승의 기회를 주었다(수사 필리포 리피는 정육점 아들이었고, 보티첼리는 무두공의 아들, 안드레아 델 사르토**는 재단사의 아들, 그리고 폴라이우올로***는 닭장수 아들이었다). 이처럼 사치스런 소비는 '일종의 부의 재분배'로 간주되었다. 지배계층은 피렌체의 여러 구역에서 포텐제(potenze)와 같은 도시 서민 계층에 대한 지원을 통해 보다 교묘한 방법으로 사람들을 자기편으로 끌어들일 수 있었다. 이들 포텐제는 처음에는 자선적 성격의 우호 단체로 출발했으나 후에 시의 축제를 주관하는 데서 결정적인 역할을 하게 되었고, 그것은 이들에게 그 나름의 지위와 대표성을 가져다 주었다.

이처럼 이탈리아는 유럽의 다른 국가들에 한발 앞서 사회 통합 양식을 발견했다. 이것은 이탈리아가 왜 13세기의 폭력과 14세기의 대규모 갈등을 겪은 후 15, 16세기에는 유럽의 위기로부터 한발 비켜나 있을 수 있었는지를 설명해준다. 그러나 동시에 바로 이것이 이탈리아로 하여금 강력한 절대 국가로의 발전의 필요성을 느끼지 못하게 했으며, 다른 유

---

* Girolamo Savonarola, 1452~1498, 이탈리아의 기독교 설교가이자 종교개혁자, 순교자. 전제군주들과 부패한 성직자들에 맞서 싸운 것으로 유명하다. 1494년 메디치 가(家)가 몰락한 뒤 피렌체의 유일한 지도자가 되어 민주공화정을 세웠다.
** Andrea del Sarto, 1486~1530, 피렌체의 화가이자 도안가.
*** Simone del Pollaiuolo, 1457~1508, 피렌체의 르네상스 건축가. 일 크로나카(Il Cronaca, '연대기 편찬자'라는 뜻)라는 별칭으로 더 잘 알려져 있다.

럽의 대 군주 국가들의 군사력과 부딪히게 되었을 때 열등한 존재로 만들어버렸다. 그리하여 1494년부터 이탈리아 영토를 침공하기 시작한 이들 대 군주 국가들은 그후 3세기 동안 이탈리아 반도를 이탈리아인 자신들과 별 관계도 없이 벌어진 격돌의 대상이자 희생물로 만들어버렸다.

이탈리아는 하나의 예외였다. 따라서 유럽의 다른 무대들을 살펴보지 않으면 안 된다. 예를 들어 영국에서는 사람들이 서서히 적응해나간 장기적 위기의 효과와, 상황을 갑자기 악화시킴으로써 농민들에 대한 영주들의 압력과 국가의 끊임없는 재정 요구를 견딜 수 없게 만든 페스트의 예기치 못한 충격을 구분해서 보아야 한다. 이에 대한 농촌 사회의 반응이 1381년의 대반란*이었다. 이 대반란은 에식스와 켄트 농민들의 납세 거부로 시작된 것처럼 보이는데, 그것은 1381년 5월 말과 6월 초에 강제 징수를 위해 파견된 행정관들과의 정면 충돌로부터 시작되었다. 이 초기의 전초전은 와트 타일러**가 이끄는 대운동으로 발전했고, 여기에는 농민뿐만 아니라 수공업자들과 존 볼 같은 성직자들도 참가했다. 존 볼은 "아담이 밭을 갈고 이브가 물레질할 때 누가 귀족이었단 말인가?"라고 설교했다.***

이 운동은 두 개의 기반 위에 서 있었다. 하나는 영주들의 과도한 요구에 대한 농민들의 저항이었는데, 주로 공물 납부의 거부와 영주권에 대한 다양한 형태의 공격(대개는 국지적인 형태로 나타났다)으로 나타났다. 다른 하나는 민중들 사이에 흐르고 있던 반교권적 흐름으로서, 민중

---

* 영국 역사상 최초의 대규모 민중 반란으로 와트 타일러의 난이라고 불린다. 1개월도 지속되지 못한 반란은 사회혁명으로서는 실패했으나 과세에 대한 빈민층의 저항으로서는 성공했다고 볼 수 있다.
** Wat Tyler, ?~1381, 1381년의 농민 반란의 지도자. 반란중 런던 시장에 의해 참수당했다.
*** 반란 지도자 중 한 명인 존 볼(John Ball, ?~1381)은 반란군을 이끌고 런던에 진입, 이 유명한 연설로 블랙히스에 모인 군중을 선동했다.

들은 지금 변하지 않으면 "최악의 재난이 곧 나타날 것이다"라는 선언과 함께 「농부 피어스 Piers Plowman」*에 나오는 성직자들의 부패와 탐욕에 대한 비난을 열렬히 환영했다.

더 나아가 이제 반란은 영주들에 대한 지방적 저항의 범위를 넘어 정부와 사회 체제 전반에 대한 도전으로 발전했다. 즉 그들의 가장 중요한 요구 중 하나로 모든 예속으로부터의 해방을 포함시켰다(존 볼 같은 이 운동의 지도자 중 일부는 모든 것을 공유하고 평민과 귀족 간의 구별이 없는 사회를 만들 것을 주창했다).

반도들은 런던 빈민들의 협조를 얻어 런던 시로 입성했으며, 와트 타일러는 왕에게 "앞으로 누구도 예속적 신분에 속하지 않으며, 영주들에게 어떤 형태의 신서(臣誓)나 부역의 의무를 지지 않으며, 다만 영주에게는 토지에 대한 대가로 4페니의 지대만을 납부하게 한다"는 내용을 핵심으로 하는 청원서를 제출했다. 왕은 이에 대해 한편으로는 반도들이 요구하는 모든 것을 받아들이는 척하면서 다른 한편으로는 그들을 진압하는 데 필요한 병력을 끌어모았다. 결국 와트 타일러는 런던 시장에게 암살되고(시장은 그 공으로 귀족 작위를 받았다), 반란은 어렵지 않게 진압되었다.

바로 이 무렵에 존 위클리프**로부터 영감을 받은 '롤라드 파'*** 이단이 힘을 얻고 있었다. 위클리프는 옥스퍼드 대학의 신학자로서 기독교

---

* 윌리엄 랭런드(William Langland)가 쓴 것으로 추정되는 14세기의 두운시. 다양한 종교적 주제를 담고 있는 알레고리 작품이다.
** John Wycliffe, 1330경~1384, 잉글랜드의 신학자이자 교회개혁가. 최초로 영어 성서 완역을 추진했으며, 프로테스탄트 종교개혁의 선구자 중 한 명이었다. 독자적인 정치 교회 이론으로 교회에 대해서 세속 재산을 포기할 것을 요구했고, 교회의 신앙과 의식에 대해서 체계적인 비판을 가했다.
*** Lollards. 1382년 이후 존 위클리프의 추종자들에게 붙여진 이름. 이 이름은 '중얼거리는 사람'을 뜻하는 중세 네덜란드어 'lollaert'에서 유래한 경멸어이다.

와트 타일러의 난 당시 농민군을 이끌고 있는 존 볼의 모습

세계를 선택된 자들의 공동체로 생각했고, 성경만을 명백한 지침으로 인정했으며(그는 신자들이 성경을 읽을 수 있도록 하기 위해 성서의 영역을 장려했다), 부패하고 계서적인 교회를 비판했다(그는 교회로부터 재산을 몰수함으로써 교회의 순수성을 회복할 것을 주장했다). 위클리프가 옥스퍼드에서 추방되고 그의 교리가 단죄 대상이 되고 난 후에 그의 사상은 일련의 '가난한 마을 교구 사제들'을 통해 전파되었는데, 이들은 사제들의 횡포와 탁발승들의 위선을 비난하고 돌아다녔다. 위클리프는 비록 1381년의 (농민 반란의) 반도들을 비난하는 입장을 분명히 하기는 했지만 그 또한 롤라드 파 사람들이 영주의 숲, 사냥터, 그리고 금렵구(禁獵區) 같은 재산을 존중하지 않게 만든 이념을

와트 타일러(왼쪽)가 칼을 들고 리처드 2세를 공격하고 있고 중간에 런던 시장이 이를 저지하고 있다.

퍼트렸다는 비난을 면할 수는 없었다. 롤라드 파는 사회 질서를 파괴하는 자들로 낙인찍혔고, 이를 근거로 주교들은 1401년에 '이단들'을 화형에 처하도록 하는 법을 만들어낼 수 있었다.

그럼에도 불구하고 소요는 가라앉지 않았다. 15세기 중엽에 이른바 잭 케이드의 반란*이 다시 영국 농촌을 흔들었다. 서식스에서 농민과 수공업자들은 자신들을 짓누르는 악폐에 저항해서, 특히 영주들의 착취에

---

* 1450년에 잭 케이드(Jack Cade)가 일으킨 반란. 비록 봉기는 진압되었지만 왕실의 권위가 실추되어 장미전쟁(1455~1485)으로 이어지는 결과를 초래했다.

대항해 봉기를 일으켰다. 당시의 증언에 의하면, 그들의 목적은 "성·속의 영주들을 모조리 타도하는 것"이었다. 먼저 그들은 새로운 왕을 요구했고, 후에는 자신들 중에서 뽑은 열두 명이 국가를 지배하게 해야 한다고 주장했다.

이러한 사회적 소요가 인구 재난과는 거리가 먼 갈등으로부터 출발한 것이라는 사실은 이 시기의 가장 중요한 반란 중 하나인 후스(Jan Huss)의 혁명이 페스트의 영향을 거의 받지 않은 보헤미아에서 일어났다는 사실이 잘 말해준다. 민중들의 개혁 요구가 가장 과격한 형태로 표출되었던 곳은 바로 여기, 즉 '타보르의 가난한 자들'* 혹은 '형제단'**에서였다. 그러나 표현이 이렇다고 해서 이 운동이 다른 운동들과 성격을 달리했던 것은 아니다. 이것은 발도 파나 프랑스로부터 도망쳐 나온 피카르드(Picardes) 이단들, 그리고 전 옥스퍼드 교수이며 영국 롤라드 파의 일원인 피터 페인(Peter Payne) 같은 위클리프 추종자들이 후스주의자들과 행동을 같이한 사실에서 잘 알 수 있다.

지방의 개혁 운동의 중심지에서 교육받고 위클리프를 읽으면서 힘을 키워온 얀 후스는 1410년에 면죄부 판매 거부를 위한 설교를 시작했고(그 면죄부는 당시 교황이 나폴리와의 전쟁을 위한 전비 조달을 위해 판매하도록 한 것이었다), 중·하급 계층의 사람들을 위해 체코어로 글을 쓰기 시작했다. 콘스탄츠 공의회에 참석하여 자신의 사상을 정당화할 것을 결심한 그는 황제 지기스문트의 안전 보증서를 갖고 회의에 참석했으나 결국 구금되었다가 1415년에 화형당했다. 이에 대해 452명의 보헤미아와 모라비아 귀족들이 항의 서한에 서명했고, 동시에 후스 파 성직자들

---

* 타보르 파 혹은 타보리트 파로 불린 이들은 극단적인 후스 파로서 프라하 남부 타보르(Tabor)에 거점을 마련, 과격한 운동을 전개했다.
** 후스 파의 영적 이상주의에 영감을 받아 생겨난 종교 단체인 '보헤미아 형제단'을 지칭한다.

존 위클리프의 종교개혁을 보헤미아에 들여온 얀 후스가 1415년에 이단 혐의로 화형당하고 있다.

은 성체성사 때 속인들에게도 성체(빵)와 성혈(포도주)를 모두 주기 시작했다(성체 외에 성혈까지 영「領」하는 것은 그때까지는 성직자들만의 특권이었고, 후스 파 성직자들의 이러한 행동은 그러한 특권에 대한 저항의 표현이었다). 이것은 성배(聖盃)를 당시 '우트라키스트(Utraquista) 교회'(성체와 성혈 두 가지로 성체성사를 했기 때문에 그렇게 불리웠다*) 혹은 '성배 교회'라고 불리던 후스 파 교회의 상징으로 만들었고, 민족주의적 색채를 띤 과격한 감정이 체코 땅에 퍼지게 했다. 그리하여 최소한의 개혁 요구를 교황에게 들어달라고 청하는 것으로 시작된 이 운동은 귀족과 부르주아의 지지를 받는 민족적 교회에 의해 지도되는 종교 전쟁으로 바뀌게 되었다.

'후스 혁명'은 이러한 대운동 중의 하나에 작용할 수 있는 복잡하게 얽힌 요인들을 우리에게 보여주는데, 그것은 각자의 관점에 따라 여러 가지 해석을 가능케 한다. 거기에는 교회와 교회 재산에 대한 통제를 바랐던 귀족과 부르주아에 의해 지지된 개혁 운동과 타보르 민중들의 급진주의가 함께 공존했다. 프라하에서는 '4개 조항', 즉 포교의 자유, 성체와 성혈에 의한 성체성사, 성직자들의 청빈, 도덕의 사회적 통제로 만족했지만, 타보르에서는 신자들이 임박한 세상의 종말과 그리스도의 재림을 기대했고 기독교도들에게는 도시를 빠져나가 산이나 성소(聖所)에 은거할 것이 권고되었다. 그들은 "이때가 되면 왕국도, 다른 사람에 대한 지배도 그리고 예속도 없어지고" 모든 것이 공유될 것이라고 말했다. "어느 누구도 사유 재산을 소유해서는 안 된다. 왜냐하면 어느 것이라도 자신을 위해 재산을 소유한 자는 '죽을 죄'를 범하는 것이기 때문이다." 이리하여 복수의 시대가 도래하자 타보르 형제들은 세상의 모든 악당들을 "칼과 불로써 말살시키기 위해 파견된 신의 대리자들"이 되었다.

후스주의자들을 근절하기 위해 구성된 여섯 차례의 십자군도 '성배 교회'를 끝장내지는 못했다. 내부적으로는 과격파가 온건파에 의해 패배하기는 했지만 이들의 이념, 특히 계급 사회에 대한 비판과 사람이 토

---

* 라틴어 uterque는 '둘 다(both)'를 의미한다.

지를 사유하고 다른 사람을 예속시킬 수 있는 권리는 없다는 생각은 '형제단'의 교리에서 다시 재현되었다. 이 형제단에서 1467년에 최초로 서품을 받은 세 명의 사제는 각각 농민, 방앗간 주인, 그리고 재단사였으며, 17세기에 이 형제단의 최후의 주교가 된 인물은 위대한 철학자 코메니우스*였다.

이 운동들의 기저에 깔려 있는 동기들을 명백히 밝혀내는 것은 쉽지 않다. 무엇보다도 이들의 문화의 한 부분을 이루고 있는 종교적 언어의 사용이 그것을 어렵게 만든다. 이들에게 사회의 변화는 종교적 희망과 연결되어 있었고, 그것은 이들에게 복음의 약속에 따라 "정의가 영원히 살아 숨쉬는 새로운 하늘과 땅"을 기대하게 했다.

14~16세기 유럽에서 이러한 사건은 갈수록 중요성을 더해갔고(그 이전의 어떤 농민 반란도 '자크리 반란'**이나 1381년 영국에서 일어난 반란의 규모에 이르지 못했다), 빈도도 훨씬 더 빈번해졌다. 그리하여 사회적 갈등의 시대가 시작되었고, 그것은 거의 곧바로 독일 농민 전쟁으로 이어졌다. 그리고 이것은 특권 계층뿐만 아니라 다수의 부르주아를 크게 놀라게 할 정도로 커다란 위협이 되었다.

성직 계급 자체도 분열되어 있었다. 교회를 개혁하고자 한 성직자들의 대다수는 사회를 뒤집어엎으려고는 하지 않았다. 위클리프도 후스도 민중 반란을 선동하지는 않았다. 그러나 와트 타일러를 따라 평등한 세상을 만들려는 투쟁에 참여한 롤라드 파 성직자들도 있었다. 그런가 하면 사유 재산이 없는 공동체로서 타보르를 조직했던 사람들도 사제들이었다.

* John Amos Comenius, 1592~1670, 체코의 교육개혁가이자 종교 지도자.
** Jacquerie, 1358년 프랑스 북동부에서 귀족 지배에 반대해 일으킨 농민 반란. 이 명칭은 당시 귀족들이 농부들을 업신여겨 자크, 또는 자크 보놈(촌뜨기)이라고 부른 데서 나온 이름이다.

사회적 소요는 독일 농민 전쟁이라고 하는 대공포가 나타날 때까지 끊이지 않고 계속되었다. 1476년에 니클라스하우젠의 목동이자 북치는 사람이었던 한스 베헴(Hans Behem)에게 성모 마리아가 나타나 청빈한 생활과 헌신을 계시했다. 많은 농민들이 수 마일을 걸어와 그의 설교를 듣자 교회는 이 '거짓 예언자'에 대해 병력을 동원했다. 교회는 영주와 성직자들을 비난하는 내용의 설교를 한다는 죄로 그를 고발했다. 그는 이단죄로 체포된 후 기소되어 산 채로 화형에 처해졌다. '가난한 콘라드' 운동이나 1517년 분트슈(Bundschuh)의 반란과 같은 운동들은 이러한 에피소드들을 1524년의 폭발(독일 농민 전쟁)과 연결시켜준다.

대폭동은 1524년 봄에 슈바르츠발트 지대의 농민들이 성 블라지엔(St. Blasien) 수도원에 대한 봉건 지대와 부역을 거부한 것에서 시작되어 그해 6월에 한 백작 부인이 건초 만들기에 여념이 없어야 할 농민들이 달팽이 줍기에 정신이 팔려 있다고 비난한 것을 계기로 악화되었다. 반란은 농촌과 도시에서 불이 붙으면서 그후 2년여 동안 알자스에서 티롤로 확산되었다. 이 반란이 특별한 중요성을 갖고 이전의 농민 반란들과 구별되는 특징은 운동의 광범한 범위와 보편적 성격에서 찾을 수 있는데, 이 운동은 독일에서 지금까지 발생한 가장 대규모의 혁명적 운동이었다.

이 운동은 통상 '농민 전쟁'이라고 불리지만 당시 사람들이 이 반도들을 지칭했던 '촌뜨기들(los rústicos)'이라는 말 속에는 농민뿐만 아니라 도시 빈민 계층도 포함되어 있었다. 반란의 복잡한 동기들은 지도자들이 내건 여러 가지 강령에 반영되어 있다. 거기에는 농노 해방과 영주들의 횡포(공유지의 사점[私占], 과도한 부역 요구 등)와 관련된 일련의 개혁안, 시 정부에 관한 요구, '목자'의 선출과 해임에 대한 공동체의 권리, 수도원의 철폐와 같은 교회 문제에 대한 개혁안들이 포함되어 있었다.

1525년의 독일 농민 전쟁중 일어난 대학살 장면

이들 개혁안 뒤에는 농민들의 심각한 불만, 반교권적 전통이 자리하고 있었다. 또한 이러한 민중들의 요구는 종교개혁을 주도한 신학자들이 주창하고 있던 '신의 법'을 재건하려는 바로 그 운동과 맥을 같이하고 있다는 믿음이 자리잡고 있었다. 예를 들어 메밍겐의 12개조*는 일련의 신학자들(루터, 멜란히톤**, 츠빙글리 등)에게 '신법의 내용을 규정'하도

---

* 농민들의 요구를 집약한 것으로, 그 내용의 핵심은 농노제의 철폐와 봉건적 부담의 경감, 십일조 등 교회 착취의 경감 내지 철폐였다.
** Philipp Melanchthon, 1497~1560, 독일의 인문주의자이자 종교개혁가, 신학자. 마르틴 루터의 절친한 친구로 그의 견해를 옹호했다.

록 위임하는 것으로 끝을 맺고 있다.

운동은 여러 지역에서 평화적으로 시작되었고, 영주들에게 정당한 것만을 요구하고 있다고 확신하고 있던 농민들은 영주들이 협상의 장에 나오도록 노력했다. 비록 루터가 농민들을 격렬하게 비난하고 제후들에게 "도적떼이자 살인자들인 농민들의 무리"를 징벌할 것을 요구했지만 반도들도 토마스 뮌처*** 같은 신학자들을 자기편으로 갖고 있었다. 뮌

*** Tomas Münzer, 1490~1525, 독일의 급진파 종교개혁 지도자. 그는 루터의 신학이론에 따라 종교혁명을 시작했으나 점차 루터에게 등을 돌렸고 루터 지지자들에 대항해 싸웠다.

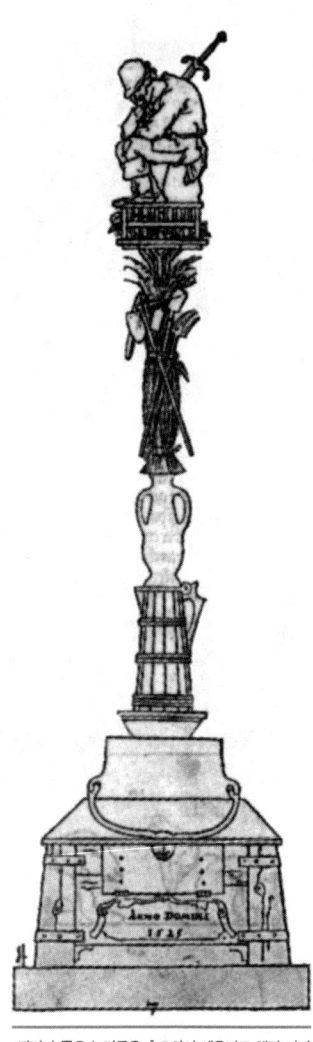

뒤러가 죽은 농민들을 추모하여 세우려고 했던 기념비의 설계도

처는 하느님은 칼의 힘과 죄인들을 용서할 수 있는 힘을 기독교 공동체에 부여했다고 주장하면서 자기 행동을 정당화했다(결국 그는 그 때문에 목숨을 잃게 되어 뮐하우젠에서 참수되었다).

농민들이 패배하고 잔혹하게 진압된 후에도(1525년에 뒤러*는 죽은 농민들을 위한 기념비 제작을 추진했다) 급진적 개혁은 계속되었다. 10년 후에 뮌스터에서 또 한번 비슷한 성격의 반란이 있었으며, 그것은 홀란트로 확산되었다. 그러나 뮌스터에서 그리스도 왕국을 세우려는 시도는 결국 피비린내 나는 대학살로 끝났고, 거기에서 가톨릭 교도들은 루터주의자들과 협력하여 여자들과 아이들까지 포함된 재세례파(再洗禮派)** 사람들을 학살했다.

개혁의 종교적 측면들만 부각되고 있을 때는 '근대적 신앙'의 계승자라고 할 수 있는 기독교 인문주의자들도 이

* Albrecht Dürer, 1471~1528, 독일 르네상스 시대의 가장 위대한 화가, 판화가. 루터의 열렬한 추종자였다.
** 스위스의 종교개혁가 츠빙글리의 견해를 추종한 이들은 급진적 종교개혁 집단으로 불린다. 취리히에서 처음 생겨난 이 집단은 성인 세례(成人洗禮)를 주장함으로써 심한 박해를 받았다(당시 재세례는 사형에 해당하는 범죄였다).

러한 민중 운동에 우호적인 시선을 보냈다. 농민들이 탁발 수도원들을 습격했다는 첫번째 소식을 접한 에라스무스는 그것이 탁발승들에 대한 저항이라 생각하고는 별로 비난하지 않고 그대로 받아들였다. 그러나 사회적 측면들이 노출되자, 즉 홀란트의 일단의 수공업자들이 뮌스터의 새로운 시온(Nueva Sion) 왕국에 참가해 암스테르담을 점령하려 하자 이미 죽음의 문턱에 있던 에라스무스는 '하층민들'이 사회를 장악할지도 모를 전망 앞에 두려움을 감추지 못했다. 그의 제자 중 한 명인 발렌시아 사람 루이스 비베스*는 『재산 공유에 관하여 De la comunidad de los bienes』라는 책에서 이러한 공동체적 이상들은 기독교의 본래 모습이 아니며, 기독교는 오직 자발적 자비만을 가르친다고 말했다. 또 그것은 정의로운 사회 질서를 파괴하고, "그리스도의 법은 농노와 영주, 그리고 유력자와 하층 인민을 구분하고 있다는 것"을 망각하고 있기 때문에 현실에 적용할 수는 없다고 주장했다.

과격 분자들은 가톨릭 측과 프로테스탄트 측 모두로부터 끈질긴 박해를 받았음에도 불구하고(화형당한 칼뱅주의자들에 의한 세르베투스**의 비극적 죽음은 '종교재판'의 공포가 어느 한쪽의 문제만이 아니라 쌍방 모두의 문제였음을 말해준다) 당시 유럽에 남아 있던 몇 안 되는 종교적 자유의 피난처에서 살아남았다. 재세례파는 독일에서 도망쳐 나와 일부는 모라비아에 정착했다. 거기서 자기 신조에 따라 사는 것을 허용하는 관용의 분위기를 발견한 이들은 공동의 가옥에서 노동과 소비를 공유하면서 살

---

* Luis Vives, 1492~1540, 스페인의 인문주의자. 에라스무스(Erasmus)의 제자로 심리학과 철학 방법론에서 뛰어난 업적을 남겼다.
** Servetus, 1511(?)~1553, 스페인의 신학자이자 의사. 그는 진지한 성서주의와 전적으로 그리스도 중심적인 세계관을 펼쳤으나, 주로 삼위일체와 세례에 대한 견해에서 이단 혐의를 받아 칼뱅주의자들에 의해 화형을 당했다. 그를 처형한 사건은 프로테스탄트 교도들 사이에 이단자에게 사형을 부과하는 문제에 관한 논쟁을 불러일으켰다.

았다. 그들이 추적자들에게 잡히게 되면 어떻게 되는지는 야코프 후터*의 경우가 잘 보여준다. 그는 1536년에 티롤에서 체포되어 고문당한 다음 산 채로 화형에 처해졌다. "그들은 그를 얼음물에 처넣었다가 꺼내서 곧장 펄펄 끓는 물에 다시 집어넣었고 쇠좆매로 채찍질했는가 하면 상처를 벌리고 거기에 브랜디를 집어넣기도 했고, 결국은 장작에 불을 붙여 태워 죽였다."

기존 질서에 대한 이러한 모든 저항, 즉 정치, 경제, 사회 그리고 종교의 측면에서 나타난 저항들은 우리에게 역사의 일반적 과정에서 나타난 비정상적인 현상으로 소개된다. 하지만 이것은 우리가 유럽 사회의 발전에 대한 설명틀을 구축하면서 지금의 우리 시대로 우리를 인도해온 모든 것들은 정상적인 것으로 간주하고 이러한 법칙에서 벗어난 것은 모두 일탈로 간주하게 하는 방식으로, 혹은 법칙에서 벗어난 것들을 동정의 눈으로 바라보는 사람들은 실현될 수 없는 유토피아를 꿈꾸는 것으로 간주하게 만드는 방식으로 구성했기 때문임이 명백하다. 이러한 시각은 일탈과 정상 사이에서 너무 많은 관계들을 찾으려 하지 말고 그저 일탈들을 시대의 '정상적인 것'에 비추어 평가해야 할 구체적인 사건들로만 바라볼 것을 요구한다. 왜냐하면 그러한 관계를 규명해나가다 보면 결국 그 나름의 합리성과 일관성을 가지면서도 '정상적'인 것과는 다른 발전이 있을 수 있다는 것을 인정할 수밖에 없게 되기 때문이다.

따라서 만일 모든 경제적·사회적 변화, 심지어 문화적 변화까지도 페스트에 기인한 것으로 보는 것과 같은, 혹은 세상을 바꿔보려고 한 사람들을 때려눕힌 승리자들이 우리에게 남겨놓은 편향된 해석과 같은 신

---

* Jacob Hutter, 박해를 피해 모라비아와 티롤 지방에 피난처를 찾은 재세례파의 분파인 후터 파의 카리스마적인 지도자. 예루살렘의 원시교회를 본떠 재산 공유를 강조했다.

기루에 가리지 않은 시선으로 중세로부터 근대로의 이행의 역사를 연구한다면 아마 지금까지 이어져온 발전의 길과는 다른 길이 있었음을, 그리고 보다 공정하고 평등한 사회를 건설하기 위한 일관된 프로그램이 있었음을 발견하게 될 것이다. 이러한 길이나 프로그램의 몇몇 모습을 우리는 당시의 소위 '민중 문화'를 구성하는 이념들의 복합체에서 찾아볼 수 있다. 이러한 민중 문화를 차라리 '비판적 문화'라고 부르는 것이 더 적절할 텐데, 왜냐하면 그것의 성격을 '민중적'인 것으로 규정하는 것은 이 문화를 엘리트 계층의 '문자 문화'보다 하위에 위치시키기 위한 것이기 때문이다. 아무튼 이것은 소위 '비정상적인 것들'을 하나로 묶고, 대륙을 뒤흔들었던 그처럼 심각한 사회적 위기에 대한 총체적 해석을 가능하게 해줄 하나의 기준을 만들 수 있게 해줄 것이다.

앞에서 우리는 '대 이단 운동들'과 함께 11세기 이후에 나타난 '민간 전승의 전통'의 존재에 대해, 그리고 그것이 어떤 식으로든 '교권적' 문화의 대안으로 제시되었음을 이야기한 바 있다. 그것은 '민간 전승'이라는 것이 오늘날의 의미가 시사하는 것처럼 그저 단순히 '촌티나는 것'이 아니라 식자층도 일부를 차지하는 비판적 문화의 폭넓은 흐름이었음을 말해준다.

중세의 수서본(手書本)들, 즉 미사 기도문, 기도서, 궁정풍 로망스 등의 여백에는 익살스런 그림들이 그려져 있는데, 성모 마리아를 주제로 한 그림들의 패러디로서 원숭이에게 젖을 빨리고 있는 수녀, 성교를 하거나 똥을 싸고 있는 모습, 환상적인 형상들, 남근화(男根花)를 꽃 피우고 있는 나무 등이 그것이다. 교회와 수도원에도 풍자적이고 상스러운 그림들이 많았다(교회 성가대 의자들에서 비속하지만 재치 있는 천재성이 구현된 그림들을 찾아볼 수 있다).

우리는 한편으로는 속담, 신화 또는 민중 신앙으로부터 자양분을 취하기도 하지만 다른 한편으로 식자적 기원을 갖는(이 두 가지 구성 요소는 서로 구별하기 어려운 형태로 공존한다) 대안적 문화와도 밀접한 관계를 갖는 이야기, 형상, 그리고 표현들의 세계를 만나게 된다. 그것은 골리앗 시인들*과 『카르미나 부라나*Carmina Burana*』**의 세계이자 성서를 패러디한 마카로니적 텍스트들의 세계이며, 그로테스크한 기도문들, 『물레가락의 복음*los Evangelios de las ruecas*』, 에로틱한 파블리오(fabliau, 중세의 우화시), 그리고 한 '시골 목동'이 사기꾼 변호사를 골탕 먹이는 것으로 끝나는 『피에르 파틀랭 선생*maitre Pierre Pathelin*』과 같은 소극(笑劇) 등을 포함하는 모방 의식(儀式)의 세계이기도 하다.

무훈시들에서 이상화되고 있는 기사도는 여러 작품에서 지독한 모습으로 변작되었다. 예를 들어 『오디지에*Audigier*』라는 시에서는 주인공의 기사 서임 장면에서 한 노파가 연회 도중에 똥을 싸버림으로써 연회를 망치고, 『트루베르*Trubert*』에서는 한 영리한 농부가 공작을 속이고 침대에서도 왕을 속여 먹는다. 그 중 가장 뛰어난 작품이 『오카생과 니콜레트*Aucassin et Nicolette*』이다. 이 작품에서는 무능하고 시도 때도 없이 눈물을 질질 짜는 한 기사와 박력 있고 활기 넘치는 한 여걸이 주인공으로 등장한다. 또 왕은 아들의 출산을 위해 침대에 누워 있는 반면 왕비는 전장에 나가고, 또 이 전장에서는 병사들이 신선한 치즈와 잘 익

---

* 중세 시의 한 장르로서, 술좌석에서 부르는 노래와 사랑을 그린 노래, 자연을 묘사한 하찮은 작품들이 많았는데, 중세에 악의 상징으로 일컬어지던 구약의 골리앗의 이름을 따 골리앗의 시라고 불렸다. 이른바 골리앗의 제자들(los Goliardos)은 골리앗의 후원을 받았다는 전설적인 '방랑자단(Orden de los Vagabundos)'으로 자처하던 방랑 학생들이 주류를 이루었다.
** 12, 13세기에 지어진 것으로 추정되는 대학생들의 가곡집. 주로 연애, 음주, 교회에 대한 비판을 주제로 하고 있다. 대부분 라틴어로 지어졌으며, 가끔 중세 독일어, 프랑스어로 된 것이 섞여 있다.

은 과일 그리고 커다란 버섯으로 무장하고 있으며, 왕은 "서로를 죽이는 것은 우리의 관습이 아니다"라고 말하면서 오카생의 전투 의욕을 꺾고 있는 토렐로르(Torelore) 왕국과 같은 '뒤바뀐 세계'의 요소도 갖추고 있다.

축제에서 행해지는 '뒤바뀜'과 패러디는 이러한 문화의 일부를 이룬다. 예를 들어 '아기들의 날'*에 성가대의 한 소년을 '주교'로 선출한 다음 그를 앞세워 행진하고, 그 동안에 그 외의 다른 성당 참사회원들은 포도주 병을 머리에 인 여자들로 변장한 채 교회에서 주사위 놀이를 하는 광인의 축제, 혹은 교회에서 미사 의식을 흉내내는 당나귀 축제처럼 종교적 기원을 갖는 축제들도 그렇지만 신도회들, 길드들 혹은 단체들에서 주관하는 카니발과 같은(비록 사순절의 시작이라고 하는 종교적 사실을 구실로 삼기는 하지만) 속인들의 축제는 더욱 그러했다.

바흐찐(Bakhtin)이 이러한 패러디적 표현들의 총체를 종합적으로 해석하면서 '그로테스크한 리얼리즘'의 중요한 기능이 '깎아내리기', 즉 높은 양반들을 육화(肉化)하고 속물화시키는 것이었다고 지적한 것은 올바른 것이었다. 그럼에도 불구하고 그는 이것이 사회 비판의 영역에서 무엇을 의미했는가는 보지 못했다. 그것은 계급 사회의 몇몇 토대들, 즉 종교 의식의 형태, 기사 서임 등을 조롱한 것이었을 뿐만 아니라 왕과 주교들도 신민(臣民)이나 일반 신자들과 똑같은 생리적 기능을 갖고 있다는 것을 보여줌으로써 인간의 본질적 동일성을 상기시키는 것이었다.

이러한 문화적 복합체를 이해하려면 여기에다 이른바 '민중적' 종교로 알려진 종교의 차원을 부가해야 한다. 즉 의식과 공식 계율에 대한 조롱과 함께 종교 문제에 대한 고유하고 독특한 비전, 그리고 종교 영역

---

* Día de los Inocentes, 헤로데 왕에게 살해된 베들레헴 아기들의 추도일. 12월 28일.

에 속인들이 좀더 많이 참여할 것을 요구하는 반교권주의 등이 그것이다.

그것은 흔히 이야기되는 대로 반드시 '농민들의' 문화를 의미하지는 않는다. 가난한 도시민과 농민을 대조시키는 것은 잘못이다. 농촌과 도시는 일반적으로 생각되는 것보다 훨씬 밀접한 관계 속에서 살고 있었다. 비판은 무엇보다도 '세 위계' 이론(사회를 인체에 비유한 가장 오래된 이론, 그리고 사회의 일부 구성원은 보다 고귀한 다른 구성원을 부양하기 위해 노동해야 한다는 것을 정당화하는 기능을 수행한 이론)을 갖고 착취를 합리화하려고 했던 특권층을 겨냥한 것이었으며, 그러한 비판은 또한 사회에 대한 이러한 이상을 공유한 식자층에게까지 확대되었다. 농민들을 조롱 대상으로 만든 것(농민들은 '멍청하기 때문에 조롱받는 것이 정당하다고 말하지만 사실 이것은 무엇보다도 농민들의 완고한 저항에 대한 적대감의 표현이었다)은 식자 계층에서 나온 것으로서, 그것은 농민들의 저항의식에 대한 은연중의 공포감을 반영하는 것이기도 했다. 그것은 경멸이라기보다는 증오이고 공포였다. 이 점은 『여우 이야기 *Roman de Renart*』에 나오는 리에타르(Lietard)와 곰의 이야기가 잘 보여주는데, 여기서 영주 편의 한 학자는 농민들을 엄격하게 다루고 그들의 말을 믿지 말라고 조언하면서 "이는 내 경험의 산물이다"라고 말하고 있다.

이 비판적 문화 전체를 '식자' 문화와 대조되는 '민중적인' 것으로 치부해버리는 것은 사실을 왜곡하는 것이다. 왜냐하면 이 비판적 문화의 많은 요소가 당대의 '식자들'의 작품에도 나타나기 때문이다. 리비우스에 관한 논문을 쓴 바로 그 마키아벨리*가 『라 만드라골라 *La mandra-*

---

* 마키아벨리는 1513년에 로마의 위대한 역사가 티투스 리비우스(Titus Livius)의 『로마사』를 논한 『티투르 리비우스의 첫번째 10권에 관한 논문』(『로마사론』)을 집필했다.

gola』와 『사육제송*Canti carnascialeschi*』을 썼고, 『황금 당나귀*Dell' asino d'oro*』에서는 사람과 동물이 누가 더 고상한 존재인가를 놓고 논쟁을 하는 주제를 다루면서 같은 종(種)의 식구들을 "죽이고 박해하고 약탈하는" 유일한 동물인 인간을 단죄하는 것으로 끝을 맺고 있기 때문이다.

어떤 다른 동물도 (인간보다) 더 나약하고, 더 번민과 혼란스런 공포와 증오에 찬 삶을 살지는 않는다.

무식한 사람들의 '작은 전통'을 명백히 경멸의 눈을 갖고 바라보도록 우리를 가르쳐온 편향된 시각이 오늘날 마키아벨리나 피터 브뢰헬* 같은 사람들을 완전히 이해하지 못하도록 만들고 있다. 활기와 즐거움으로 가득 찬 농민들의 세계를 그리고 있는 브뢰헬의 그림들을 보면서 관람객들은 상투적으로 거듭 이것은 캐리커처에 불과하다고 말한다. 즉 그의 삽화와 그림 속에서 농촌 사람들은 '거친 용모와 맹한 얼굴'을 하고 있으며, 그로부터 "농민들은 멍청하다고 하는 전통적 생각이 다시 한 번 확인된다"고 이야기한다. 그러나 그것은 근거 없는 말일 뿐이다. 농민들의 차분하고 영리한 얼굴들을 보려면 빈 미술관에 소장되어 있는 (브뢰헬의) <결혼 연회>를 보는 것만으로도 충분하다. 그림에 나오는 얼굴 중에는 화가 자신도 포함되어 있는데, 그는 자신이 기꺼이 공유하려고 했던 이 민중들의 축제에 자기 모습을 그려넣었던 것이다. 브뢰헬은 폭넓은 대중을 위해 그린 그림, 그리고 민중 문화의 요소들, 특히 자기

---

* Pieter Bruegel de Oudere, 1525경~1569, 16세기 플랑드르의 대표적 화가. 농민 생활의 활달하고 재치 있는 장면과 풍경화로 유명하다.

브뢰헬의 〈결혼 연회〉, 1565년경

5. 촌뜨기의 겨울

나라의 우화, 속담, 격언 등에서 영감을 받아 그린 그림들의 판매로부터 대부분의 수입을 얻었다(그의 어떤 작품 하나는 118개의 서로 다른 속담을 시사하고 있는 것으로 확인되고 있다). 당시에는 모든 사람이 이해했던 하나의 공유된 언어였던 것에서 오늘날의 관람객들은 단지 허구와 공상만을 보는 것이다.

그러나 하나의 비판적 관점 속에서 결합된 민중적인 것과 식자적인 것의 교배를 통해 얻을 수 있는 것 중 가장 웅변적인 예는 의심할 바 없이 라블레*의 작품들이다. 그는 민중 문화에 의해 축적된 모든 보물들을 소유했고, 동시에 견고한 과학적·인문주의적 훈련을 받은 사람이었다. 에라스무스를 자신의 '아버지'라 불렀고, 생 빅토르 도서관의 멋진 카탈로그에서는 멋대가리 없는 전통적인 '책의 지식'을 조롱했으며, 가르강튀아가 자기 아들 팡타그뤼엘을 위한 특별 연구 프로그램을 설계했던 한 편지에서는 새로운 지식의 발전을 "오늘날 모든 지식은 다시 태어난다"는 말로 축하했다. 그는 "죽은 돌을 갖고 다시 집을 지으려고 하는 사람들"(그의 프로그램에 반대하는 사람들을 의미한다)을 조롱했다. 그는 "나는 살아 있는 돌들만을 갖고 집을 지을 것이며, 그 돌들은 다름아닌 사람들이다"라고 했다. 그는 때로는 진지하게 때로는 농담조로 양측 모두의 종교적 불관용을 주저하지 않고 비난했다. 그 때문에 소르본 대학으로부터 그의 '세번째 책'은 "온갖 이단으로 가득 찬" 것으로 간주되어 검열 대상이 되었고, '네번째 책'은 단죄되고 금지되었다. 이 '네번째 책' 때문에 그는 결국 투옥되었던 것 같은데, 이 책은 그가 죽기 직전에

---

* François Rabelais, 1483경~1553, 프랑스의 작가. 거인 가르강튀아와 그의 아들 팡타그뤼엘 및 동료들의 모험을 다룬 익살스럽고 풍자적인 이야기인 『가르강튀아와 팡타그뤼엘』이라는 걸작을 남겼다. 제2권인 『팡타그뤼엘』(1532)과 제1권인 『가르강튀아』(1534)에 이어 제3권(1546)과 제4권(1552) 및 제5권(1564, 라블레의 작품인지 확실치 않음)이 나왔다.

야 출간될 수 있었다. 그러나 '네번째 책'에서 그가 우리에게 제안했고, 그리고 '다섯번째 책'에서 그의 초고들을 바탕으로 누군가에 의해 실현되어야 할 그 놀라운 섬들로의 여행은 이미 불가능한 것이었다. 과학에 의해 계몽된 세계를 건설하기 위한 가르강튀아의 편지에서 말하고 있는 계획, 즉 텔렘 수도원(가르강튀아와 팡타그뤼엘에 나오는 수도원 — 옮긴이)에서처럼 관용과 공손함이 지배하는 그런 계획은 이제 실현될 수 없다. 그의 '다섯번째 책'은 롱사르*가 『이 시대의 불행에 관한 담론 Discours des misères de ce temps』에서 종교 전쟁에 의해 파괴된 한 국가, 즉 "자기 아들들을 감옥에 가두고 발가벗기고 무자비하게 두들겨 패서 끝내는 죽게 만든" 프랑스의 불행을 노래했던 바로 그때에야 출간될 수 있었다.

사회적 소요에 대한 대공포는 휴머니즘의 정치적·종교적 개혁의 이상과 복음주의적 이상에 근접한 보다 평등한 사회, 즉 (1381년 영국 농민들이 주장했듯이) 농민들은 영주들에게 공정한 지대만을 지불하고, (사보나롤라가 바랐듯이) 도시는 광범한 계층이 참여하는 시정부에 의해 지배되며, 종교는 계서화된 교회에 의해 지배되는 대신 속인들을 적극적으로 참여시키는 그런 사회를 원하는 유럽 민중 계층의 열망을 일거에 하나로 융합시킬 수도 있었을 변화를 위한 계획을 말살해버렸다. 검열도 종교재판도 없으며 학문과 사상이 자유로운, 그리고 후스나 세르베투스 같은 사람들이 다른 사람들과 다르게 생각했다는 이유로 목숨을 잃지 않아도 되는 사회를 세울 수도 있는 그런 계획을 말이다.

16세기 중엽이 되면 이러한 꿈들은 사실상 물거품이 되어버린다. 하나의 새로운 유령이 유럽인들을 공포로 몰아넣었으니, 기존의 질서를

---

* Pierre de Ronsard, 1524~1585, 프랑스의 시인. 16세기 플레야드 시파(詩派)의 대표자.

위협했던 "통속적이고 멍청하고 그리고 사악한" '촌뜨기들'의 유령이 그것이었다. 물리쳐야 할 적의 모습은 이제 '촌뜨기' 모습을 하고 있었고, 그것은 '고상한 것'과 대치되는 '비천한 것'을 특징으로 하는 야만, 무지, 천박함의 모든 색깔을 포함했다.

6. 궁정의 거울

근대 초 유럽 궁정의 모습

궁정의 거울

16세기 초 유럽의 기존 질서는 위협받는 듯했다. 오래 전부터 있어온 귀족들의 압박과 함께 더 많은 세금과 병력 제공을 요구하는 군주들의 새로운 압박이 민중 계층, 특히 농민들의 어깨를 짓눌렀고, 이에 따른 민중들의 불만은 점점 더 빈번해진 반란으로 표출되었다. 독일의 경우 14세기에는 매 세대마다 한 차례씩(대략 25년에 한 번씩) 반란이 일어났던 데 비해 16세기 초에는 매 세대당 18차례의 반란(그러니까 거의 1년에 한 차례씩)이 일어난 것으로 나타나고 있다. 이 반란들은 점점 더 의식적이고 과격한 것이 되어갔다. 그것들은 구체적인 악폐에 대한 저항으로 촉발되기도 했지만 그보다 더 빈번하게는 사회개혁의 요구로 시작되었다. 이러한 반란들이 상상 속의 '도덕적 경제'를 회복하려고 했건(반란자들은 이것을 영주들이 파괴했다고 생각했다) 아니면 신의 법을 옹호하고 복음서의 평등주의적 사상을 지지함으로써 자신들의 주장에 전통적 색채를 가미했건 간에 그것은 별로 중요하지 않다. 그러한 주장의 이면에는 모든 사람이 평등한 권리를 갖고 있으며, 관리를 투표로 선출하고, 종교가 성직자들의 사회 지배의 도구가 되지 않는 새로운 사회에 대한 기대가 자리잡고 있었다.

15세기 말부터 '농촌의 소요'는 '성과 수도원 그리고 부르주아들의 저택'에서 공포를 불러일으켰다. 독일 농민 전쟁과 함께, 특히 뮌스터에서의 일련의 사건*이 이러한 공포감을 크게 고양시켰으며, 이 반란은 17세기 중엽에 가서야 수그러들었다. 이러한 위협은 어떻게 저지될 수 있었을까? 취리히의 한 수도승은 "독초처럼 자라나는 농민들의 뻔뻔함을 척결하기 위해서는" 50년마다 한 번씩 그들의 가옥과 재산을 완전히 파괴해야 한다고 주장하기도 했다. 그러나 이러한 가상의 파괴자들도 파괴당하게 될 사람들의 노동의 열매로 살아가야 했기 때문에 그것은 너무나도 값비싼 해결책이었다.

새로운 운동을 매번 힘으로 진압하는 것으로는 충분치 않았고 새로운 동의를 가능케 할 도덕적 정복을 통해 민중 계층에 대한 지배를 회복해야만 했다. 따라서 16, 17세기 유럽의 역사의 특징은 하나의 동질적 사회를 만들어내고, 지배 계급의 헤게모니를 확인할 것을 목적으로 한 '내부의 재정복'에서 찾을 수 있다. 종교개혁과 가톨릭 종교개혁은 모두 하나같이 '견해를 달리하는 자들', 즉 마법사, 이단, 무신론자, 기존 도덕을 무너뜨리는 자, 유대인 등에 맞서 투쟁하고 목사나 교구 사제를 통해 사회적 통제를 쉽게 해줄 수 있는 정통 종교를 확산시키려는 두 가지 과업을 수행하기 위해 노력했다.

물론 마법**이 이때 새로 나타난 것은 아니었다. 중세 사람들이 마법이라고 불렀던 것은 민중적 전승과 저급한 마술 등 이교적 요소들이 뒤

---

* 여기에서 독일 농민군들은 라이덴의 요한의 지휘 하에 거의 1년 동안이나 가톨릭 군대에 저항했다.
** brujería(영어의 witchcraft)와 majia(magic)의 우리말 번역이 쉽지는 않으나 여기에서는 일단 brujería는 마법, brujo(witch)는 마법사로 번역하고, majia는 마술, mago(magician)는 마술사로 번역했다.

섞인 형태로서, 거기에 이에 대한 징벌을 정당화하기 위해 악마와의 계약이라는 개념이 덧붙여졌다. 보댕*이 "신적인, 자연적인 것들의 과학"이라고 말한 마술과 마법을 혼동하지 말아야 한다. "마법사는 악마적 수단을 통해 뭔가를 얻기 위해 의식적으로 노력하는 사람"이었다. 마법은 대개 사회의 소외된 자들, 즉 유대인, 이단, 그리고 무엇보다도 여자들과 동일시되었고, 그리고 이단과 마찬가지로 음란(성)과 연관되었다. "모든 마법은 육체적 욕망으로부터, 즉 여자들에게서는 결코 충족될 수 없는 욕구로부터 생겨난다."

최초의 박해의 물결은 14세기에 저지대 국가들과 독일, 그리고 프랑스 북부에서 일어났다. 그러나 16, 17세기의 '마녀 사냥'**과 비교하면 그것은 아무것도 아니었다. 마녀 사냥은 소송 건수가 수천에 이르렀고, 사형당한 사람만 해도 최소 5만에서 최대 20만에 이른 것으로 추정된다. 피소자의 80%가 여자였고(유럽의 곳곳에서 하루 평균 2명씩의 여자가 처형되었다고 전해진다) 그 중 대부분이 40세 이상이었다. 마녀 사냥은 18세기까지 계속되는데, 유럽에서는 마지막 처형이 1782년에 글라리스(스위스)에서 있었다. 그러나 미국에서는 그보다 5년 후에 헌법이 제정되고 있던 바로 그때에도 필라델피아에서 군중들이 한 마녀를 처형했다.

마법은 원래는 농민들의 단순한 주문(呪文)과 저주에 불과했으나 주도권이 교회로 넘어가면서 성격이 바뀐다. 1486년에 두 명의 독일 도미니크 수도회 수도사들이 『말레우스 말레피카룸 *Malleus maleficarum*』***

---

* Jean Bodin, 1530~1596, 프랑스의 정치사상가. 대표적인 저작으로 『국가론』이 있다.
** 여자만 희생된 것은 아니기 때문에 '마녀 사냥'이라는 말은 정확한 번역이라고 할 수 없다. 그러나 희생자의 다수가 여자였고, 통상 그렇게 불려지므로 여기에서도 관례를 따랐다.
*** 마법에 대한 표준지침서로서 1486년경 도미니크 수도회의 두 수사에 의해 쐬어졌다. '마녀들의 망치'라는 뜻이다.

악마에 의해 납치되고 있는 마녀

이라는 책을 펴내면서 마법은 "기독교를 무너뜨리기 위해 조직된 악마의 음모"로 바뀌었다. 교회는 농촌 사회에 적극적으로 간섭하기 위해 이 기회를 이용했다. 마법사들의 연회*와 밤과의 연계는 농촌 사회에서 흔히 볼 수 있는 밤 행사들(싸움, 오락, 구애 등)과 관계가 있었고, 여성에게 죄를 뒤집어씌우는 것은 민중 문화의 전달자로서의 여성의 역할, 그리고 동네 의녀(醫女) 혹은 산파 기능(특히 질병 등과 관련해 동네 사람들을 위해 사용하는 비밀스런 기술에 능한 '현명한 아낙네')과 깊은 관계를 갖고 있었다. 그러한 행위는 이들이 교구 사제와 맞먹는 영향력을 갖도록 만들었다. 이러한 운동은 또한 지나치게 자유롭다고 여겨졌던 농민들의 성행위를 악마적 행위로 재단하기 위해 이용되었다.

이러한 현상을 이해하려면 그것을 구체적인 역사적 맥락 속에 위치시킬 필요가 있다. 프랑스에서 마녀에 대한 박해는 이단에 대한 박해가 끝

---

*1년에 한 번 야밤중에 열린다고 하는 마법사들의 모임.

나고 나서야 본격적으로 시작된다(그러나 1748년에도 님므[Nîmes]의 한 주교는 교구 사제들에게 지역의 점쟁이, 마법사, 환술사, 예언자들을 비난하는 내용의 설교를 하도록 지시했다). 그리고 일반적으로 지배자들의 지배력이 취약한 곳에서 박해가 더 심했는데, 그것은 자신들의 위상에 불안감을 느끼던 그들이 정치적인 적들을 악마의 대리자로 몰아붙여 제거하려고 했던 데 원인이 있었던 것 같다. 비교적 안정된 사회였던 홀란트에서는 마법이 상대적으로 훨씬 미약했다.

마녀 사냥은 스페인, 포르투갈 그리고 이탈리아에서도 크게 부각되지 못했다. 왜냐하면 일반적인 생각처럼 종교재판의 '가르침과 단호함' 때문이라기보다는 종교재판이 마녀들보다는 프로테스탄트들, 모리스코*들, 콘베르소**들을 그에 못지않게 야만적인 방법으로 박해하고 처형하는 데 바빴기 때문이다(가라우 신부는 마요르카***의 한 콘베르소를 어떻게 장작불에 태워 죽였는지를 기쁨에 넘친 어조로 이렇게 기술하고 있다. "그는 젖을 빠는 새끼 돼지처럼 뚱뚱해졌고, 그의 내장은 붉게 타올랐다").

스페인에서는 처음에는 모리스코들이, 그리고 나중에는 콘베르소들이 박해 대상이 되었다. 그라나다의 이슬람 교도들과 체결한 협정은 무시되어 그들은 강제로 개종하지 않으면 안 되었다. 이에 격분한 그들은 일련의 반란을 일으켰지만 결국 그것은 전면적인 강제 개종과 25,000명에 이르는 그라나다 모리스코들의 노예화와 80,000명의 추방(그 중 20~

---

* 기독교가 이베리아 반도를 재탈환한 후 스페인에 남았던 이슬람 교도들(11~15세기)을 무데하르(mudejar, 아랍어로 '거주하게 된 자'라는 뜻의 mudajjan에서 유래)라 부르는데, 그들을 지칭하던 별칭이 모리스코(morisco, 스페인어로 '작은 무어인'이라는 뜻)이다. 스페인 이슬람 교도의 마지막 거점이었던 그라나다가 함락된 후 이들은 추방당하거나 기독교로 개종해야만 했다.
** converso, 지역에 따라서는 후다인산테(judaizante) 혹은 마라노(marrano)라고도 불렸으며 기독교로 개종한 유대인들을 의미한다.
*** Mallorca, 스페인 동쪽 지중해 쪽에 있는 발레아레스 군도의 가장 큰 섬의 중심 도시.

고야, 〈마녀의 연회〉

30%는 도중에 희생되었다)으로 이어졌을 뿐이다. 추방된 모리스코들은 이베리아 반도 전역으로 흩어졌고, 종교재판소에 의해 통제되는 철저한 공포 체제가 뒤따랐다. 극히 극적인 소송 사건들보다 이러한 일상의 공

포 분위기를 훨씬 더 잘 반영하고 있는 아주 일반적인 경우를 하나 소개하겠다. 1579년에 마요르카 시에서 거행된 종교재판에서 그라나다 출신으로 노예로 전락한 한 모리스코 여인은 "파티마라고 하는 무어식 이름을 짓고, 이사벨이라는 (기독교식) 이름에는 대답하지 않고 파티마라는 이름에는 대답한 죄"로 기소되었다. 그녀는 다른 모리스코들에게 "무어인으로 살자"고 선동했다는 혐의를 받았고, 기독교도 노예로 살아온 7년 동안 고백성사를 보지 않았다는 죄로 고발되었다. 70세가 넘은 노인네였던 그녀에게서 어떤 구체적인 죄가 있음을 입증하지 못했음에도 불구하고 유죄 선고를 받았는데, 그래도 그녀가 자신에게 요구된 모든 것에 순종하겠다고 맹세했기 때문에 '단지' 종교재판의 형벌장에 굴욕적인 모습으로 출두해 백 대의 채찍질을 당한 후 종신 구금형에 처해지는 벌만을 받았다.

하지만 감시나 처벌로도 충분치 않았다. 모리스코들은 그들 고유의 문화를 끈질기게 고수하려고 했고, 따라서 이러한 고유 문화의 배후에서 이슬람교를 여전히 신봉하고 있다는 의심을 받았다. 1609년에는 기독교로 개종한 이들 이슬람 교도들(그들은 이슬람의 법에 따르면 배교죄로 사형에 처해질 수도 있었다)의 집단 추방이 결정되었다. 이 조치로 인해 이에 저항하다가 혹은 배를 타러 가는 도중에 사망한 10,000명에서 12,000명에 이르는 숫자를 제외하고도 약 30만 명의 모리스코들이 이베리아 반도로부터 추방된 것으로 추정된다.

개종하고 나서도 여전히 원래 종교를 은밀히 신봉하고 있지 않나 하는 의심 때문만 아니라 자신들과는 달리 고되게 일하고 적게 소비해서 저축한다는 이유로 이들을 증오했던 기독교 사회가 이들을 동화시키기는 어려웠다. 오늘날까지도 풍부하게 남아 있는 광적인 몰이해의 증거

들을 여기에서 일일이 언급할 필요는 없다고 생각한다. 여기서는 황금세기 스페인 문학의 가장 두드러진 목소리 중 하나인 세르반테스로 하여금 말하도록 하는 것으로 충분할 것이다. 그는 '천박한 모리스코'에 관한 지독한 독설을 남기고 있는데, 그것은 다음과 같은 자위적 회상으로 끝나고 있다. "우리나라는 그래도 극히 사려깊은 감시인들을 갖고 있다. 이 감시인들은 우리 스페인이 이들 무어인 독사들을 젖 먹여 키우고, 품안에 데리고 있다는 것을 고려해 신의 가호로 이 커다란 해악에 대한 확실하고 재빠르며 틀림이 없는 해결책을 찾아낼 것이다." 이 책이 출간된 때는 이미 모리스코 문제에 대한 최종적인 해결책(추방)이 적용되고 있었다.

스페인 종교재판의 주요 표적은 그후 콘베르소들로 바뀌었다. 개종하지 않는 유대인들은 이미 1492년에 스페인으로부터 추방되고 없었다. 그러나 이러한 추방으로 이들에 대한 박해가 끝난 것은 아니었다. 왜냐

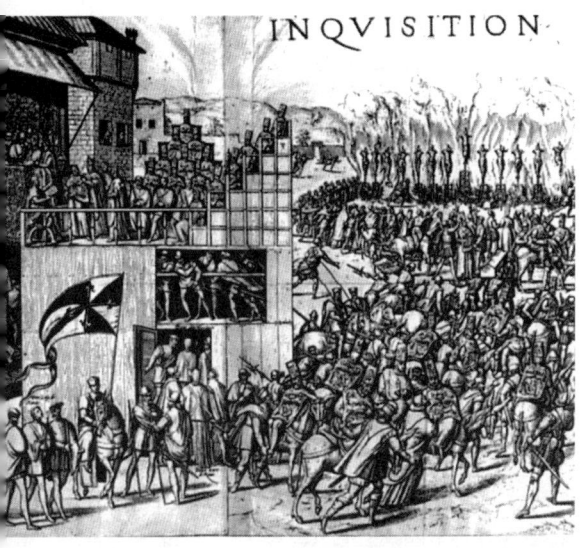

16세기 중반 스페인의 이단자 처형 광경

하면 그들은 여전히 위험한 존재로 생각되었기 때문이다(아라곤 지방 종교재판을 담당한 한 관리는 '깨끗한 피를 가진' 사람들이 '새로운 기독교도들'과 뒤섞이는 것을 막기 위해 콘베르소 가족들의 족보를 작성했다). 종교재판과 관련된 정확한 자료가 남아 있는 1660년부터 1720년 사이에 행해진 재판의 71%가 '비밀 유대교'(몰래 유대교 의식을 거행하는 행위)에 관한 것이었다.

이 프로그램의 두번째 부분, 즉 '정통 종교와 도덕'의 강요는 무엇보다도 '민중적' 종교를 통제하고 모든 비정상적 행위를 미신으로 단죄해 배제시킬 것을 요구했다. 정통적 행위와 비정상적 행위를 판단하는 가장 중요한 기준이 '교회의 통제를 벗어났느냐 그렇지 않느냐 하는 것'이었음은 이른바 '정통의 굿'의 경우들이 입증해주고 있는데, 예를 들어 17세기 중엽에 마드리드의 한 교회에서는 시장의 몸에서 자그마치 1,500만 마리의 귀신을 쫓아냈다고 한다. 이처럼 교회 안에서 행해지는 굿은 미신이 아니었고 따라서 단죄 대상이 되지도 않았다. 이리하여 사회의 '죄 고백하기 운동(confesionalización)'이 펼쳐지게 된다. 즉 지역과 상황에 따라 결과가 크게 다르게 나타나긴 하지만, 이것은 지배 집단의 생활을 바꾸고 그들이 사회 전체를 위한 규범을 확립하도록 허용해 주었다.

이 시기의 독일의 농촌 사회는 인구 증가, 경제적 양극화 그리고 빈곤화 과정에 직면했다. "무질서 속에서 사회 질서를 만들어내기 위한 싸움, 사회 규율과 위계를 부여하려는 시도는 불가피하게 제국 전체를 위한 새로운 정치적 · 종교적 질서의 모색과 연관되지 않을 수 없었다." 제후들, 프로테스탄트 목사들, 그리고 지주들은 이 새로운 질서의 확립을 위해 협력했다. 그것은 세금 징수를 쉽게 하기 위한 토지 대장의 작성과 병행해 먼저 가족과 가족 내에서의 가부장적 권위의 강화, 그리고 가족과 토지 간의 밀접한 관계의 확립으로부터 시작되었다. 공동체의 파괴는 부유한 농민 계층의 출현으로 한층 더 수월해졌는데, 이들은 영주와 목사들과 함께 새로운 사회 질서를 확립하려고 했다.

영국에서는 이러한 문화의 변용이 헨리 8세의 종교개혁과 함께 시작되었던 관계로 본질적으로 정치적 성격을 띠게 되었다(1532~1540년 사이에 총 883명이 기소되고 300명 이상이 처형되었는데, 그 중 63명이 국왕의 정책에 반대 의견을 개진한 죄로 단죄되었다). 그리고 이러한 정치적 성격은 더 폭력적이고 더 많은 처형과 순교자를 낸 메리 여왕 치세 동안의 '개혁의 일시적 무효화' 과정에서도 마찬가지로 나타났다. 탄압은 종교개혁의 점진적 침투를 확실히 했는데, 이 종교개혁은 롤라드 파의 경험이 살아 있는 지역에서 재빨리 받아들여졌다. 국왕은 이제 모든 종교 기구를 지배할 수 있었고, 교회 법정들은 특별위원회들로 보강되어 국왕

헨리 8세의 초상화

이 공식적 종교 정책을 확실히 적용하고, 도덕적·사회적 행동에 대한 통제를 강화하도록 하는 데 공헌했다.

　프랑스의 상황은 16세기의 종교 전쟁의 폭력에 의해 좌우되고 있었다. 프랑스의 16세기는 '재난과 공포'가 지배한 시기로서 불길한 전조와 예언(예를 들어 노스트라다무스의 예언), 가톨릭 교도와 위그노 간의 피비린내 나는 전쟁, 그리고 점점 가혹해져간 탄압(예를 들어 1510년까지는 신성 모독을 처벌하는 법규가 거의 없었으나 1510년부터 1594년까지 14건에 이르는 처벌 법규가 제정되었으며, 형벌은 잔혹하게 적용되었다)으로 특징지어진 시기였다. 매우 다양한 계급들간의 일종의 합종연횡으로 이어진 종교적 충돌의 복잡성은 사회적 위기가 16세기 말에 가서야 폭발하도록 지연시켰다. 이러한 폭발은 16세기 말 크로캉들*의 반란으로 시작되어 루이 14세 치세 중반에 끝났다. 로빈 브릭스(Robin Briggs)의 말을 빌면 농민 반란과 마녀 박해는 "국왕과 교회가 다수 대중에게 질서와 복종을 강요하기 위해 힘을 합쳤던 '대탄압' 의 시대"와 시기가 일치했다.

스페인 등 일부 지역에서는 거의 느낄 수 없을 정도로 매우 느리기는 하지만 다른 나라들 못지않게 이러한 과정이 효과적으로 진행되었다. 여기에서는 교회가 민중 계층, 특히 농민들의 '종교적 무지'에 맞서 싸워야 했는데, 성직자들에 의하면 그들은 "마치 인디언들 같았다". 16세기에 갈리시아에 들어간 예수회 신부들은 '미신'으로 가득 차고, 규율이 형편없이 흐트러진 기독교도들을 만났다. 게다가 그들은 미혼 남녀의 성관계는 죄가 되지 않는다고 생각하는 중대한 문제를 갖고 있었다. 시골 성직자들 역시 이 농촌 사회에 속해 있었다. "1561년부터 1700년까지 종교재판은 161명의 교구 사제들을 신성 모독과 함께 고백성사를 이용해 처녀들을 유혹한 죄로, 그리고 심지어 설교대에서까지 처녀 총각의 '단순한 간음'은 죄가 되지 않는다고 설교한 죄로 기소했다."

이 지역에서는 행동이 설교, 종교 단체(특히 로사리오단들)의 창설, 그리고 선교 활동의 형태로 이루어졌다. 이것은 그로 인해 마을의 전체 생

---

* los croquants, 미천한 자들, 상놈들이라는 뜻.

활이 뒤흔들리게 되는 충격적인 종교 캠페인으로서 신자들 사이에서 지옥의 고통에 직면하게 될지도 모른다는 공포 분위기를 만들어낼 정도로 위협적인 것이었다. 이 모든 것은 후에 공적인 의식들에 의해 강화되고 다소 일반적인 고백으로 종결되었는데, 이후 사람들은 교구의 통제에 훨씬 더 쉽게 복속되었음은 불문가지다.

이베리아 반도의 여러 지역에서 실시된 조사들은 17세기에 엄격하게 교회에 의해 통제되는 정통 신앙이 느리기는 하지만 지속적으로 성장했음을 보여준다. 교회는 지배 계급이 죽음에 대한 새로운 문화를 받아들이게 하고(그것은 연옥에 대한 믿음과 저승에서의 교회의 중재 역할에 대한 믿음을 확립하는 데 필수적인 요소였다), 그것을 모두가 인정하는 사회적 기준으로 바꾸는 데 성공했다. 이 점은 종교 문제에서 죽음의 비중이 점점 증가하고, 신자들이 유언으로 남기는 '영혼을 위한' 미사로부터 얻게 되는 수입이 증대한 것에도 잘 반영되어 있다. 펠리페 2세 시대에 마드리드 시의 레히도르들(los regidores, 시참사회 의원들)은 일인당 적어도 1천 회의 미사 비용을 지불했고(그 중 한 명은 연옥에 있게 될 기간을 단축하기 위해 50일 동안 5천 회의 미사를 청했다), 펠리페 4세는 10만 회의 미사를 교회에 부탁했다.

가톨릭 국가들에서는 고해성사를 통해 개인 생활에 대한 통제가 효과적으로 이루어질 수 있었다. 장 들뤼모(Jean Delumeau)는 서유럽에서 '죄의식 갖게 하기 운동'은 해마다 '청감의 고백'(사제의 귀에 대고 하는 고백성사)을 하도록 의무화한 제4차 라테란 공의회의 결정에 따라 14세기부터 시작되었다고 설명하고 있다. 그러나 농촌 세계에서는 이에 대해 저항이 있었던 것처럼 보이는데, 그것은 교구 사제들이 마을 공동체로부터 배제되어 신자들의 개인 비밀의 보관자로서의 지위가 침해받을 것을 염려했기 때문인 것처럼 보인다.

트렌트 공의회는 '속죄의 성사'를 규정하고 이를 확산시키기 위해 노력했다. 그러나 예수회 신부들이 이에 반대함으로써 이런 노력은 결국 갈등을 초래하고 말았다. 신학의 영역에서 그것은 예수회 회원들의 '개연론'*과 시토 회 수도원인 포르-루아얄(Port-Royal)의 얀세니즘** 간의 대립으로 비쳐지는 경향이 있었다. 얀세니즘은 성 프랑수아 드 살르(St. François de Salle)로부터 영감을 받은 수녀원장 앙젤리크 아르노 (Angélique Arnauld)가 17세기 초에 엄격한 방식으로 교회를 개혁하고, 후에 그의 남동생 앙투안느 아르노(Antoine Arnauld)와 블레즈 파스칼 (Blaise Pascal)의 영향을 받아 성립되었다. 그러나 이러한 대립의 이면에는 엄격한 귀족적 윤리(앙투안느 아르노의 가장 유명한 책은 성체를 모신 날에 무도회에 참가할 수 있는지를 놓고 게메네 공작 부인과 사블레 후작 부인 간에 벌어진 논쟁을 주제로 한 것이었다)와 고행에 좀더 많은 사람들을 참여시켜 하층 신분들을 재정복하자는 요구가 충돌하고 있었다.

1676년에 출간된 『지극히 특별한 소식Noticias singularísimas』에서 프란체스코 수도회의 호세 가바리(Jóse Gavari) 신부(그는 18년 동안의 선교 활동 동안 수천 명에 이르는 민중들, 특히 농민들의 고해성사를 들어준 경험을 갖고 있었다)는 일반 대중, 특히 '시골 사람들과 단순한 여자들'

---

* 개연론(probabilismo)이란 어떤 행동이 죄악인지 아니면 허용된 것인지 잘 모를 때, 그것이 죄악으로 간주될 수도 있지만 허용될 수도 있기 때문에 '허용될 수도 있는 견해(probable opinion)'에 의존할 수 있다는 가정에 기반을 둔 원칙을 말한다. 하나의 견해는 건전하고 논리적인 주장이 그것을 옹호하는 쪽으로 기울거나(본래적 개연성) 혹은 공인된 권위가 그것을 지지할 때(외래적 개연성) '허용될 수 있는(probable)' 것으로 간주되었다.
** 코르넬리우스 얀세니우스(Cornelius Jansenius, 1585~1638)의 가르침을 추종하는 가톨릭 엄격주의. 이들은 예수회원들이 방종하고, 루터가 중세 교회에 대해 비판한 행동들을 하고 있다고 비난했다. 이에 대해 예수회원들은 예정설에 대한 그들의 입장을 들어 그들을 유사-칼뱅주의자들이라고 비난했다.

이 대개 고해성사를 볼 때 겁을 집어먹는 이유는 그러한 고백에 대한 보속(補贖)이 교황의 고유 권한대로 로마로 가거나, 아니면 도대체 상종하고 싶지도 않은 종교재판소에 출두하라는 것일 수가 있기 때문이라고 말하고 있다. 그는 "단죄받은 가톨릭 교도의 거의 3분의 1이 단지 자신들의 대죄를 불신 때문에, 혹은 고백할 때 느끼게 되는 부끄러움 때문에 침묵한 죄로 기소되었다"고 확신했다.

이러한 종교적 재정복은 성행위에 대한 규제를 핵심적인 측면으로 갖고 있었는데, 그것은 사회 조직의 기반으로서의 가족을 강화하기 위한 것이었다(예를 들어 이제 부부간의 성관계에서 얼굴을 마주보고 하는 체위, 이른바 '전교적〔傳敎的〕' 체위가 유일하게 합법적인 것으로 규정되었다). 이리하여 사고의 자유가 관습의 방종과 동일시되고, 동성간의 성관계가 '철학적 죄'로 일컬어지는 등 종교와 도덕이 서로 연결되었다.

이 재정복 사업이 내포하고 있는 어려움을 이해하려면 농민들의 '천진난만한 순수함'에 대한, 혹은 그들이 '기독교적' 도덕률을 실제로 체득한 정도에 대한 오랜 환상을 깨뜨리지 않으면 안 된다. 프랑스 농민들은 엄청나게 복잡한 에로틱한 생활을 했으며, 영국 농민들은 만일 서머싯(sumerset)에서 일어난 일들을 전형적인 것으로 간주할 수 있다면, 이성간에 해주는 자위행위를 자주 했고, 유부녀들도 자기 집 하인들과 혼외정사를 즐기는 경향이 있었다. 이러한 경향은 남부 독일에서도 마찬가지였다. 여기에서는 성직자의 설교보다는 농촌 공동체들 스스로의 통제가 사생아 출생에 대한 주요 억제책이었던 것처럼 보이는데, 농촌 공동체들은 책임지고 길러줄 가족이 없는 사생아들의 탄생을 원치 않았던 것이다. 스웨덴에서는 1635년부터 수간 혐의로 체포되어 참수, 화형당한 마지막 희생자가 나온 1778년 사이에 600명에서 700명에 이르는 사람들이 같은 혐의로 처형되었는데, 그 중 대다수는 미성년자들 혹은 청년들이었다(이들과 더불어 '같이 죄를 지은' 암소, 암말, 암퇘지, 암양, 암산양들도 함께 처형되었다). 그리고 그보다 훨씬 더 많은 수가 태형과 강제 노동의 벌을 받았다. 수간이 농촌의 모든 처형 건수의 3분의 1 가량을 차지했다는 사실은 오직 교회와 국가가 도덕성의 감시를 통해 사회적으로 농민들을 통제하는 데 얼마나 큰 중요성을 부여했는지를 인식할 때만 설명될 수 있다.

스페인에서는 가바리 신부가 고백 사제로서의 오랜 경험을 토대로 의심할 바 없이 복잡한 민중들의, 특히 농민들의 성생활에 대해 우리에게 전해주고 있다. 그는 '암양, 암캐, 암산양, 암탉, 암칠면조, 암퇘지, 암말, 암소, 암노새 그리고 그밖의 다른 많은 조류들'과의 간음이 일반적이었다고 쓰고 있다. 남색, 근친상간 혹은 하루에 두세 차례 자위행위를 하는 사람들에 대해서도 사람들은 자연스럽게 이야기했다. 여성의 성행위도 그에 못지않게 중요했다. 가바리는 여성들이 "자기 자신을 실제로 음탕하게 애무한 사실"은 말하지 않고 그저 "그런 상상만" 했을 뿐이라고 고백하는 경향이 있다고 말하고 있다. 그러나 이모저모 추궁하면 고해 여성들은 지나치게 자주 자위행위를 했음을 인정하게 된다고 말한다. 가바리는 이러한 여자들을 진정시키기 위해 다음과 같은 질문으로 대화를 시작했다. "자매님, 당신이 했던 그 손장난이 하루에 한 쉰 번쯤 됩니까?, 자매님, 쉰 번이라는 숫자에 그렇게 놀라지 마십시오. 많은 여자들이 내게 와서 하루에 마흔 번쯤 그 짓을 했다고 고백했고, 그 중 세 여자는 쉰 번, 그리고 한 여자는 예순 번을 했다고 했습니다."

이처럼 이 캠페인은 근본적으로 사회적 성격을 갖고 있었다. 이 캠페인이 가톨릭 국가나 종교개혁이 이루어진 국가에서 동시에 모두 시작되고, 또 정상으로부터의 일탈을 가차없이 처벌할 때 정치적 지지를 얻고, 그리고 18세기에 교회의 영향력이 쇠퇴하게 되자 의학이 이러한 역할을 떠맡게 되는 것은 바로 이 때문이다(이때 행해진 '과학적' 탄압 방법을 보여주는 한 가지 좋은 예가 자위행위에 반대하여 일어난 테러인데, 젊은이들을 고문하고 심지어는 성기를 거세하기까지 했다).

이 '성윤리 회복 운동'은 어떤 효과를 가져왔는가? 사생아 출생의 발전 과정에 관한 연구들은 17세기에 사생아 출생 수치가 감소하다가 18세기 초반 이후 다시 증가하고 있음을, 그것도 전례 없는 비율로 증가했음을 보여주고 있다. 그렇다면 그것은 앞의 전투가 패배했음을 의미하는가? 결코 그렇지 않다. 그와 반대로 훨씬 더 중요한 것을 성취했음이 분명하다. 즉 공인되지 않은 성관계를 만일 공창 제도에서 잘 나타나고 있듯이 사적으로 행하거나 혹은 신중하게 통제될 수만 있다면 사실상 관용을 베푸는 기반 위에서 성행위와 가족에 관한 법규의 수용을 정식으로 강제할 수 있게 된 것이 그것이다(18세기 파리에는 경찰에 의해 통제되는 창녀 수만도 2만 명이나 되었는데, 경찰은 이들을 정보원으로 이용했다). 이것도 기독교도들의 습관을 완전히 바꾸어놓지는 못했지만 그러나 적어도 그들로 하여금 비난을 받아들이고, 기존의 사회 질서는 그대로 놔두는 일종의 정신분열증을 받아들일 수 있도록 해주었다.

모든 것이 종교적 영역에만 국한되지는 않았다. 대안적 문화에 대한 탄압은 또한 '촌스러움'에 대한 투쟁으로 제기되었다. 이 이야기는 수십 년 전에 노르베르트 엘리아스*에 의해 복구된 바 있는데, 그는 근대 국가들이 형성된 시기에 '궁정풍의 사회'를 출현시킨 '문명화' 과정이 발전하면서 사람들의 '매너'를 변화시켜 이 매너를 오늘날의 우리들이 받

* Norbert Elias, 1897~1990, 독일의 사회학자. 대표 저서로 『문명화 과정』이 있다.

아들일 만한 기준까지 접근시켰다고 말했다.

그러나 '궁정 문화'라는 개념은 12세기경 유럽에서 기사들의 '매너', 즉 복장 형태, 음식('고상한 음식'과 '촌스런 음식'이 있었다), 식탁에서의 행동 양식 등을 특징짓기 위해 생겨난 것이었다. 기사는 "고상하고 맵시 있고 무기 사용에 숙련되어야 할 뿐만 아니라 궁정에서의 세련된 매너, 예법과 에티켓의 법칙도 완벽하게 알고 있어야 했는데", 그것은 16세기 초에 카스틸리오네*가 '궁정인'에게 기대했던 것과 아주 비슷했다.

하지만 이제 '교양인들'은 여기서 그치지 않고 다른 사람들의 행동과 가치까지 바꾸려고 했던 점에서 이전과 차이를 보였다. 과거에는 소수 특권 계급의 소유물이었던 것을 사회의 광범한 계층을 위한 규범으로 바꾸고자 했던 것이다. 따라서 '궁정 문화'라는 용어 대신 '문명' 혹은 '도시적임'이라는 말을 사용하게 되었다. 이 두 용어는 야만의 새로운 이름이었던 '촌스러움'이라는 말과 분명하게 대조되었다. 볼테르(Voltaire)는 사투리를 쓰고 도시에서는 뜻을 알아듣기 힘든 말을 사용하는 유럽 농민들이 생각이라고는 거의 하지 않고, 때문에 별다른 표현도 없으며 아프리카 야만인들보다 더 '열등하다'고 주장했다.

사투리에 대한 이러한 언급은 식자층의 속어 독점을 통해 '촌스런' 문화의 소외를 한층 더 쉽게 할 수 있었다는 점에서 시사하는 바가 크다. 17세기까지 교양층의 언어는 아카데믹한 라틴어, 즉 어느 정도 진화 과정을 거친 중세 라틴어가 아니라 고전 고대 문헌들로부터 발췌해낸 죽은 사어였다. 그러나 마카로니적, 즉 문법이 엉망인 라틴어를 사용하는 단계를 거친 후 통속어들 속에서 본격적으로 발전한 하위 문화를 상대

---

* Baldassare Castiglione, 1478~1529, 이탈리아의 외교관이자 궁정인. 『궁정인Ilcortegiano』이라는 책을 통해 르네상스 시대 귀족들의 예의범절을 규정했다.

로 싸움이 벌어지게 되자 이 싸움은 바로 이 속어라는 장에서 진행될 수밖에 없었는데, 특히 종교개혁이 승리를 거둔 나라에서는 성서를 속어로 번역해야 하는 필요성 때문에 더욱 치열하게 전개되었다. 그 결과 지식인들이 속어를 독점하고, 이미 단테도 제안하고 있듯이 속어들에 라틴어 문법과 비슷한 문법 체계를 제공하고, 또 어떤 어법을 수용하고 배제해야 하는지를 규정함으로써 학문적 언어로 격상시키려고 했다.

카스티야에서는 최초의 문법서가 1492년에, 그러니까 그라나다에 있던 이슬람 교도들의 최후의 보루가 기독교도들에게 무너지고 유대인들이 추방된 바로 그해에 출간되었다. 그러나 종교재판소의 감시 앞에 수세적 입장에 처해 있던 지식인 집단의 취약성(스페인의 인문주의자 후안 데 발데스가 1535년에 쓴 『언어에 관한 대화 *Diálogo de la lengua*』는 약 200년 후에야 출간될 수 있었다)이 이러한 독점의 효과를 반감시켰다. 그리고 설화나 속담 같은 민중적 자산과 매우 가까운 관계를 유지해온 문학은 17세기의 나라티바 소설*, 특히 피카레스크 소설** 속에서 활력을 지켜낼 수 있었으며, 이를 통해 하층 민중에 가까이 머물러 있을 수 있었다. 라틴어 풍의 '과식주의'***는 서민들을 문화로부터 격리시키기 위해 도입된 것이었다. 과식주의의 기본 원칙은 "이야기는 평범하게 해서는 안 된다. 왜냐하면 그것은 곧 통속적인 천박함을 의미하기 때문이다"라는 것이었다.

두 언어간의 갈등은 1713년에 펠리페 5세가 설립한 왕립 학술원(Real

---

* narrativa, 17세기 스페인 문학 장르의 하나로 남녀간의 사랑, 배신, 속임수 등을 다룬 소설. 이탈리아의 노벨라(novella)와 스페인의 피카레스크 소설의 영향이 남아 있다.
** novela picaresca, 16, 17세기에 스페인에서 유행했던 사실주의 소설의 한 형태로 그 당시 사회의 가난과 환멸을 풍자적으로 묘사함으로써 독자들의 좋은 반응을 얻었다.
*** 과식주의(誇飾主義, culteranismo)란 16~17세기에 스페인의 유명한 시인 공고라(Góngora, 1561~1627)를 중심으로 형성된 과식적, 현학적 시풍을 말한다.

Academia)에 의해 해결되었다. 왕립 학술원은 언어를 "정화시키고 고정시켰으며", 16세기와 17세기의 모델로 화석화시킴으로써 언어란 "단지 사용할 때만이 완벽하게 배울 수 있다"는 환상을 깨뜨리고 "어느 누구라도 어기면 경멸의 대상이 될 수밖에 없도록 만드는 표준 문법"을 제정했다. 이와 동시에 반도의 다른 언어들, 특히 카탈루냐어에 대해 적대적인 조치가 취해졌다.

프랑스에서도 다른 유럽 국가들에서와 마찬가지로 문법화 작업이 16세기 전반에 시작되었다. 1530년경에 '오염된' 프랑스어의 '올바른 사용'과 정화를 위한 요구가 나타났다. 문법학자들은 크레티앵 드 트루아*와 프랑수아 비용의 언어(라블레는 이 언어로 아직도 비할 바 없이 신선하고 풍부한 어휘를 가진 작품들을 쓰고 있었다)를 방부 처리하고, 그것을 고전 그리스어와 라틴어의 이미지로 개조할 것을 주장했다. 말레르브**는 '비천하고 서민적인' 말들을 '고상하게' 사용하는 것을 금지했는데, 학회들을 지배하고 있던 그의 후계자들은 프랑스어의 미이라화를 완성했다. 이리하여 프랑스어는 18세기에 "외교관들, 예수회 회원들, 그리고 유클리트 기하학자들의 은어"로 변했으며, 살아 있는 언어의 변두리에 머물러 있게 되었다.

1610년에 말레르브는 제자들에게 자기가 지은 멋대가리 없는 송시 한 수를 모델로 제시했는데, 여기에서 그는 자신이 불후의 명시를 쓸 수 있는 몇 안 되는 사람들 가운데 하나라고 자랑하고 있다. 그러나 물론 학생들에게 같은 해에 가장 고상한 의미에서의 라블레 류의 한 권의 책, 즉

---

* Chrétien de Troyes, 1165~1180년에 활동한 프랑스의 시인. 아서 왕에 관한 5편의 로맨스를 썼다.
** François de Malherbe, 1555~1628, 프랑스의 시인. 엄격한 형식, 절제, 순수한 어법을 강조하여 프랑스 고전주의의 기반을 닦았다.

베로알드 드 베르빌(Béroalde de Verville)의 『출세 수단*Le Moyen de parvenir*』이 출간된 사실은 알려주지 않았다. 이 책은 17세기와 18세기에 적어도 30판을 찍어내게 되는데, '진정한 언어의 공장'이라고 불릴 만했음에도 불구하고 '저급하고 서민적'이라는 이유로(그리고 종교 문제에 대해 애매한 입장을 표하거나 혹은 관용적인 태도를 취하고 있다는 이유로) 존경받을 만한 문학으로부터 배제되었다. 표준 문법과 정서법(正書法)으로부터의 여하한 일탈에 대해서도 단호하게 단죄하는 이러한 언어의 규제를 통해 '서민적' 어휘의 사용을 통제하고, 그것을 불건전한 것으로 간주하여 금지함으로써 '서민들'에게서 어휘에 해당하는 이념을 표출할 수 있는 능력을 약화시키려고 했던 것이다.

이러한 세속적 십자군에서 태어난 문화 속에서 교육받고 자란 우리는 이 모든 신화들을 진리로 받아들이는 데 익숙해 있다. 즉 중세의 음울함과 르네상스의 '근대적' 찬란함을, 종교개혁(혹은 가톨릭 종교개혁)과 미신 혹은 마법을, 그리고 과학의 합리성과 마술의 무분별함을, 궁정풍의 세련됨과 '촌스런' 조잡함을 대치시키는 그런 신화를 그대로 믿고 있는 것이다.

르네상스에 대한 우리의 이미지는 19세기에 이 시기의 개혁적 측면을 높이 평가한 진보주의에 의해서든 아니면 이 시기를 '우리 시대의 정신적 길잡이'로 제시한 보수주의에 의해서든 하나의 전례로서 이용하기 위해 만들어낸 것이다. 이러한 이미지는 그후 새로운 색조와 명암을 통해 풍부해졌다. 오늘날 우리는 이러한 이미지 속에서 한편으로는 많은 중세적 요소들이 그대로 지속되고 있음을 발견하기도 하지만, 다른 한편으로는 결국 교회에 의해 패배하기는 하지만 개혁 프로그램을 가진 이탈리아 휴머니스트들의 모험 속에 내재해 있던 것을 새로이 인식하고

근대 초 연금술사의 작업 광경. 그들은 '현자의 돌'에서 금을 얻으려고 했다.

있기도 하다.

우리는 또한 그리스인들의 합리성으로부터 근대의 '과학 혁명'을 거쳐 지금의 우리에게 곧바로 연결되는 직선을 설정한 다음, 마술, 점성술 혹은 연금술 등은 무시해버리는 식의 과학의 역사를 구축해왔다. 그러나 과학 발전에서 '자연 마술(magia natural)'과 연금술적 철학이 감당한 기여를 결코 무시할 수 없다. 르네상스의 마술사들은 '지식과 과학에서 시대를 앞서간 사람들'이었으며 '정확한 과학과 마술적 사고의 결합'을 시도한 사람들이었다. 이러한 환상은 뉴턴의 시대까지 계속 유지되었다. 뉴턴은 '이성의 시대의 최초의 인물'로, 그리고 '최후의 마술사'로 일컬어져왔다. 그는 연금술과 예언에 지대한 관심을 갖고 있었으며, 예언에 관해서는 책도 저술했는데, 이 책 속에서 그는 교황권의 몰락과 1867년의 세상의 종말을 예언하기도 했다.

알아야 할 모든 것은 이미 고전 문화와 기독교 문화의 진수 속에, 즉 기독교를 아리스토텔레스의 언어로 해석해낸 '토마스 아퀴나스의 위대한 타협' 속에 들어 있다고 믿었던 '추론가들'에 대항해 경험론과 관찰을 도입한 것도 바로 이들 마술사들이었다. 코르넬리우스 아그리파*는 자연 마술이 자연, 즉 '자연과 하늘의 모든 것'에 관한 연구이며, 이를 통해 '자연적 기적'을 만들어낼 수 있다고 생각했다. 또한 점성술은 사건들에 대한 '유물론적' 설명을 시도했는데, 이것은 점성술이 18세기 말까지도 과학의 일부 영역에서 영향력을 유지할 수 있던 이유를 설명해준다. 마술사, 점성술사, 연금술사 등이 각국의 지배자들로부터 인정받고 있었음도 잊지 말아야 한다. 스페인의 펠리페 2세는 이 분야에 대해 깊은 관심을 갖고 있었고, 메디치 가의 프란체스코 1세 또한 개인적으로 연금술 실험을 위한 '연구실'을 갖고 있었다.

과학 발전의 커다란 걸림돌은 '자연 마술'이 갖는 사색이나 경험이 아니라 고래의 화석화되고 무미건조한 지식이었다. 갈릴레오는 대학 문화에는 낯선 느낌을 가진 반면 피렌체의 거리, 광장, 상점들에 퍼져 있는

---

* Heinrich Cornelius Agripa von Nettesheim, 1486~1535, 비학(祕學)의 대가이자 철학자. 그의 저서 『신비철학에 대하여』는 르네상스 시대 마술 연구에 촉진제가 되었는데, 이 책에서 그는 마술을 신과 자연을 이해하는 가장 좋은 방법이라고 주장했다.

'구체적 경험의 명백한 사실들'에는 친밀감을 느꼈다. 추론은 그를 만족시키지 못했고, "식자들이 의심하지 않는 것을 나 자신의 감각으로 이해하기 위해" 관찰에 의존했다. 경험과 수학의 이용에 바탕을 두고 있는 이러한 과학 혁명도 처음에는 모종의 애니미즘과 범신론으로 가득 차 있었는데, 이것은 그것들의 기원이 마술에 있었음을 말해준다. 그러나 교회가 위험시한 것은 이런 것들이 아니라 과학이 과학 자체뿐만 아니라 사회의 토대를 이루는 전통의 정당성과 권위에 의문을 제기한다는 사실이었다.

"과거의 진리, 새로운 세계, 새로운 별, 새로운 체계, 새로운 나라들 등에 대한 이러한 새로운 발견은 새로운 시대의 전조이다"라고 캄파넬라*는 1632년에 갈릴레오에게 쓰고 있다. 위협은 분명했다. 가톨릭 교회는 이에 단호하게 대처함으로써 과학이 그 길로 계속 나가지 못하도록 했다. 예를 하나만 들어보면, 갈릴레오에 대한 단죄에 겁먹은 데카르트는 '세계'에 관한 연구를 발표하지 않았다. 대학에서는 과거의 스콜라적 전통을 고수하기로 했는데, 그 결과 과학은 퇴보했다. "자칭 과학자들은 인내심을 갖고 사실의 관찰에 침잠하기보다는 아리스토텔레스와 성 토마스 아퀴나스가 제시한 모든 원칙들을 끊임없이 섬세하고 세련되게 가다듬고, 추론을 통해 이를 무한히 발전시키는 쪽을 선택했다."

다른 한편 프로테스탄티즘 측에서는 사회에 새로운 토대를 제공하기 위해 과학과 종교의 연합을 시도했다. 뉴턴의 체계에 의해 실현된 작업이 바로 그것이었다. 마술에서는 전통적으로 계속 존재해온 대우주와

---

* Tommaso Campanella, 1568~1639, 이탈리아의 시인이자 플라톤주의 철학자. 스페인의 종교재판소 감옥 안에서 쓴 사회주의적 저술 『태양의 나라』(1602)로 유명하다. 1616년에는 『갈릴레오를 위한 변명』을 써서 갈릴레오의 연구를 옹호했다.

아이작 뉴턴

소우주 간의, 또는 우주와 인간 간의 상응의 이미지는 이제 우주와 인간 사회를 동일시하는 이미지로 바뀌었다. 아이작 배로*는 자연계가 정치 세계를 이해하는 데 필요한 모델을 제공한다고 주장했다. 그의 제자인 뉴턴은 이 우주-사회적 모델을 발전시켜 "하늘과 땅으로 이루어진 전체 자연계는 국왕과 인민으로 이루어지는 전체 정치계를 의미한다"라고 했다.

기존의 역사관에 도전하는 것은 설혹 기존의 시각을 비판하기 위한

---

* Isaac Barrow, 1630~1677, 영국의 신학자이자 수학자. 아이작 뉴턴의 스승이었다.

것이더라도 그러한 시각의 영향으로부터 벗어나는 데는 충분치 않다. 오류를 부정한다고 해서 항상 진실된 것을 얻을 수 있는 것은 아니며, 사료의 연결 방법을 완전히 다시 생각함으로써 전혀 다른 어떤 것을 재구축해내야 할지도 모르기 때문이다. 르네상스에서 계몽주의 시대로 넘어가려면 우리가 지금껏 더듬어온 역사적 풍경을 따라가는 대신 거기로부터 멀리 떨어져야 한다. 나는 여기서 다만 이러한 대안적 풍경의 몇몇 이정표를 지적하는 것으로 그치고자 한다. 물론 이것은 연금술적 전통, 자유 사상, 그리고 마키아벨리에 의해 영감을 받은 공화주의적 전통의 연속 등 훨씬 더 잘 알려진 다른 이정표들과 연결되어야 한다.

우리는 앞에서 민중 신앙에 대해 이야기했다. 그러나 이 대안적 문화에는 식자들에게서 유래하는 다른 흐름들도 있었다. 우리가 제대로 알지 못하는 것은 (당국의) 감시가 감정의 은폐를 강요해왔기 때문이다. 개인적으로 의견을 달리하는 지식인들이 있었을 뿐만 아니라 유럽의 이쪽과 저쪽 간의 교통에 기반한 일관된 대안적 전통도 있었다. 체코의 후스파들 가운데는 영국의 롤라드 파도 있었고, 후스 파와 재세례파가 홀란트의 회중교회파*와 함께 있었으며, 그리고 폴란드의 소키누스 교회**는 세르베투스로부터 영향을 받은 이탈리아 중부 시에나의 한 휴머니스트의 사고로부터 출발했다.

가장 생산적인 만남이 이루어진 곳 중의 하나는 홀란트였다. 이러한

---

* collegianten, 16세기 말과 17세기 초에 잉글랜드 개신교 교회에서 일어난 운동으로 교회는 자발적 회중(會衆, 종교 예배를 위해 모인 사람들이나 특정한 교회에 정기적으로 출석하는 사람들의 모임)이며 세속의 행정관들과는 자발적 연합말고는 어떤 다른 관계도 갖지 않는다고 주장했다.
** 소키누스 교회는 16세기 이탈리아 신학자 라일리우스 소키누스(소키니)와 그의 조카인 파우스투스 소키누스에 의해 창시된 종파로서 주로 폴란드에서 번성했다. 그들은 예수의 신성을 부정했다.

만남은 스페인과 포르투갈에서 추방된 유대인들, 즉 '세파르디 (sefardies)'에서 유래했다. 이들은 17세기에 상업의 세계와 깊은 관계를 가진 하나의 공동체를 형성하고 있었으며, 카스티야어로 표현한 문화를 갖고 있었다. 이 공동체는 유대교의 다른 부분들에서와 마찬가지로 1665년에 샤베타이 체비*라는 스페인의 한 유대인의 설교에 크게 동요되었다. 그는 정신 상태가 불안했음에도 불구하고(두 번 결혼했으나 부인들과 잠자리를 같이 하지 않았으며 세번째 결혼 상대는 창녀였다) 신비주의자인 나탄 데 고사(Nathan de Goza)에 의해 메시아라고 선언된 인물이었다. 샤베타이 체비가 나타났다는 소식은 전 유럽에 퍼져나갔고, 이에 많은 유대인들이 성지로 떠나려고 했으나 때마침 지중해에서는 영국과 홀란트 간에 치열한 전투가 벌어지고 있던 바람에 많은 사람이 목적을 이루지는 못했다. 그러나 샤베타이는 1666년 9월에 투르크인들이 이슬람으로의 개종이냐 아니면 죽음이냐 택일할 것을 강요하자 개종을 택함으로써 큰 실망을 안겨주었다(그럼에도 불구하고 그를 따르던 사람들 중 일부는 그의 변절을 하나의 신비로 해석하고 여전히 추종자로 남았다).

샤베타이주의와 거의 같은 시기에 1652년의 일식, 1653년의 혜성의 출현, 그리고 1666년이란 숫자가 갖는 비법적(秘法的) 의미 등에 고무된 기독교도들 사이에 천년지복 운동이 일어났다. 므나세 벤 이스라엘**은 1650년에 『이스라엘의 희망*Esperanza de Israel*』을 출간했는데, 여기서

---

* Shabbetai Tzevi, 1626~1676, Sabbatai Zebi라고도 한다. 스스로를 메시아라고 사칭하면서 유럽과 중동에서 많은 추종자를 거느리고 랍비들의 권위를 위협했다. 그를 중심으로 전개된 운동을 샤베타이주의라고 부른다. 샤베타이의 사후에도 이 종파는 계속 번성했다.
** Menasseh ben Israel, 1604~1657, 히브리 학자이며 현대 영국 유대인 공동체의 설립자. 그는 유대인들이 세계 전역으로 흩어진 뒤에야 비로소 메시아가 와서 유대인들을 성지로 인도할 것이라고 믿었으며, 『이스라엘의 희망』에서는 '이스라엘의 사라진 10지파'를 남아메리카에서 발견했다고 썼다.

그는 아메리카에서 이스라엘의 버림받은 민족이 인디언들과 뒤섞여 살고 있고, 그들은 "옛날에 그랬던 것처럼 전세계의 땅을 다시 지배할" 그 날을 기다리고 있으며, 시대의 조짐은 그 시기가 임박했음을 말해주고 있다고 주장했다. 이 문제들에 관해 그는 1647년에 포르투갈의 예수회 회원 안토니오 비에이라*와 논쟁을 벌이기도 했다. 비에이라는 『미래의 역사 Historia del futuro』에서 성경에서 예언된 제5제국이 1666년에 시작될 것이며, 한 포르투갈인 왕이 세계를 지배하는 가운데 이단, 이교도, 그리고 유대인들이 개종하고 천년의 평화가 재건될 것이라고 주장했다.

이러한 예언들이 들어맞지 않은 데 따른 실망감과 함께 과거의 유대 계율로 되돌아갈 수도 없었던 개종 유대인들의 사정이 홀란트에 자리잡은 집단 가운데서 여전히 유대인 공동체에 충실하면서도 종교는 받아들이기 어려웠던 사람들이 출현한 이유를 설명해준다. 우리엘 아코스타** 같은 이신론자들(그는 유대인 회당과의 대립 끝에 자살했다), 후안 데 프라도(Juan de Prado) 같은 무신론자들(그는 세상은 창조되지 않고 처음부터 항상 같은 형태로 존재했고 또 영원히 계속 존재한다고 주장했으며, 그 이상의 것은 믿지 않았다), 그리고 아마 유대인 출신인 것처럼 보이는 프랑스의 칼뱅주의자 이삭 드 라 페이레르(Isaac de La Peyrère, 스피노자는 그의 제자 중 하나였던 것처럼 보인다. 그의 '아담-이전' 이론에 의하면 성서는 잘못된 것으로 아담 이전에도 사람들이 있었으며, 그들은 그저 자연법만을 따르고 있었다고 말했다)처럼 어느 한쪽으로 분류할 수 없는 사람들이 바로 그들이었다.

---

* António Vieira, 1608~1697, 포르투갈의 예수회 선교사이자 외교관, 포르투갈 고전 산문의 대가.
** Uriel Acosta, 1585경~1640, 본명은 Gabriel da Costa. 자유로운 사상을 지닌 이성주의자로서 스피노자의 선구자로 여겨진다. 그는 영혼의 불멸성을 부정했다.

스피노자는 '마라노들'*의 이러한 위기의 문화 속에서 교육받고 성장했다. 그는 므나쎄 벤 이스라엘의 제자로서 자신의 철학적 사상 때문에 유대인 공동체로부터 추방당했다. 그는 그러한 추방을 감수하고 자기 생각을 1670년에 출간된 『신학-정치학 논고Tractatus theologico-politicus』에서 아무 주저함 없이 발표했다. 그에게서 '신의 법'은 사람들의 머릿속에 각인된 천부적인 '자연의 법'이었던 반면 종교의 다른 모든 것, 즉 의식은 단지 정치적 목적만을 가질 뿐이었다. 그에게서 "천부의 자질들 중 최고의 것이며 신의 빛인 이성을 이미 죽어버린, 인간의 악의에 의해 이미 오염되어버렸을지도 모를 '문자들', 즉 성서에 복속시키는 것"은 의미가 없었다. 정치의 정당한 근거는 신학의 영역 밖에서 구해야 했다. 즉 국가의 토대는 사람들이 '이성의 명령에 따라' 공동으로 결정해야만 하는 '필요'에서, 갈등을 피하기 위해 각자의 권리를 어떻게 '이용'할 것인가에 대한 결정에서 찾아야 했다. 또한 그에 따르면 국가의 목적은 "사람들로 하여금 안심하고 정신적 혹은 육체적 능력을 계발하도록 해주는 데 있으며, 증오와 분노 혹은 속임수로 인한 분쟁과 상호간의 폭력을 저지하는 데 있다. 국가의 목적은 진정 자유인 것이다".

이와 비슷한 경로, 즉 천년지복설로부터 세속주의로의 이행을 홀란트의 회중교회파가 따랐던 것처럼 보인다. 그들은 종교개혁의 급진적 조류, 특히 재세례파까지 거슬러 올라가는 전통으로부터 출발해(이들은 폭력의 거부를 특징으로 하는 메노 파** 교도들이었다) 17세기가 경과하는 동안 '신앙으로부터 이성으로의 무질서한 정신적 항해'를 했다. 처음에는

---

* los marranos, 이베리아 반도의 유대인 중에서 기독교로 개종한 사람들.
** los menonitas, 16세기의 급진적 종교운동인 재세례파에서 기원한 프로테스탄트 교회의 일파. 네덜란드인 사제 메노 시몬스(Menno Simons, 1498~1561)로부터 유래했는데, 그는 온건한 재세례파 지도자들이 시작한 과업을 공고히 하고 제도화했다.

그들도 무엇보다도 성서에 대해 논쟁하고 성가를 부르는 일에 몰두했으나 나중에는 그들의 회합에 코메니우스(Comenius, 모라비아를 떠나야 했던 '형제단'의 주교), 스피노자(『논고』를 출간했고, 이 집단의 서적상이었다) 같은 사람들을 받아들였다. 그들은 또한 예수회 회원이자 왕이었던 얀 2세 카지미에슈 바자*의 탄압을 피해 폴란드에서 도망쳐 나와야 했으며, 극단론 때문에 무신론자로 간주되어 홀란트에서 허용되지 않은 유일한 교회였던 소키누스 교도들(이들은 삼위일체, 그리스도의 신성, 그리고 하느님의 섭리를 부정했다)의 영향을 받았다. 회중교회파 교도들의 일종의 종교적 합리주의로의 발전은 17세기의 '제2차 종교개혁'에 고유한 성격으로서, 이 제2차 종교개혁은 개혁 교회의 기성 질서와의 연합을 비판하는 과정에서 다양한 경향들을 개화시켰다. 한편으로 경건파 집단들과 천년지복설의 다양한 형태들을 출현케 했는가 하면 다른 한편으로는 관용과 합리성의 태도를 발전시켰는데, 이것은 최초의 계몽주의가 탄생하는 데 적합한 토양을 만들어냈다. 홀란트가 박해받는 사람들의 피난처가 되고, 모든 종교재판소와 금서목록(Index)에 의해 금지된 책들의 출판 중심지가 된 것은 우연이 아니다. 유럽의 계몽주의는 이처럼 칼뱅주의가 정치에 영향을 미치는 것을 피하면서 이 부르주아 공화국(즉 홀란트)을 만들어낸 관용과 자유의 분위기 속에서만 잉태될 수 있었기 때문이다.

---

* Jan II Kazimierz Waza, 1609~1672, 1646년부터 다음해까지 예수회 수련수사로 생활했으며, 그후 폴란드의 왕(1648~1668 재위)을 역임했다.

7. 미개의 거울

족쇄에 채워져 노예선에 실리고 있는 흑인들

미개의 거울*

1664~1666년에 벨기에의 안트베르펜 출신 얀 반 케셀**은 몇 점의 우의화(寓意畵)를 그렸는데, 거기에서는 세계의 사방이 각 대륙을 상징하는 책과 새들, 그리고 벌레들의 그림으로 가득 찬 무대들에 서 있는 여자들로 나타나고 있다. 이와 비슷한 모습들이 17세기 유럽의 다른 회화에서도 빈번하게 나타나고 있는데, 이것들은 하나의 공동의 원천으로부터 유래했기 때문에 아주 유사했다. 1593년에 출간된 체사레 리파***의 『도상학 Iconología』에 나타나고 있는 형상들이 바로 그것으로서, 17세기와 18세기의 많은 예술가들이 이 책에서 영감을 얻었다. 리파의 책에서 우리는 반 케셀의 형상들에 의해 드러나는 속성들에 대한 설명을 발견할 수 있다. 그에 따르면 유럽의 왕관은 다른 대륙들에 대한 유럽의

---

* el espejo de salvaje, salvaje(영어의 savage)가 우리말로는 '미개인' 보다는 '야만인'에 더 가까울 것으로 생각되나 제1장의 제목에서 bárbaro(영어의 barbarian)를 이미 '야만인'으로 번역했기 때문에 여기서는 salvaje를 '미개인'으로 번역했다. 그리고 본문에 나오는 'primitivo'(영어의 primitive)도 우리말로는 '미개인'이 더 적절할 것으로 보이나 'salvaje'를 미개인으로 했기 때문에 여기서는 '원시인'으로 했다.
** Jan van Kessel, 꽃그림을 주로 그린 화가로 기록되어 있으나 동물, 새, 물고기, 벌레도 즐겨 그렸다.
*** Cesare Ripa, 1555~1622, 이탈리아의 작가이자 이론가. 그에게 성공과 명성을 안겨준 『도상학』은 천 가지 이상의 형상과 700여 개의 개념을 통해 우의적인 형상들을 그린 책이다.

우월성을 말하고 있는데, "왜냐하면 유럽에는 세계에서 가장 위대하고 강력한 군주들이 살고 있고, 유럽의 무기, 책, 악기들은 전쟁에서나 문학 혹은 예술에서 유럽의 영원하고 지속적인 우월성을 보여주기 때문"이었다.

'세계의 사방'을 표현하는 형식은 16세기 중엽에 시작되어 17세기와 18세기 동안 크게 늘어났다. 대륙들은 이제 과거처럼 단순히 지리적 공간의 표시에 머물지 않고 여행가들이 발견한 다양한 동식물들로 특징지어지는데, 이것들의 독특함은 16세기 유럽인들을 매혹시켰다. 포르투갈 왕 마누엘 1세가 교황 레오 10세에게 선물한 코끼리(이 코끼리는 1514년에 벌어진 장엄한 로마 입성식에 참석한 고위 성직자와 추기경들에게 긴 코로 물을 뿌려 사람들을 즐겁게 했다)는 라파엘로에 의해 그림으로 그려졌고, 그보다 2년 후에 들여온 코뿔소는 제노바 앞바다에서 타고 온 배가 뒤집혀 빠져 죽고 말았지만 리스본에서 보내온 스케치를 토대로 뒤러에 의해 그림으로 그려졌다.

그러나 반 케셀의 그림에는 그 이상의 무엇이 있었다. 각 대륙을 상징하는 형상들이 단순히 추상적 모델이 아니라 크게 다른 신체적 특성을 가진 사람들의 모습을 하고 있었던 것이다. 유럽은 하얀 얼굴을, 아프리카는 검은 얼굴을 하고 있고, 아메리카에는 (화가가 브라질에 위치시킨 장면에서) 붉은색 피부의 인디언 여자와 아프리카 흑인이 뒤섞여 있다. 그리고 아시아에 대해서는 먼저 한 쌍의 오스만인을 전면에 보여주고, 그 뒤에 몽골인, 중국인, 그리고 일본인 순으로 멀리 있는 세계를 시사하는 형상들을 그리고 있다. 16세기가 '세계의 각 부분들'이 고유한 동식물군을 갖고 있음을 발견했다면 17세기는 그곳에 살고 있는 사람들도 서로 다르고 '특징적'일 것이라는 확신을 첨가했다.

모든 사람들은 '다른 사람들'이라는 거울에다 자신을 비춰봄으로써 자신을 정의하고 그럼으로써 자신을 남들과 구별한다. 이것은 같은 언어를 말하고 생활 방식과 습관을 공유하는 사회에서는 간단한 문제지만 유럽인들에게는, 특히 종교적 일체감이 깨지고 여러 속어들의 문학적 사용이 증가 추세에 있던 16세기 이후로는 간단한 문제가 아니었다. 1714년의 위트레흐트 조약은 유럽에서 '기독교 공화국'이라는 용어로 작성된 최후의 문서였다. 이 복수의 (유럽) 민족들은 이제부터는 자체의 다양함 속에서 자기를 나타내는 표식을 확인하고, 다시 이 자신을 다른 나머지와 구별시켜주는 것을 찾아내기 위해 좀더 복잡한 일련의 거울들 속에서 자신을 비춰보아야 했다. 이제 유럽인들이 자신들을 생각하는 새로운 방식은 더이상 종교와는 상관없으며 대신 도덕적·지적 우월성에 대한 확신에 기반을 둔 자각으로부터 생겨났다. 하지만 이러한 이미지는 다시 비유럽인은 열등한 본성을 갖고 있다는 전제 위에 새롭게 만들어진 것이었다. 그러나 이처럼 유럽인들이 자신들을 규정하기 위해 바라본 거울은 이중의 면을 갖고 있었다. 인종적 차이가 보이는 한쪽 면에서는 '미개인'의 얼굴이 나타난다. 또다른 면에서는 유럽 중심적 역사관에 기반해 '원시인'의 얼굴이 보인다. 전자로부터는 인종 대학살과 노예 무역이, 후자로부터는 제국주의가 각각 나타났다.

곰처럼 털이 많고 몽둥이를 든 미개인은 중세 유럽의 신화에서 나타나는 전형적인 모습으로서 성인이나 고행자들의 경건한 이야기에도 나타나고, 또 피터 브뤼헬의 유명한 삽화에 묘사되어 있는 것처럼 잔치를 주재하고 있는 곰-인간의 민간 전설에서도 발견된다. 그러나 종교에서 미개인이 고행자를 의미하고 민중 전승에서는 자연의 힘과 단순함을 의미한다면, 기사 문학에서는 괴물 같은 사악한 거인으로서 무섭게 생긴 농민의 촌스러움의 상징이 되는 경향이 있다. 크레티앵 드 트루아의 『사자의 기사Le chevalier au Lion』에 나오는 "무어인 같고, 엄청나게 크고 못생긴 촌놈"인 황소몰이꾼이 이러한 예를 잘 보여준다. 중세 후기의 일부 작품들에서는 그가 자연과 조화를 이루며 살거나 심지어 농촌 생활에 융합된 모습으로 나타나기도 한다. 당시는 아직 사회에 대한 귀족적 관점이 확고하게 형성되지 않고 있을 때였다. 그러나 17세기 초에 지오반니 바티스타 델라 포르타*는 "교양 없고 우울한" 촌놈으로 규정되는 미개인을 "평온하고, 인간적이고 친절하며, 사교적인" '도시민'과 대조시키고 있다.

아메리카와 그 주민들의 '발견'은 이 주제에 관한 '과학적' 논쟁을 유발했다. 콜럼버스가 보내온 최초의 소식은 순진 무구한 상태에서 살고 있는 벌거벗고 평화로운 사람들, 즉 "철도 무쇠도 무기도 없고, 가질 필요도 없는 사람들"에 관한 것이었다. 그 땅을 가톨릭 공동왕**에게 허락한 교황 알렉산데르 6세의 교서에 따르면, 그들은 창조주 신을 믿고 있었고 가톨릭으로의 개종이 그리 어려워 보이지 않았다. 그러나 그러한 목가적 이미지는 오래 가지 못했다. 중간 단계로 '착한' 원주민이 있는가 하면 순진한 아라와크 족을 공격한 식인종 카리브 족***과 같은 '악한' 원주민도 있다는 시각이 잠시 존재하기도 했지만, 얼마 지나지 않아

---

* Giovanni Battista della Porta, 1535(?)~1615, 이탈리아의 자연철학자. 당대 이탈리아의 뛰어난 희극작가이기도 했다.
** Reyes Católicos, 1469년에 결혼하여 15세기 말, 16세기 초에 통합된 스페인을 공동으로 다스린 아라곤 연합 왕국의 페르난도(Fernando)와 카스티야의 이사벨(Isabel) 여왕의 별칭. 1494년 교황 알렉산데르 6세가 이 호칭을 붙여주었다.
*** 대(大) 앤틸리스 제도와 남아메리카에 사는 인디언 부족인 아라와크 족(Arawak)은 결코 싸움을 하지 않는 부족이었다. 반면 대륙에서 섬으로 이주해온 카리브 족(Carib)은 호전적이어서 사람까지 잡아먹었다고 한다. 카리브 족은 스페인이 침입할 당시 소(小) 앤틸리스 제도에서 아라와크 족을 몰아냈다. 한편 카리브 족의 부족명이 오늘날 카리브 해의 어원이 되었고, 이 부족을 가리키던 아라와크어가 영어 'cannibal'(식인종이라는 뜻)의 어원이 되었다.

모든 야만인들은 매우 흉폭하고 탐욕스러우며, 특히 식인 풍습이 그러하다는 생각이 자리잡게 되었다(한편 일부 인디언 원주민들은 유럽인이야말로 식인종이라고 믿었다). 이때가 되면 이신론(理神論)은 이미 우상숭배로 변해 있었다.

신학자 후안 히네스 데 세풀베다*는 "모두 야만스런 습관을 갖고 있고, 천성적으로 문자와 상식을 갖지 못하며, 야만스런 많은 악에 오염되어 있기 때문에" 원주민들을 무기로 지배하는 것은 불법이 아니라고 주장한 반면 라스 카사스 신부**는 행동을 보나 아니면 도덕적·지적 능력을 보나 그들은 그런 사람이 아니라고 주장했다. 그는 이 "'야만인'이란 이름은 오히려 진정 순진 무구하고, 어느 누구보다도 유순한 사람들인 인디언들을 못살게 구는 일부 스페인인들에게 더 잘 어울린다. 그들은 소름끼치도록 잔인하고 악마 같은 살인자들로서 지옥의 사자들보다 더 나쁜 악당들이다"라고 말했다.

콜럼버스의 아메리카 항해는 종교적 동기뿐만 아니라 경제적 동기도 함께 갖고 있었다. 이 점은 공동왕과 맺은 협약에서도 잘 드러나는데, 왜냐하면 공동왕은 만일 경제적 이득을 기대하지 않았더라면 얼마 갖고 있지도 않은 자금을 콜럼버스에게 제공하지 않았을 것이기 때문이다. 서인도 제도에는 구매할 향신료도 없었고, 인디언들은 노예로 팔아먹기에는 부적절했기 때문에(이들은 '땅과 공기, 그리고 음식물의 갑작스런 변화'에 적응하지 못하고 쉽게 죽는다는 것이 판명되었다) 충분한 양의 금과 은이 발견되어야 했다. 두번째 항해의 소요 비용은 상당 부분이 추방당

---

* Juan Ginés de Sepulveda, 1490~1573, 스페인의 신학자. 그는 아리스토텔레스의 자연적 노예제(natural slavery) 이론이 인디언들에게도 그대로 적용될 수 있다고 생각했다. 즉 인디언들은 천성적으로 열등하기 때문에 우월한 사람들에 의해 지배되는 것이 당연하다는 것이다.
** Las Casas, 1474~1566, 인디언들의 인권 보호를 주장한 스페인 신학자.

한 유대인들에게서 압수한 돈으로 충당되었는데, 콜럼버스는 "금에 관하여 알려진 모든 것을 확인한 다음 원주민들의 호의에 의해서든 아니면 무력에 의해서든 왕과 여왕을 위해 금을 획득할" 목적으로 17척의 선박과 1,300명의 '병사들'을 동행시켰다. 그러나 당연히 무력으로밖에는 획득할 수 없었는데, 왜냐하면 금을 획득할 수 있는 유일한 방법이라고는 원주민들을 귀금속 채취에 강제 동원하는 것뿐이었기 때문이다.

아메리카 대륙에 도착한 스페인인들은 은광과 함께(아니 오히려 이보다 훨씬 더 중요한 의미를 갖는 것으로서) 강제 노동에 종사시킬 수 있는 조직적인 사회에 살고 있는 '엄청난 양의 인광(人鑛)'을 발견했다. 아메리카의 귀금속 광맥들이 다른 곳보다 월등하게 풍부했던 것은 아니다. 그러나 채광을 위해 이용할 수 있는 노동력은 유럽 광산 노동자들보다 월등하게 저렴했다. 그러나 먼저 인디언들을 예속화시킬 것, 즉 그들을 '개종시키는 것'이 요구되었다. 왜냐하면 당시 정복자들이 이해하고 있던 개종의 개념은 인디언들이 "공동왕의 다른 신민들과 마찬가지로 기독교도로서 순종하고 복종하며 그리고 정치 제도 속에서" 살아가는 것을 의미했기 때문이다.

혼합적 신앙에 익숙해 있던 (원주민) 공동체들은 마야인들과 마찬가지로 처음에는 기독교도들의 신과 의식을 자기네 것에 끼워주기만 하면 되는 것으로 생각했다. 그러나 선교사들은 1562년의 이단 심문의 조사 과정에서 상황을 분명하게 했는데, 이때 4,500명 이상의 인디언들이 고문을 당했으며 그 중 158명이 숨졌다. 그와 비슷한 일이 안데스 산맥에서도 '우상숭배 근절' 기간 동안 일어났다.

종교적 동기와 경제적 이익 추구가 대립했기 때문에 이런 문제가 발생한 것은 아니었다. 고징유(V. M. Godinho)의 말대로 모험가들의 마

아메리카의 은광 중 가장 유명했던 볼리비아의 포토시 산의 작업 모습

음속에는 "십자군과 장사, 해적질과 복음 전파가 뒤섞인" 복잡한 동기들이 자리하고 있었다. 우리는 이러한 뒤섞임을 콜럼버스와 바스코 다 가마(Vasco da Gama)에게서 발견할 수 있다. 위대한 발견의 시 『우스 루지아다스 Os Lusiadas』에서도 이 두 개념은 여전히 혼동되어 나타난다. 켈커타에 도착한 포르투갈인들은 처음으로 "이제 그대들은 풍요의 땅에 도착했다. 그 땅이 그대들 눈앞에 펼쳐져 있다"라고 외쳤는데, 이제 그 뒤를 이어 이들은 유럽의 기독교 군주들에게 투르크인들을 물리치기 위한 십자군에 힘을 모아줄 것을 요구했다. 그래서 카몽스*는 포르투갈의 해외 팽창을 십자군 운동의 연속인 것처럼 '용감한 기독교도들의 모험'

으로 이야기했다.

경제적 이득을 취하려는 욕구와 그것을 종교적으로 합리화하려는 태도는 스페인 정복자들의 일상생활에도 존재했다. 둘 중의 하나 때문에 다른 하나를 망각해서는 안 될 것이다. 지배자들 중 일부가 원주민들의 운명을 걱정하고 과도한 착취를 막기 위해 몇 가지 조치를 취한 것은 사실이다. 그러나 서인도 제도의 정복과 개발은 원칙적으로 사적인 사업이었고, 거기서 왕은 마치 중세 때 전리품의 일부가 그의 몫이었던 것처럼 자기 몫을 챙겼을 뿐이다. 500명 이상의 멕시코 엔코멘데로들**의 생애와 경력을 추적한 한 역사가는 그들을 "경제적 이윤을 추구한 사업가들"로 규정했다. 이들 사업가들은 아메리카로 오게 된 동기에 따라 인디언들을 처음에는 노예화하고, 후에는 여러가지 직·간접적 방식으로 착취했다.

그러나 이러한 사실에 놀란 표정을 짓는 것은 위선이라고 하지 않을 수 없다. 왜냐하면 유럽이 1650년~1850년에 상업 제국을 건설해 근대적인 경제 성장의 기반을 만들어낼 수 있도록 해준 모든 식민 시대의 발전 또한 이와 하등 다름없는 기원을 갖고 있고, 그와 똑같은 방법으로 성취되었기 때문이다. 카리브에 정착해 최초의 플랜테이션 경제를 발전시키려고 한 유럽의 다른 민족들은 한결같이 인디언들이 식인 풍습을 가지고 있으며 따라서 사악하다고 이야기했으며, 원주민들을 질병과 자

---

* Luis (Vaz) de Camões, 1524/5~1580, 포르투갈의 위대한 민족 시인. 그의 대서사시 『우스 루지아다스』는 포르투갈의 로마 시대의 지명 루시타니아(Lusitania)에서 유래한 것으로 '포르투갈인'을 뜻한다.
** 엔코미엔다(Encomienda)의 소유주들. 엔코미엔다란 아메리카에서 백인 정착자들에게 일정 지역, 일정 수의 인디언들에 대한 감독권과 보호의 권한을 '위탁(encomendar)' 하는 체제를 의미한다. 원래 엔코멘데로들은 자신들에게 위탁된 인디언들을 문명화시키고, 그들을 기독교도로 만드는 한편 그들로부터 노동과 공물을 제공받는 것으로 되어 있었으나 후에는 노예제와 다를 바 없는 형태로 변질되었다.

살과 도주로 몰아붙였다. 이리하여 결국 원주민들은 소수 집단으로 남게 되었다.

이보다 북쪽에 있던 영국의 식민지에서는 처음에는 질병이 인디언 지역의 '인구 감소'를 야기했다. 그러나 후에는 식민지 개척자들이 '야만인' 사냥을 열정적으로 수행했다. 물론 평화적인 협력이 전혀 없지는 않았다. 이른바 이로쿼이 제국*이 그것으로서 다섯 이로쿼이 부족과 영국 식민지들 간에 체결된 협약으로 탄생한 이 제국은 1677년~1755년에 양 민족간의 관계와 교역을 조정했다(그러나 영국 왕실은 신민들과의 조약 체결을 결코 인정하지 않았다. 인디언들은 후일의 아메리카 공화국의 경우에서처럼 영국 왕실이 인디언 공동체들을 결코 국가로 인정하지 않는다는 간단한 사실 때문에 조약을 체결할 수 없는 신민들이었을 뿐이다).

그럼에도 불구하고 이러한 상호 협력이 널리 확대되지는 않았다. 그러한 개념 자체가 자신들이 불신자들보다 우월하고, 하늘이 자기편이라고 생각했던 청교도 정착자들과는 잘 어울리지 않았기 때문이다. 17세기 말부터 18세기 초에 아메리카의 영국 식민지에서는 종교적인 이유에서 '인디언들'에게 포로로 잡힌 영국인들의 이야기가 널리 퍼진 적이 있었다. 식민자들의 아메리카 이주가 '유럽의 부패'로부터의 도피로 설명되었다면, 인디언과 백인 포로 이야기는 죄인들이 자기 영혼을 구제하기 위해 벌이는 투쟁을 연상시켰다. 즉 "기독교도 포로들은 신의 도움을 등에 업고 사탄의 대리인들과 싸웠다"는 것이다. 청교도 성직자 코튼 매더**는 『아메리카 기독교도들의 과업 *Magnalia Christi Americana*』

---

* 미국 식민지 시대의 인디언 연맹. '공동주택에 사는 사람들'로 자처한 이로쿼이(Iroquois) 제국은 5개 부족으로 구성되었다. 17, 18세기에 북아메리카를 차지하기 위한 프랑스와 영국의 전쟁에서 전략적으로 중요한 역할을 했다. 1784년 사실상 해체되었다.
** Cotton Mather, 1663~1728, 미국의 회중교회 목사이자 저술가.

(1702)을 포로로 잡혀 우는 아이들의 머리통을 나무 기둥에 내동댕이쳐 울음을 그치게 하는 인디언들의 섬뜩한 이야기로 장식했다. 그러나 그는 이러한 행위가 전쟁의 결과이며, 인디언들이 자기 땅을 침략한 기독교도들의 손에 당한 잔혹 행위 또한 그에 못지않았다는 이야기는 생략했다.

역병이 이미 인디언들 사이에서 막대한 희생자를 내기 시작한 1685년 무렵 버지니아와 두 캐롤라이나(South, North)에는 약 4만의 인디언들이 있었다. 담배 경작을 위해 이들의 땅을 뺏으려는 식민자들의 압력과 이러한 강탈의 결과로 일어난 전쟁은 나머지 인디언들을 일소해 버렸다. 그후 100년 후까지 살아남은 원주민의 수는 채 천 명이 되지 않았다.

이와 동일한 과정이 그후 서부로 확산되어갔는데, 새로운

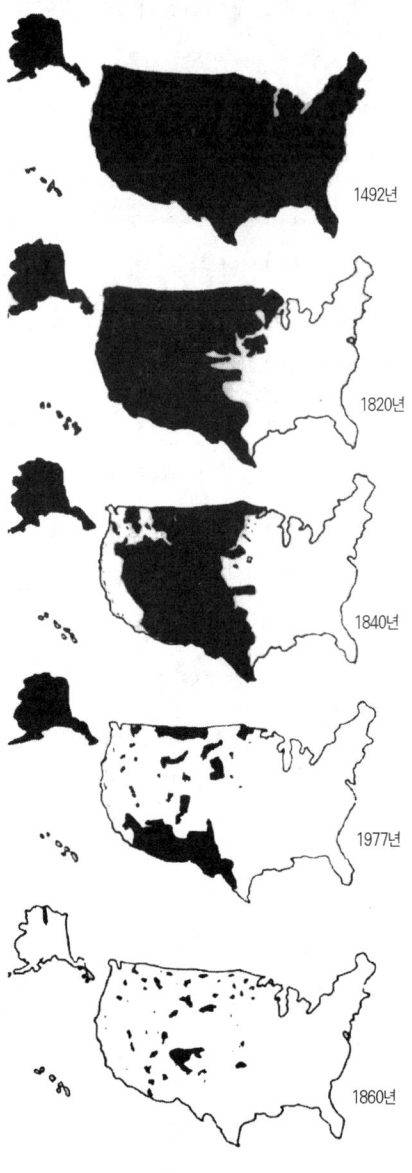

북아메리카 인디언이 지배한 영토의 감소 추이를 보여주는 지도

정착자들은 인디언들에게서 빼앗은 내지(內地) 쪽에 정착하지 않으면 안 되었다. 그런 식으로 이들은 대서양 연안의 지주들의 안전을 지키는 살아 있는 성벽이 되었다. 이들 정착자들은 노예들과 비슷한 여행을 통해 유럽으로부터 들어온 사람들이었다(1741년에 벨파스트를 출발한 한 선박에 탄 106명의 승객 중 약 절반이 항해중 굶어 죽었고, 그들 중 여섯은 동료들의 먹이가 되었다). 그들은 여행 경비를 조달하지 못했기 때문에 마치 노예들처럼 5년에서 7년까지 한 지주에게 예속된 신분에 묶여 있겠다는 노동 계약을 맺고 있었다. 가장 궁핍하고, 인디언들과의 마찰에 가장 직접적으로 노출되고 있던 이들이 인디언들의 가장 잔인한 적이 되었던 것은 전혀 이상할 것이 없다.

시간이 지나면서 강탈을 합리화하는 주장들은 세속화되었다. 19세기의 아메리카 사회는 이상화된 인디언은 '고결한 미개인'으로 추켜 올리고, 실제 인디언들은 문명의 서쪽으로의 확산을 가로막는 야만인으로 간주하는 정신분열증적인 게임에 열중했다. 그러나 그런 추상적인 인디언은 존재하지도 않았다. 왜냐하면 인디언들은 정착 농민들을 포함하는 매우 다양한 민족들로 구성되어 있었기 때문이다. 그러나 '야만인들'인 이들을 물리쳐야 한다는 논리가 설득력을 가지려면 먼저 이들의 문화적 정체성을 부정해야만 했다. 인디언은 열등하고, '신의 분명한 계획'을 방해할 권리가 없다는 것이었다. 그들은 '문명의 전진'으로부터 도피할 수 있는 구석떼기 땅이라도 남아 있는 동안에는 살아남을 수 있으나 결국 멸종하고 말 운명이었다.

멕시코 해안 지역에 대한 합병이 이루어진 19세기 중엽 이후 북아메리카의 백인들은 북미 대륙 전체에 대한 지배권을 주장하고 나섰으며 남북전쟁 후에는 스스로 자신들의 것이라고 주장한 것을 차지할 준비가 되어 있었다. 이리하여 '서부의 서사시'가 나타나게 되었다. 이 새로운 땅에서 '개척자들'은 보다 공정하고 자유로운 사회를, 즉 모든 정착자들에게 무상으로 땅을 제공하는 농촌 유토피아를 건설할 것이었다. 여기로부터 태평양의 섬들로 확산되고, 오리엔트까지 쇄신시킬 새로운 문명이 나타나게 될 것이었다. 미국의 시인 월트 휘트만(Walt Whitman)은 이러한 꿈을 다음과 같이 힘차게 노래했다.

나는 과거 그 어떤 것보다도 더 위대한 새로운 제국을 노래하노라.
그 제국은 하나의 환상 속에서 내게 다가온다.
나는 세계의 지배자 아메리카를 노래하며, 그것의 지고한 권위를 찬양하노라.
나는 또한 이 군도들에서 머지않아 만개하게 될 천 개의 도시들을 찬양한다.
군도를 누비고 다니는 우리의 상선과 증기선들,
바람에 펄럭이는 우리의 성조기.
교역은 오랜 잠에서 깨어나 다시 열리고, 다시 태어나는 여러 인종들……
그러나 야만적인 아시아인들은 다시 새로워져야만 하리라.

인도로 가는 길을 발견하려 한 콜럼버스가 채 이루지 못한 꿈을 실현하게 될 이 장엄한 꿈 앞에서 몇몇 피에 굶주린 미개인들의 목숨이 어찌 대수로울 수 있단 말인가? 그러나 역설적이게도 가해자는 자신을 또한 피해자로 그려냈다. 서부 문학에서 붉은 피부의 사람들은 백인 정착자들을 죽이고 머리 가죽을 벗겨내는 악당의 역할을 부여받았던 것이다 (머리 가죽 벗기기는 인디언 사냥꾼들에 대해 두당 얼마씩 지불함으로써 지불을 쉽게 하기 위해 백인들이 고안해낸 것이었음에도 불구하고 말이다).

1890년 운디드 니에서 학살된 수 족의 시신들이 눈 속에 파묻혀 있다.

1860년부터 1890년의 운디드 니에서의 수(Sioux) 족 대학살* 때까지 계속된 대(對) 인디언 전쟁은 단순한 범죄나 사기의 역사가 아니라 무엇보다도 몇몇 사회와 문화에 대한 체계적인 말살의 역사였다. 이와 함께 평등주의적 유토피아는 철도 회사와 땅 투기꾼들의 손에 의해, 그리고 보다 효과적으로 일하기 위해 상당한 물적 자본을 필요로 했던 기계화된 농업의 필요성 앞에서 끝장나고 말았다. 앞의 사실에 이러한 사실이 더해져 우리가 느끼는 씁쓸함은 한층 더 커지게 된다. 이 모든 것 중 제국을 건설하려는 욕망과 함께 인종적·도덕적 우월에 대한 확신만이 살아남았는데, 그것은 운디드 니로부터 흑인들에 대한 습관적인 린치(1882년부터 1930년까지 대략 일 주일에 한 번 꼴로 이루어졌다)를 거쳐 이라크 혹은 소말리아에 이르기까지 '미개인 악당'의 말살을 합리화하는 데 계속해서 봉사해왔다.

---

* 1890년 12월 사우스 다코다 주의 운디드 니(Wounded Knee)에서 발생한 인디언들의 마지막 대규모 저항. 계속되는 백인들의 위협 속에 절망에 빠져 있던 수 족 인디언들이 그들의 새로운 구세주의 출현을 기원하면서 고유의 종교 의식을 올리고 있을 때, 지켜보던 인디언 거류지의 관리인이 이를 반란의 전조로 생각하고 군대를 출동시켜 양군이 충돌했다. 이 사건으로 200여 명의 인디언과 29명의 기병대가 생명을 잃었다. 이 사건 이후 미국 정부의 대 인디언 정책은 지금까지의 동화 정책에서 인디언 고유 문화 보호 정책으로 바뀌어갔다.

좀더 나중에 브라질에서는 더욱 분명하게 표현되지만 그러한 주장들이 이제 '과학'의 이름으로 표현되고 있던 점은 자못 흥미롭다. 루소에게 영감을 제공한 '자연의 천국'에서 탐욕도, 전쟁도 침투하지 못하는 사회적 조화 속에서 살고 있는 브라질의 부족들에 대한 낭만적 기술은 이 사람들과 이들의 땅을 '문명화 과정' 속에 포함시키려고 했던 19세기 초에 잊혀졌다. 레오폴디나(Leopoldina) 대공 부인의 여행에 동반한 두 명의 바이에른 출신 과학자(한 사람은 동물학자이고 한 사람은 식물학자였다)는 1818년에 인디언들은 유럽인들의 수준 높은 문화에 동화될 능력이 없으며, 따라서 자연사에 등장한 다른 많은 종들처럼 "사라질 수밖에 없는", 즉 "생물계의 대열에서 이탈할 수밖에 없는" 존재들이라고 결론지었다. 이들이 수행한 과학적 분석의 질은 논란의 여지가 있겠지만 이들의 예언은 옳은 것으로 판명되었다. 16세기에 브라질 땅에는 350만 명의 원주민들이 있었으나 18세기 말에는 200만 명으로, 그리고 1910년에는 100만 명으로 줄어들었다. 진보의 이름으로 이루어지는 이러한 말살은 지금까지 줄곧 진행되어왔고 지금도 진행중에 있다.

정복된 자들의 야만성을 내세워 정복을 합리화하려 했던 자들의 주장에 대한 몽테뉴의 비판은 지금도 현실성을 잃지 않고 있다. 그는 야만이라는 개념 자체를 상대화했을 뿐만 아니라("우리는 모두 자신에게 익숙하지 않은 모든 것을 야만이라고 부른다") 식인 풍습에 대한 그들의 주장을 다음과 같이 논박했다.

나는 죽은 시체를 먹는 것이 살아 있는 사람을 먹는 것보다 덜 야만스럽고, 그리고 죽은 후에 시체를 구워먹는 것이 아직도 의식이 멀쩡한 몸뚱아리를 고문으로 파괴시키고, 천천히 불에 구워 개나 돼지에게 던져주어 갈가리 찢기게 하는 것(우리는 이러한 행위들에 대해 써놓은 책을 읽었을 뿐만 아니라 이웃들과 동료 시민들에게 행해져온 것을 직접 목격해왔다. 게다가 그것은 신앙과 종교의 이름으로 행해져오지 않았던가)보다 덜 야만스럽다고 생각한다.

마녀와 이단, 그리고 유대인의 죽음을 즐겼던 사람들, 즉 고문당하는 노예를 보고 즐기기 위해 모였던 고대 그리스 시민들의 계승자라 부를 만한 자들은 아메리카의 '식인종'에 대해 우월감을 가질 아무런 권리도 없었다.

그러면 '고결한 미개인들'은 어떻게 되었는가? 오랫동안 탐험가들은 아메리카 내지의 어딘가에 있을 것으로 기대했던 에덴 동산 혹은 엘도라도를 찾아 다녔다. 거기에서 그것들이 나타나지 않자 다시 태평양의 섬들에서 그것들을 발견할 수 있으리라고 생각했는데, 베이컨은 이들 섬에 자신의 『신 아틀란티스 The New Atlantis』를 위치시켰다.

낙원에 사는 행복하고 순진무구한 원주민의 이미지가 가장 오랫동안 남아 있었던 곳은 오세아니아였는데, 그것은 이곳에 대한 개발에 한동안 사람들이 별 관심이 없었기 때문이라는 사실로 설명될 수 있을 것이다. 여행가들, 특히 부갱빌*과 쿡**같은 사람들은 이 섬들에 대한 목가적 이미지를 널리 확산시켰다. 그러나 19세기에 선교사들이 도착하면서 사정은 변하기 시작했다. 그들한테는 '고결한 미개인들'이 자연적 생활 방식과 함께 "저주받을 수밖에 없는 사악한 존재들"이었다. 부갱빌은 타이티를 벌거벗은 몸과 사랑의 섬으로 묘사했다. 쿡은 하와이의 상황도 크게 다르지 않음을 확인할 수 있었다. 1772년에 뉴질랜드에 도착한 프랑

---

* Bougainville, 1729~1811, 남태평양을 탐험한 프랑스의 항해가.
** James Cook, 1728~1779, 영국의 탐험가. 보통 '쿡 선장'이라 불린다.

스인들은 이곳의 여자들이 '매우 요염하다'고 생각했다. 그 결과 유럽의 선원들이 이 섬들에 매독을 비롯한 여러 가지 성병을 급속히 확산시키게 된다. 19세기 말에 프랑스 화가 고갱(Gauguin)이 타이티를 찾았을 때 의사들은 이곳 여자의 대부분이 "문명화된 유럽인들이 원주민들의 관대한 환대에 대한 대가로 가져다 준 병"을 앓고 있었다고 단정했다. 색을 밝히는 것말고도 원주민들은 '도둑놈들'이기도 했다(그것은 무엇보다도 원주민들이 방문자들의 사유 재산 개념을 이해하지 못했음을 의미한다). 쿡의 원정대의 일원이었던 젊은 박물학자 조셉 뱅크스*는 오베리아 여왕과 하룻밤을 보낸 뒤 다음날 아침 옷이 없어졌음을 발견했다.

그럼에도 불구하고 이 모든 것은 별로 중요하지 않은 사소한 일이었다. 작가들과 화가들, 즉 멜빌(H. Melville), 스티븐슨(R. L. Stevenson), 고갱, 잭 런던(Jack London) 등은 많은 대중들에게 파라다이스적 이미지를 갖게 했으며 영화는 그것을 살아 있도록 만들었다. 『노아 노아*Noa Noa*』에서 고갱은 사랑스럽고 친절한 사람들이 살고 있는 천진무구한 세계를 다음과 같이 그리고 있다. "이들 검은 피부의 사람들, 이들 식인의 이빨들(타이티에는 결코 식인 풍습이 있어본 적이 없다는 사실은 중요하지 않다. 왜냐하면 모든 미개인들은 그 자체로 이미 식인의 풍습을 갖고 있다고 믿어졌기 때문이다)을 보고 나는 이들을 '미개인'이라고 부르게 되었다. 반면에 그들한테는 내가 야만인이었을 텐데 아마 그 말도 맞는 말일 것이다."

사실 온순함을 본질적 특징으로 하는 전설 속의 '고결한 미개인'은 실제로 존재하지 않았다. 실제의 원주민들과의 만남은 복잡하고 상호 모순된 것이었다. 그것은 서로를 이해하지 못하는(예를 들어 유럽인들은 어

---

*Joseph Banks, 1743~1820, 영국의 탐험가이자 자연과학자.

떤 사회가 유럽과는 다르게 조직되어 있을 수도 있다는 것을 이해하지 못한 채 그들 자신의 세계에 존재하는 모습 혹은 그와 비슷한 모습의 왕들을 찾아다녔다), 그리고 물건을 교환하는 것말고는 공유할 것이 없는 두 문화간의 만남이었다. 가끔 원주민 지배자들은 원주민 사회보다는 훨씬 덜 평등주의적인 새로운 체계의 유럽 문명이 자신들에게 개인적으로 유리하게 작용할 수 있다는 것을 알고는 이를 이용하기 위해 섬들을 '유럽화'하는 데 협력했다.

그러나 처음부터 상당한 규모로 유럽인들의 정주가 이루어진 유일한 경우인 오스트레일리아에서는 북아메리카에서 일어났던 것과 같은 모델이 반복되었다. 원주민은 거추장스러운 장애물이었을 뿐이다. '더 잘' 개발하기 위해 원주민들의 땅을 빼앗는 한편 오스트레일리아의 '흑인들'은 멸종할 수밖에 없는 야만스럽고 무식한 인종으로 간주되고, 유럽 개척자들은 주저없이 이들을 살해함으로써 이러한 과정을 촉진시킬 책임을 부여받은 것으로 생각되었다. 그리고 숫자가 크게 감소하고 무방비 상태가 된 원주민들은 그냥 그렇게 잊혀져갔다. 그들은 잔인한 식인종도 그렇다고 고결한 미개인도 아니었으며 단지 원주민이었을 뿐이다.

카리브, 브라질 그리고 미국에서 나타난 대로의 플랜테이션 경제는 하나의 중요한 문제를 내포하고 있었다. 즉 저렴한 노동력의 대규모 공급을 필요로 했다. 그런데 이들 땅에서는 스페인인들이 멕시코나 페루에서 발견했던 것처럼 마음대로 부려먹을 수 있는 '인광'이 없었다. 따라서 불가피하게 아프리카로부터 노예들을 들여와야 했다. 노예제는 모든 문명들이 익숙하게 알고 있던 태곳적부터의 관행이었다. 그러나 이전에 인류가 알아왔던 그 어떤 노예 제도도 이 시기의 흑인 노예 무역의 엄청난 규모와는 비교될 수가 없다. 1600년부터 1800년 사이에 무려

800만 명의 아프리카 노예가 대서양을 건너갔던 것이다.

지배를 합리화할 때면 언제나 지배당하는 사람들이 열등하다는 것을 '입증하는' 이론들이 나타났다. 아메리카 인디언들의 복속에 대해 카스티야 신학자들이 했던 것을 흑인 노예들에 대해서는 18세기 프랑스 철학자들이 했다. 볼테르는 전혀 주저하지 않고 "흑인종은 사냥개와 똥개가 다른 것처럼 우리와는 다른 종류의 사람들이다"라고 말하며 "만일 그들의 지력(知力)이 우리들과는 다른 종류의 것이라면 그것은 매우 열등한 것이 분명하다"라고 덧붙였다. 몽테스키외는 입장을 더 분명히 했다. "노예제는 모든 인간이 자유롭고 독립적인 존재로 태어난다고 하는 자연권에 위반된다"라고 쓴 바 있는 그는 역설적으로 흑인 노예제를 다음과 같은 이유를 들어 옹호했다. "어느 누구도 지극히 지혜로운 존재이신 신께서 영혼을, 그것도 선량한 영혼을 완전히 새까만 그들의 몸뚱아리에 불어넣어주었을 것이라고는 생각하지 않을 것이다." 이 말이 누가 봐도 비논리적이라는 사실은 다음과 같은 한 실용적 언급이 잘 말해준다. "사탕수수가 이들 노예들에 의해 경작되지 않으면 설탕은 지나치게 비싸질 것이다."

결국 바로 이 점이 계몽주의 시대에 노예제가 번성한 사실을 잘 설명해준다. 즉 유럽에 다량의 담배, 커피, 설탕 그리고 목화를 일반 대중이 사용할 수 있을 만큼 적당한 가격에 공급했던, 그리고 교역을 통해 '근대적' 경제 성장을 자극했던 플랜테이션 경제의 발전은 '다른 사람들'의 강제 노동이 없었더라면 불가능했을 것이다. 바로 그것을 정당화하기 위해 "이들 노예들은 진정한 의미의 인간이 아니다" 혹은 "그들은 야만인들로 그들의 예속화는 그들을 문명화하기 위한 것이었다"고 주장할 필요가 있었다. 19세기 초에 노예 무역이 폐지되자 스페인 정부는 "아프

남아메리카에서 경매에 부쳐지고 있는 노예들

리카인들을 교화하기 위해서 필요했던 것이다"라는 말로 그것을 회고적으로 정당화했다.

'다른 사람들'의 문화를 무시하는 것은 이러한 문화에 대한 유럽인들의 무지에서, 그리고 그들의 정신적 지평으로부터 멀리 떨어져 있는 것에 대한 이해의 부족에서 기인했다. 여행자들의 기록과 외국의 땅과 민족들에 대한 기술이 증가하고 있었음에도 불구하고 인류의 다양성에 대한 유럽 일반인들의 무지는 놀라울 정도였다. 몽테스키외가 프랑스인들이 페르시아인과 마주치게 되면 반드시 느끼리라고 상상했던 놀라움, 즉 "저 신사가 페르시아인이라고? 원, 별소리를 다 듣겠네! 어떻게 저 사람이 페르시아인일 수 있단 말인가?"와 같은 놀라움은 수년 후에 실제 현실로 확인되었다. 한 타이티인을 파리에 데리고 온 부갱빌은 다음과 같은 질문을 들어야 했다. "어떻게 이 사람이 사는 곳에서는 프랑스어나 영어, 아니면 스페인어가 사용되지 않을 수 있단 말인가?"(그러나 북아메리카에는 오늘날까지도 예수 그리스도가 영어로 말했다고 확신하고 있는 사람들이 있음을 기억해야 할 것이다.) 1787년에 마드리드에 부임한 투르크 대사는 대중들이 투르크의 종교에 대해 전혀 아무것도 모르고 있다는 사실을 발견했다. "거기에서 나는 어떤 사람들은 투르크인들이 말[馬]을 숭배한다고 이야기하기도 하고, 또다른 사람들은 달을 숭배한다고 말하는 것을 들었다. 또 어떤 사람들은 투르크인들이 무신론자라고도 했다. 또 투르크인들은 어떤 때는 미사를 보러 가고, 또 어떤 때는 고백하러 간다는 말도 들었다."

이런 일이 존슨 박사*가 보기에 유럽 문화 외에 유일한 고려 대상이 될 만한 이슬람 문화에 대해 일어난 것이라면 그밖에 다른 문화들에 대해서는 사정이 어떠했을지 쉽게 상상이 갈 것이다. 이제 미개인이나 원시인에 관한 연구는 인류학에 떠넘겨졌는데, 왜냐하면 그들의 초보적·비논리적 성격은 문명화된 문화들에나 적용되는 방법과 법칙에 의해 분석될 가치가 없도록 만들어버렸기 때문이다.

미개인들의 '자연적' 열등함은 18세기 유럽의 박물학자들에 의해 정당화되었다. 그들은 인종을 분류하는 데 동물들을 분류할 때 사용되는 것과 비슷한 기준을 적용했다. 위대한 자연 분류학자 린네**는 각 대륙

---

* E. L. Johnson, 1934~ , 미국의 극작가. 아프로-아메리카(Afro-American) 문화의 지도자로 알려져 있다.
** Carl von Linn'e, 1707~1778, 스웨덴의 식물학자이자 탐험가. 처음으로 생물의 종과 속을 정리하는 원리를 만들었다.

에 하나씩 네 개의 거대한 인간 집단이 있다고 말하면서, 그 성격을 다음과 같이 규정했다. "유럽인들은 법에 의해 지배되고, 아메리카인들은 관습에 의해, 그리고 아시아인들은 견해에 의해 각각 지배되며 아프리카인들은 제멋대로 행동한다." 몽테스키외의 저작을 잘 알고 있었고 그를 존경했던 뷔퐁*은 인간들간의 차이가 환경의 영향으로부터 나온 것이라고 주장했다.

우리 인류는 인종이 본질적으로 서로 다른 종으로 구성되어 있었던 것이 아니라 원래 한 종류의 사람들만 있었으나 인구가 증가를 거듭하면서 지구 전체로 확산되어감에 따라 기후의 영향으로, 먹는 음식과 삶의 방식의 차이로, 유행성 질병의 차이로, 그리고 이런저런 개인들과의 한없이 다양한 교배로 인해 서로 다른 변화를 겪게 되었다는 것을 모든 점이 증명하고 있다.

이에 따라 그는 아메리카 인디언들은 적대적 환경 속에서 살아왔기 때문에 일반적으로 아메리카 대륙의 모든 동물들처럼 구대륙의 인간들보다 열등하다는 결론을 내려버렸다. 이로써 그는 결정적으로 스스로 옹호하고 있다고 생각한 평등을 부정하는 결과를 가져오게 되었다. 실제로 최초의 인종차별주의 이론가들은 몽테스키외, 뷔퐁, 볼테르의 계몽적 전통으로부터 출발했으며, 또 그들에게 여러 인종들이 서로 다른 기원과 성격을 갖고 있다는 주장을 객관화하기 위한 여러 가지 방법론을 제공한 의학적 전통으로부터 상당한 지지를 받았다(예를 들어 장두인종〔長頭人種〕과 단두인종〔短頭人種〕을 구분한 렛지우스*의 두장폭 지수〔頭長幅 指

---

* Buffon, 1707~1788, 프랑스의 박물학자. 자연사에 관한 저서 『박물지』로 잘 알려져 있다.
** Anders Adolf Retzius, 1796~1860, 스웨덴의 해부학자. 처음으로 두장폭 지수를 정하여 유럽인을

數) 이론을 보라). 이 과학은 후에 우생학으로부터 인종 말살에 이르기까지 인종 청소를 뒷받침하는 방법론을 발전시키는 데 이바지했다.

이 모든 일은 노예제 철폐와 노예 무역 폐지를 위한 투쟁이 한참 전개되고 있을 당시에 일어났다. 폐지론자들의 인도주의와 나란히 과학적 논리를 동반한 새로운 인종차별주의가 만들어지고 있었던 것이다. 유럽의 정부들은 두번째의, 즉 이전보다 훨씬 더 큰 규모의 제국적 팽창을 시작했다. 새로운 형태의 인간 교역, 즉 동아시아 혹은 동남 아시아의 '쿨리'* 무역을 시작했는데, 그것은 흑인 노예 무역보다 훨씬 큰 규모로 이루어졌다. 편견과 정치적 이해가 서로 협력하며 나아갔다. 나폴레옹은 흑인 노예에 대한 (프랑스) 대혁명의 태도가 현실에 대한 무지의 소치라고 말했다. 반면에 그의 행동은 합리화와 편견의 기묘한 혼합을 보여준다. "문명도 갖고 있지 않은 아프리카인들에게 어떻게 자유를 알게 하는 것이 가능하단 말인가?…… 나는 백인이기 때문에 백인 편이다. 다른 이유는 없다. 하지만 이것은 정당하다."

인종의 신화는 너무나 설득력 있고 유용했기 때문에 심지어 유럽 사회 내부에서도 적용되었다. 예를 들어 프랑스는 두 부류의 민족, 그러니까 정복 민족(귀족이면서 전사인 프랑크 족)과 피정복 민족(농민이며 평민인 골 족)으로 이루어진 국가로 비쳐졌다. 대혁명은 이 두 민족간의 대립으로서, '프랑크 족'이 계속해서 지배하기는 하지만 이제 부(富)는 산업 부르주아와 사업가들을 배출하게 된 '골 족'의 수중에 있게 되는 역설적 결과를 낳았다는 것이다. 프랑크 족의 후계자를 자처하는 사람들은 고

슬라브 형과 게르만 형으로 분류하였다.
* 인도와 구(舊) 중국의 노동자. 특히 짐꾼, 마부, 광부 등을 가리킨다. 타밀어로 고용한다는 말을 영어로 Cooly, Coolie라 표현했다. 노동력이 매매되었다는 점에서 노예와 비슷했다.

비노*처럼 귀족주의적 경향의 연설을 했다. 고비노는 인류 역사에서 중요하다고 할 만한 모든 것은 아리안 족의 작품이며, 사회의 쇠퇴는 열등한 인종과의 혼혈 때문이라고 단언했다(그에게 프랑스가 프로이센에게 패한 1870년의 사건은 그의 주장을 증명해주는 것처럼 보였다). 프랑스에 대해 보다 민중적이고 민주적인 입장을 갖고 골적 기원을 옹호한 사람들은 카이사르에 맞섰던 고대의 전쟁 영웅들로부터 아스테릭스**에 이르기까지 켈트 문화의 신화를 만들어냈다.

인종차별주의는 그후 과학적 연구를 통해 어떤 정당성도 없다는 것이 밝혀졌음에도 불구하고 우리 사회에 여전히 확고하게 자리잡아왔다. 우리는 급속히 등장해 지나치게 거칠어지는 경우, 예를 들어 독일에서 발생한 이민자들의 거주지에 대한 방화, 브라질에서 있었던 인디언들의 몰살, 발칸 반도에서의 '인종 청소' 등에 대해서는 비난한다. 그러나 차별과 편견의 일상적 현실에는 무감각하며, 심지어는 그것이 어느 정도나 우리 문화의 일부를 이루고 있는지에 대해서는, 또 그에 따라 얼마나 우리의 정신적 도구가 되고 있는지에 대해서는 관심조차 갖지 않는다. 사실 이것이 근거를 갖고 있는지 그렇지 않은지는 중요하지 않다. 왜냐하면 그것은 이성에 근거한 사고가 아니라 은연중의 두려움에 근거를 두고 있기 때문이다. 그것은 '다른 사람'에 대한 비이성적 공포가 만들어내는 얼굴에 다름아니다.

---

* Gobineau, 1816~1882, 프랑스의 외교관이자 작가, 민족학자, 사회사상가. 『인간의 불평등에 관한 에세이』라는 책에서 문명의 운명이 인종의 구성에 따라 결정되며 아리아인 사회는 흑인종이나 황인종과 섞이지 않을 때 번영한다고 주장했다. 그의 이론은 고비니즘이라는 운동으로 발전했으며, 바그너, 니체, 히틀러 등에게 영향을 주었다.

** Asterix, 전후 프랑스에서 가장 유명한 만화 캐릭터. 1951년 René Goscinny와 Albert Uderzo에 의해 주간지 *Piolte*에 처음 연재되었고, 주로 침입해오는 로마인들을 아스테릭스와 그의 친구들이 물리치는 내용으로 되어 있다. 후에 40여 개 국어로 번역되었고 영화로도 만들어졌다.

8. 진보의 거울

스페인인들의 아메리카 정복 과정에서 백인들이 원주민들에게 자행한 야만적인 학대 장면(보이Boy의 삽화에서)

진보의 거울

지리상의 대발견은 실제로 관찰되고 있는 현실과 옛날 책들에 씌어 있는 것을 비교해보도록 만들었다. 이에 따라 그 동안 보편적으로 인정되어 온 것 중 많은 부분이 잘못된 것임이 인식되면서 전통적 지식에 대한 전면적 불신을 가져왔으며, 동시에 책을 통해 얻은 지식을 직접적 경험에 근거한 지식으로 대체하는 현상을 촉진시켰다. 갈릴레오는 "철학은 우리 눈앞에 항상 열려 있는 이 거대무쌍한 책, 즉 우주에 씌어 있다"고 말했고, 데카르트도 "세계라고 하는 거대한 책"에서 배울 것을 권고했다.

유럽인들은 새로운 땅의 지리, 동식물군, 주민들, 그리고 물건들에 대한 새로운 소식에 감격했는데, 그것은 계몽주의적 책이나 전집류, 그리고 분더카머*에 반영되었다. 무엇보다 먼저 새로 만들어진 지도들에서 지구의 모습이 바뀌었다. 그리고 나서 자연에 대한 우리의 지식이, 그리고 마지막으로 인간과 문화에 대한 인식이 바뀌었다.

인간에 대한 이처럼 새로운 지식이 체계적인 도식 속에서 다시 정리되었다. 처음에는 아주 정적인 작업으로서 그저 다양한 것들을 단순히 분류할 뿐 어떤 인간이 다른 인간보다 우월할 수도 있다는 것은 어디에

---

* Wunderkammer, 영어의 갤러리의 개념으로 동식물의 표본을 수집하여 전시해놓은 곳.

도 포함되어 있지 않았다. "진실한 것과 거짓된 것을 잘 판단하고 분별하는 능력을 분별력 혹은 이성이라 부르는데, 그것은 본질적으로 모든 사람들에게 평등하다"라고 데카르트는 말했다. 그는 견해의 차이는 관습의 차이에 달려 있다고 생각했다. "우리와 다른 의견을 가진 모든 사람들이 그 때문에 야만인이거나 미개인인 것은 아니다"라고 그는 말했다. 몽테스키외도 다양성에 대한 이러한 설명을 지지했다. "법은 서로 다른 사람들이 생존을 확보하는 방법과 상당한 관계를 맺는다."

이러한 자료들을 분류하는 또다른 방식이 있었는데, 이러한 자료들을 하나의 진화적 역동성을 전제로 하는 시간의 구도 속에 위치시키는 것이 그것이었다. 1800년에 한 여행가는 "지구의 가장 멀리 떨어진 구석으로 항해하는 사람은 사실상 시간의 여정을 따라 여행한다. 즉 과거로 여행하는 것이다"라고 쓰고 있다. 그가 만난 사람들은 인류 문명의 기원의 살아 있는 증거들이었다. 새로 발견된 다양한 민족들의 관습을 과거 유럽의 다른 민족들과 비교하면서, 예를 들어 아메리카 '홍인종'들의 관습과 게르만 족의 관습을 비교하면서 각 민족이 발전시킨 문명의 수준에 따라 각각의 관습을 분류하는 것이 가능했다.

이런 식의 역사적 초점으로부터 출발하여 일군의 스코틀랜드 철학자, 역사가 그리고 경제학자들은 몽테스키외의 언급에 새로운 차원을 부여했다. 즉 법률과 관습은 사람들의 생존 방식에 따라 달라진다는 것이다. 그러나 이를 지리적(기후와 자연 조건의 영향)으로 설명할 것이 아니라 역사적으로 설명해야 한다고 했다. 인류 발전의 각 단계는 하나의 구체적인 '생존 양식'에 상응하는 것으로서 특정 시점에서 서로 다른 민족들 간에 나타나고 있는 차이는 인류 발전 단계에서 각 민족이 차지하고 있는 위치를 반영한다는 것이다. 데이비드 흄(David Hume)은 이러한 도식의 대체적인 윤곽을 추적한 첫번째 사람으로서 그는 인간은 수렵과 어로에서 농업 단계로, 그리고 다시 상업이 지배하는 단계로 발전해나가며, 상업이 지배하는 단계는 오직 유럽만이 주로 (지리상의) 발견 덕분에 도달했다고 말했다. 그리고 이들 각각의 단계에 사람들의 관심과 능력에 적합한 형태의 사회 조직과 문화적 장치가 조응한다는 것이었다.

후에 아담 스미스(Adam Smith)에 의해 인류 역사의 '네 발전 단계' (수렵, 목축, 농업 그리고 상업) 이론으로 완성되는 이 견해는 당시까지 알려진 다양한 사회를 하나의 진화론적 도식에 따라 분류했다. 검은 아프리카와 북아메리카의 미개한 수렵 채취인들은 제1단계에, 중앙 아시아의 유목민들은 제2단계에, 오리엔트의 대부분은 농업 단계에 속하고(봉건적 단계로 불리기도 했다), 서유럽만이 제4단계, 즉 상업 단계의 완전한 발전에 도달했다고 보았다. 그리고 이것은 서유럽 국가들의 번영과 함께 최하층 사람들까지 포함하는 사회 전체의 번영을 보장해주었다.

'미개인(salvaje)'의 '원시인(primitivo)'으로의 전환(이것은 모든 인간이 '잠재적으로는' 평등하다는 것을 시사하고 있다)은 노예제가 거부되기 시작한 시기에 '뒤떨어진' 민족들에 대한 착취를 허용해주었다. 스코틀랜드 학파*가 "진보를 발명했다"고 말해지곤 한다. 그러나 그보다는 다른 사람들의 "후진성을 발명하여" 그 거울에 자신들을 비추어보면서 그들 자신이 진보한 것으로 규정했다고 말하는 것이 더 정확한 표현일 것이다.

모든 민족이 거쳐가야 하는 여러 단계로 사회 발전을 이야기하는 질서정연한 모델은 나름대로 명백한 이점을 갖고 있었다. 이 때문에 이 모

---

* 스코틀랜드에서 나타난 영국 철학의 한 경향. 토마스 리드를 대표로 하는 이 학파는 데이비드 흄의 경험론적 입장을 비판하고 상식을 진리·도덕·종교의 근원이라고 보는 이론을 전개하였다.

델은 커다란 성공을 거두게 된다. 그것은 전체 역사를 보편적으로 타당한 단일한 도식 속에 집어넣을 수 있도록 해주었고, 유럽의 '상업적' 사회들(곧 '산업적' 사회로 규정되었다)을 문명의 정점에 위치시켜주었다(결국 세계사를 유럽의 역사로 바꿔놓았다). 그것은 또한 유럽인들이 우월하다는 주장에, 그리고 다른 사람들의 생활과 역사에 대한 개입에 '과학적' 성격을 부여했다. 식민지 개척자들은 미개한 민족들에게 지적 혹은 물질적 진보로 가는 '진정한 길'을 제시하는 새로운 시대의 선교사가 되었던 것이다.

미개한 민족들은 가르침을 받아야 할 "어린 아이 같은 민족"으로 간주되었다. 이러한 세계사에 대한 지식은 식민지 개척자들로 하여금 뒤떨어진 국가들의 발전을 지배할 수 있도록 해주었다. 예를 들어 오리엔트의 봉건적 역사에 대한 날조는 인도의 과거에 대한, 그리고 그와 더불어 현재에 대한 영국인들의 지배를 정당화했다. 영국인들은 이미 봉건제 단계를 거쳤기 때문에 인도인들에게 자신들이 했던 것과 같이 하도록 가르칠 수 있다는 것이었다. "영국은 그들 자신의 역사를 통해 인도가 장차 나아갈 바를 가르쳐줄 위치에 있었다."

19세기에 이러한 도식은 과학의 다른 영역에서 이루어진 그와 유사한 발견에 의해 더욱 강화되었고(어떤 경우에는 이 도식이 다른 발견들의 방향을 가리켜주기도 했다), 보편적으로 인정되는 하나의 패러다임을 만들어냈다. 이러한 도식의 기저에는 라플라스(Laplace)의 우주결정론이 있었는데, 이 이론에 따르면 일단 우주를 지배하는 법칙만 발견되면 우주에 대한 정확한 지식에 도달하고, 미립자에서부터 천체에 이르기까지 이 우주의 구성 요소 각각의 움직임을 예언하는 것이 가능했다. 이러한 확실성은 후에, 즉 사회 통계를 이용해 이 분야에서도 역시 법칙과 다름

16세기 수서본의 이 그림은 백인들이 아메리카 인디언들에게 자행한 학대 모습을 생생하게 보여준다.

없이 작용하는 일련의 규칙성이 있음이 확인되면서 인간의 영역에까지 옮겨진다. 뒤 부아-레몽*은 1872년에 우주에서 잠깐 동안이라도 모든 원자의 위치, 방향 그리고 속도를 알 수 있다면 인간의 미래의 일도 예언할 수 있다고 단언했다.

같은 해인 1872년에 오귀스트 블랑키**는 파리에서 『별들을 통해 본 영원L'Eternité par les astres』이라는 제목으로 자신의 '과학적' 사색을 책으로 출간했다. 거기에서 그는 자연은 소수의 원소를 갖고 무수한 화합(化合)을 만들어냈기 때문에 똑같은 화합이 때때로 반복될 수밖에 없다고 주장했다. 그리고 그는 그러한 생각에 근거해서 어느 한 시기에 발생했던 일은 모두 전에 이미 수차례 일어난 적이 있었고, 앞으로도 영원토록 똑같은 방식으로 일어날 것이라고 추론했다. 이 '끝없는 회귀'라는 견해는 전 생애를 사회 변화를 위한 투쟁에 헌신해온 한 혁명가, 즉 블랑키로부터 나온 것이기 때문에 발터 벤야민(Walter Benjamin)이 말했듯이 그것은 "일종의 숨김없는 굴복이었으며, 동시에 자신에 대한 이 우주적 상을 하늘에 투사하는 한 사회에 관해 내릴 수 있는 가장 가공할 심판"이었다.

더욱 중요한 것은 다윈(C. Darwin), 헉슬리(T. H. Huxley), 윌리스***, 그리고 누구보다도 스펜서(H. Spencer, 적자생존의 경쟁에서 진보의 본질적 메커니즘을 발견한 그는 자본주의의 가장 약탈적 측면들을 합리화했다)에

---

* Du Bois-Reymond, 1818~1896, 독일 근대 전기생리학(電氣生理學)의 선구자. 신경과 근섬유에서 생기는 전기 현상에 관한 연구로 유명하다.
** Auguste Blanqui, 1805~1881, 프랑스의 혁명적 사회주의자. 프랑스 급진주의의 전설적인 순교자로서 평생에 걸쳐 33년 이상을 감옥에서 보냈다. 그의 사상을 추종하는 사람들을 블랑키스트라고 한다.
*** Alfred Russel Wallace, 1823~1913, 영국의 박물학자. 찰스 다윈과는 독립적으로 자연 선택을 통한 종의 기원론을 발전시켰으며, '적자생존'이라는 용어를 만들었다.

찰스 다윈

의해 형성된 진화론적 세계관이 갖는 영향력이었다. 진화론은 18세기 박물학자들이 만들어낸 생명체들에 대한 질서정연한 도식을 취해 거기에 설명적 역동성을 도입시켰다. 역사(이것은 원래 스코틀랜드 학파에 의해 처음으로 제시된 사회 진화 이론이었다)는 과학자들에게 선배들이 만들어낸 '자연의 시스템'을 작동시킬 수 있는 열쇠를 제공했다. 반면 '과학들'은 이제 사회철학자들과 역사가들의 이러한 직관들을 확인해주고, 인류학이나 사회학 등 이들 과학을 닮고자 했던 새로운 사회과학 분야들에 토대를 제공했다. 예를 들어 래드클리프 브라운*에게는 사회인류학이 '자연과학의 한 분야'였다.

이처럼 총체적인 패러다임(이러한 패러다임의 중심 요소는 아무래도 진

---

* A. R. Radcliffe Brown, 1881~1955, 영국의 사회인류학자.

보 개념에 의해 고무된 자연과 인간 모두에 대한 단선적 역사관이었다)에서 사회가 과학에 대해 많은 투사성을 갖는다고 해서 그것이 곧장 단순히 자본주의 사회 내의 특정 계급의 이익을 정당화하거나 다른 민족에 대한 유럽인들의 식민지적 지배를 합리화해주는 것은 아니었다. 그것은 안에서 합리화하는 입장과 비판적인 입장이 동시에 발전될 수 있는 '넓은 이념틀'이었다. 사회 진화론은 "일종의 부르주아 문명의 우주적 계보학"으로 정의되어왔으나 그것은 또한 그에 대한 비판적 견해와 공존했다. 1869년에 알프레드 러셀 월리스는 8년 동안의 말레이 제도 여행과 연구에 관한 이야기를 끝내면서, 그곳의 미개인들과 사귀면서 알게 된 유대감과 정의감을 영국 사회의 악덕과 비교하고 있다. 여기서 그는 "진정한 사회과학의 문제에서 우리는 아직 야만의 단계에서 벗어나지 못하고 있다"고 주장했다.

이러한 이론을 비판적으로 사용하려면 현재를 '역사의 종말'로 받아들이기를 거부하고, 대신 진보가 더 진행되면서 극복되지 않으면 안 될 부정적인 특징을 여전히 많이 갖고 있는 인류 진보의 한 이행 단계로 격하시키기만 해도 충분할 것이다. 이것이 바로 마르크스의 초창기 견해였다. 당시 독일에서 전형적으로 나타나고 있던 그리스 숭배의 분위기에서 성장한 그는 스코틀랜드 학파에 대한 비판으로서 사회와 역사에 대한 자신의 해석을 만들어가기 시작했다. 그는 기술의 지배 정도에 따라 서열이 매겨지는 '생존 양식들'을 사람들간의 관계의 성격에 따라 규정되는 '생산양식'으로 바꾸었다. 그럼으로써 진보에 대한 독특하고 단선적인 구도를 받아들였는데, 생의 마지막 무렵에 가서야 비로소 그로부터 자유로울 수 있었다. 그러나 그의 추종자들은 그의 초년기의 좀더 도식적인 틀에 집착한 나머지 그것을 노년기의 회의와 수정에 비추어 적절하게 변화시키지 못했다.

마찬가지로 소위 '과학적 사회주의'도 부르주아 사회과학의 토대들을 수용함으로써 결국 희생물이 되어버리고 말았는데, 즉 부르주아 사회과학은 과학적 사회주의로 하여금 자본주의가 '초산업화'에 의해 극복될 수 있다고 믿도록 했던 것이다. 마찬가지로 이러한 토대를 받아들인 비유럽 민족들 또한 희생자가 되었는데, 그들도 부르주아 사회과학으로부터 그것을 정당화하는 기능을 제거하기만 하면 그것을 자기 것으로 만들 수 있다고 믿었던 것이다.

이러한 이론의 토대 위에서 만들어진 '세계사'는 일련의 왜곡 위에 서 있을 수밖에 없었는데, 진보의 '동인'을 이해하는 방식에서부터 그러하다. 유럽이 우월한 이유에 대한 우리의 해석은 대개 에너지와 기계라고 하는 두 가지 핵심적 요소로 단순화된 기술 발전에 대한 편향된 생각에 근거하고 있다. "기술에 의해 제어되는 에너지만이 문화적 진보를 제공한다"는 것이다. 소위 '산업 혁명'은 지금까지 증기와 기계화에 의해 정의되는 경향이 있어왔다. 그것을 인간의 노동을 조직하는 방식을 통해 분석하려는 시도가 있을 때마다 누군가가 항상 서둘러 본질적인 요인이 유기적 에너지에 의존하는 경제로부터 대개 광물 에너지를 사용하는 다른 경제로 이동했다고 주장해왔다. 유럽인들이 항해와 전쟁에서 우위에 서고, 아프리카와 아시아에서 유럽의 급속한 제국주의적 팽창을 용이하게 해준 것이 기계였다. 때문에 기계에서 유럽의 우월성의 이유를 찾고, 기계를 만들어내는 인간의 능력이 문명의 정도를 측정할 수 있는 확실한 척도를 제공한다고 생각한 것은 그리 놀라운 일이 아니다.

기술에 대한 우리의 역사는 기계화의 역사에 다름아닌 경향이 있고, 그 외의 다른 모든 것에 대해서는 거의 언급하지 않는다. 이슬람 세계의 기여는 대충대충 기술하고, 중국 기술의 기여는 이따금씩 언급할 뿐이다. 그러나 중국학 학자들이 주장하고 있는 '서양에서 근대 시대의 도래를 가져온 위대한 발명들'이 기본적으로 중국적 지식의 유산임은 인정하지 않는다. 그리고 아메리카와 검은 아프리카의 토착 문명들은 기계를 갖고 있지 못했기 때문에 언급할 필요조차 느끼지 않거나 '선사'로 내던져버렸다.

이런 식의 관점에 따르면 예를 들어 외바퀴 손수레(무거운 짐을 손쉽게 운반할 수 있게 해준 이 장비는 중국에서 발명되었으며 유럽에는 중세 말까지도 알려지지 않았다) 같은 단순하지만 극히 중요한 발명품들을 위한 자리는 있을 수 없었다. 그러나 이러한 관점의 가장 충격적인 왜곡은 인간과 자연 환경 간의 관계에서 나타났다. 기계 문명이 엄청난 에너지와 원료의 소모를 필요로 하는 것이라는 사실은 우리로 하여금 자원의 약탈('자연의 지배'라고 일컬어졌다)을 진보의 기준으로 생각하게 만들었던 것이다.

자연 환경의 이용과 관련된 여러 기술 형태들을 우리가 제대로 인식하지 못해온 이유는 바로 이러한 맥락에서 이해될 수 있다. 예를 들어 아메리카와 유럽의 상호 교환을 이야기할 때 옥수수와 감자가 탐험가들이 '발견해낸' '자연적 산물'로 보는 것이 당연시되어왔다. 우리는 이 옥수수와 감자가 아메리카 민족들이 환경을 이용하기 위해 고안해낸 복잡한 전략 내에서 이루어진 장기간에 걸친 경작 행위를 통해 개량된 것이라는 사실을, 그리고 이러한 전략 때문에 안데스 산맥에서는 생태학적 층계들의 복합적 이용을, 그리고 마야인들에게서는 양어(養魚)를 위해 운하를 이용하고, 물고기들은 직접적 소비에 이용하는 것 외에도 배설물을 갖고 토양을 비옥하게 하는 등의 발전된 농업 체계를 만들어내게 했다는 사실을 간과하는 것이다. 앞에서도 언급했듯이 이러한 체계는 "대가족, 촌락, 주술사, 족장과 같은 전통적 제도들을 문명 생활의 재료로 변형시키고 조정했던 정치적 상징들"의 발명으로 표현되는 '사회공학(tecnología social)'을 필요로 했다.

우리는 지금까지 편향된 시각을 갖고 잘못된 사관들을 구축해왔다. 예를 들어 유럽인들이 남아시아나 동남 아시아의 여러 국가들을 혼수상태로부터 끌어내어 '근대'로 이끌었다고 소개하는 것과 같은 관점이 그것이다(나는 이러한 관점을 여기서는 자세히 다루지 않았다. 왜냐하면 그것은 단지 진화적 시계[時階]의 맨 끝에 위치하고 있다는 사실만으로 우리가 옳다고 생각하는 모든 것을 합리화시켜주는 데 지나지 않기 때문이다). 하지만 만약 그것들을 각국의 역동성에 비추어 고려하면 사정은 매우 다르게 나타난다. 우리는 캘커타에 도착한 바스코 다 가마가 스페인어를 말하는 한 튀니지인을 만났던 사실로부터 출발할 수 있는데, 그것은 단순한 일화 이상의 의미를 갖고 있다.

왜냐하면 그러한 사실은 이 땅들이 이미 오래 전부터 북아프리카로부터 인도 아대륙에 이르는, 그리고 중앙 아시아의 캐러밴(caravan, 대상[隊商]이라고도 함 — 옮긴이) 루트로부터 동아프리카에 이르는 '세계' 시장에 포함되어 있었고, 중국 경제와 이슬람 문화를 추진력으로 갖고 있었음을 의미하기 때문이다. 15세기 말에 포르투갈인들이 이곳에 도착했을 때는 이미 수백 명의 아라비아, 페르시아, 인도, 인도네시아 그리고 중국의 상인들이 말라카 항에 운집해 있었다. 이 항구는 당시 세계에서 가장 큰 무역 중심지였을 텐데, 거기에는 84개의 서로 다른 언어로 말하는 것을 들을 수 있었다고 한다. 활력 있고 확대 일로에 있던 이 아시아 시장에서 유럽인들은 그들이 갖고 온 조잡한 제조품이 아시아인들의 관심을 끌지 못했기 때문에 먼저 국지적 교역에 개입하는 운송업자로서 사업을 시작해야 했다. "그들은 경쟁 관계에 있는 다른 상인들과 뒤섞여 싸우고 옥신각신했으며, 그리고 그들과 더불어 살았다." 그리고 무엇보다도 "기존의 이슬람 교도와 인도인의 무역 협정들"을 파괴할 수 있도록 해준 군사적 우위 덕분에 다른 상인들을 제압할 수 있었다.

그후에 일어난 일들은 일반적으로 알려진 것보다 훨씬 복잡했다. 유럽인들의 위협적 존재는 지역적 위기와 함께 국제 무역을 위한 자금 조달을 가능케 해준 은의 감소와 맞물려 이들 민족의 상당수가 수출을 위한 경작을 포기하고 그들 자신의 세계로 철수하도록 만들었다. 이리하여 그들은 이 '제1차 무역의 시대'에의 적극적 참여를 마감했다. 유럽인들은 가능한 한 (홀란트인들이 인도네시아에서, 영국인들이 인도에서, 그리고 프랑스인들이 베트남의 최남부 지방인 코친 차이나에서 그랬듯이) 자신들의 지배를 강요함으로써 이러한 철수를 저지하고자 했다. 그렇지 않으면 19세기 중엽에 영국인들이 중국에서 구입한 상품의 결제 방편으로 아편 도입을 강요했던 것처럼 교역에 대한 자신들의 조건을 강요했다. 중국의 고위 관리들은 이에 큰 충격을 받았다. 그들은 아편이 영국에서도 사용되고 있다는 사실을 몰랐다. 영국에서는 아편이 주부 노동자들이 공장에서 오랜 시간 일하는 동안 아이들을 재우기 위한 조제약으로 사용되고 있었다.

일본에서처럼 유럽인들이 유럽 식 법칙을 강제하지 못한 곳에서는 이러한 철수가 내적인 경제 발전의 조건들을 준비할 수 있도록 해주었다. 그것은 그후 '제2차 무역 시대', 즉 지금의 우리 시대에서 이들이 세계 시장에로 편입되도록 만들었다. 그러나 이번에는 외부의 중재자들에게 종속되지 않고 독자적인 방법으로 그렇게 했다. 19세기 말에 일본에서 시작된 이 과정은 제2차 세계대전 이후 아시아의 새로운 산업 국가들에서 계속되었고, 지금은 중국에까지 이르고 있는 것처럼 보인다. 식민 제국들이 붕괴하고 과거의 산업 국가들이 쇠퇴하고 난 20세기 말의 시점에서 볼 때 이 200년 동안 있었던 아시아 국가들의 '움츠림'은 우리 역사책들이 이야기하고 있는 것처럼 동양에 대한 유럽의 승리라기보다는 오히려 이들 국가들이 국제 경제의 새로운 환경에 나름의 방식대로 적응하기 위한 일시적 철수였던 것처럼 보인다.

이 분야에서 우리 유럽인들이 저지른 해석상의 오류의 일부는 '다른 사람들'에 대한 잘못된 상(像)들로부터 유래하는데, 놀랍게도 우리는 이들 타인들 스스로 이러한 상을 받아들이게 하는 데 성공했다. 인종과 문화의 차이에 비추어 유럽인이라는 개념을 만들어내기 위해 우리는 아시아인, 아프리카인 그리고 아메리카인을 '발명'해냈으며 이들이 갖고 있지도 않은 집단적 동질성을 부여했다. 유네스코 선언문의 서문은 인종이란 "아프리카인, 유럽인, 아시아인, 그리고 아메리카 인디언"을 함께 바라볼 때만 분명하게 이해되는 어떤 것이라고 말하고 있다(그러나 그것은 일각수(一角獸)나 인어처럼 실제로는 존재하지 않는다).

대륙적 규모로 '통일된' 이러한 이야기들에 마찬가지로 틀에 박힌 역사 해석들이 장단을 맞추고 있다. 예를 들어 검은 아프리카의 역사에서 도시들이 가졌던 중요성(1600년경의 아프리카에는 2만이 넘는 주민을 가진 도시가 30여 개에 이르렀다)이나 혹은 악숨*이나 말리** 왕국과 같은 중요한 국가들이 있었다는 사실을 망각한 채 검은 아프리카는 부족 국가 수준을 넘어서지 못했다고 말하는 식의 해석이 그것이다.

---

* Aksum, 기독교 시대 초기에 에티오피아 북부에 있었던 강력한 왕국.
** Mali, 13~16세기에 번영을 누렸던 서아프리카의 무역 제국.

이러한 발명 중 가장 교묘한 것은 아시아의 발명이었는데, 아시아는 단순한 지리적 개념으로부터 역사적 혹은 문화적 단위, 즉 오리엔트로 바뀌었다. 그것은 우리의 단선적 도식 속에서 아프리카, 아메리카 그리고 오세아니아에 대해서와 마찬가지로 선사(先史)로 내쳐버릴 수 없는 발전된 문화를 가진 사회를 어디에 위치시킬 것인가 하는 문제를 해결해주었다.

'오리엔트'라는 개념은 우리가 아시아 사회는 열등하다고 확신하게 된 시기와 똑같은 시기에 형성되었다. 즉 18세기 말과 19세기 초에 완성되었다. 이 시기는 또한 그때까지 가공할 행정적·군사적 기구를 갖고 유럽을 위협해왔던 투르크인들이 '오리엔트화'한 바로 그 시기였다(레판토 해전*은 하나의 에피소드에 불과했다. 1622년에 앤소니 셜리 Anthony Sherley는 "오늘날 세계에 존재하는 2대 강국은 이 두 왕국, 즉 스페인과 투르크 왕국이다"라고 확언했다).

북아프리카도 마찬가지였다. 북아프리카는 전통적으로 베르베르 족(북아프리카의 토착 원주민 — 옮긴이)의 해적 행위와 이슬람교가 갖고 있는 흡인력에 대한 고백할 수 없는 두려움(이슬람교로 돌아선 수많은 기독교인 '배교자들'은 기독교로 '개종'한 극소수의 이슬람 교도들과 좋은 대조가 되었다)과 연관되어왔다. 프랑스의 부르봉 왕조는 프랑스 영사가 알제리 총독으로부터 부채로 몇 차례 얻어맞은 것에 복수한다는 구실로 알제리에 전쟁을 선포했다(역사가들은 영사가 부채의 손잡이 부분으로 얻어맞았는지 아니면 깃털 쪽으로 맞았는지를 놓고 지금도 왈가왈부하고 있다.

* 1571년에 스페인, 베네치아, 그리고 교황청으로 이루어진 '신성동맹'의 해군이 기독교 세계를 위협하고 있던 투르크의 함대를 동부 지중해에서 궤멸시킨 전쟁으로 당시 전 기독교 세계가 이 승리에 환호했다. 그러나 투르크군은 곧 전열을 정비하여 이 패배를 만회했다.

그러나 한 가지 확실한 것은 그 영사가 무례하게 굴었기 때문에 얻어맞았다는 것이다). 부르봉 왕가가 정복이라고 하는 군사적 위엄을 갖고 스스로를 과시하기 위해 전쟁을 촉발시켰다고 주장되기도 했다. 그러나 프랑스인들이 서둘러 행동으로 보여주었듯이 이 전쟁의 목적 중에는 알제리의 보물 창고에 대한 약탈이 들어 있었다는 사실에 대해서는 아무 말도 하지 않는다.

중국도 역시 18세기 말에 오리엔트화되었다. 그때까지만 해도 중국 문화는 순수한 이론 과학에서는 중국인들이 유럽인에 비할 바가 못 된다고 생각되었지만 다른 분야에서는 유럽인들보다 우월하다고 생각되었을 정도로 높게 평가되어왔다. "정치학 연구에서 그들이 얼마나 뛰어난가, 제국의 질서를 반란도 없이 얼마나 훌륭하게 유지했는가? 그리고 국가 운영에는 얼마나 많은 관심을 기울이는가?" 프랑스 대혁명 직전까지도 중농학파 사람들은 여전히 '중국의 전제정치'를 모방해야 할 정치적 모델로 생각했다.

그러나 그 시기에 이미 상황은 변하기 시작했다. 우선 중국인 혹은 일본인들의 피부 색깔이 바뀌는데, 그것은 이들을 '오리엔트화'하기 위한 아주 간단하면서도 효과적인 방법이었다. 18세기 말까지 여행가들과 박물학자들은 이들을 백인으로 간주하고 있었다. 18세기 말부터 몰락하는 중국에 대한 경멸적 이미지가 만들어지는 것과 함께 색깔에 따라 인간을 다섯 종류로 나누는 구분 방법이 나타났고 이에 따라 이들을 '황인종'으로 구분하기 시작했다.

이러한 태도 변화는 『백과전서』에 반영되고 있다. 디드로*는 중국인들이 존경할 만한 문화를 갖고 있음을 인정한다. 그러나 이어서 다음과 같은 말을 덧붙인다. "대체로 오리엔트의 정신은 서양의 정신보다 정적이고, 더 게으르고, 본질적 요구에 대한 관심이 덜하며, 이미 존재하고 있는 것을 발견하는 것에 머무르고 새로운 것에 대한 탐구심이 모자란다."

'오리엔트의 정신'이라고 하는 선입관은 황폐화를 초래했다. 그것은 한편으로 그들의 문화에 대한 편향된 시각을 확산시키는 데 일조했다. 중국 골동품은 위대한 중국 예술과는 전혀 상관이 없었다. 중국 예술은 베이징 궁을 습격하고 파괴한 군인들이 탈취한 작품들이 1862년의 런던 엑스포에서 전시되고 나서야 비로소 유럽에 알려졌다(주도면밀하게도 그 작품들은 군인 부인들의 소유물로 소개되었다). 마찬가지로 유럽의 몇몇 문학작품들이 퍼뜨린 일본에 대한 '이국적' 이미지도 민중 문화를 기반으로 발전했던 호쿠사이**의 변화무쌍하고 활기찬 세계에 대해서는 아무 것도 전해주지 못했다(그러나 이러한 일본의 민중 문화를 프랑스 화가들은 화물 상자에 실려와 차 가게에서 비싸지 않은 가격으로 팔렸던 삽화들 덕분에 접할 수 있었다).

동양적인 것의 회화화는 결국 이러한 이미지를 만들어낸 사람들의 눈을 멀게 해 이러한 회화화가 은폐한 현실을 직시하지 못하게 방해했다. 예를 들어 비록 일본의 산업화(그것은 '미개 민족'은 식민지 개척자들의 후견 하에서만 '진보'할 수 있다는 믿음이 허구라는 것을 입증하는 것이었다)가 유럽의 기술을 채용하기는 했지만 도시의 발전 없이, 수입된 기술을 지역적 조건에 영리하게 적용시켜서 이루어진 것이기 때문에 영국의 이른바 보편적 모델을 따른 것이 아니라는 사실에 대해서는 침묵으로 일

---

* Denis Diderot, 1713~1784, 1745~1772년에 계몽주의 시대의 주요 저작물인 『백과전서』의 편집장을 맡았다.
** Hokusai, 1760~1894, 완전한 이름은 가쓰시카 호쿠사이로서 일본의 우키요에 화파(바다처럼 부동(浮動)하는 세계를 주로 그림)의 대가이며 판화가이다. 대표작으로 <후지 산의 36경>이 있다.

관했다. 제2차 세계대전 이후 이 일본의 산업화 과정은 더욱 강력하게 추진되는데, 그것은 이전의 어떤 도식에도 도저히 끼워넣을 수 없는 것이었다. 때문에 그것은 '일본 정신'에 관한 온갖 종류의 생각을 불러일으켰는데, 충분히 예상할 수 있는 바이지만 그것들은 전혀 합리적인 것이 아니었다.

낭만주의 시대의 유럽을 휩쓴 동방 이슬람에의 매혹 현상도 이러한 몰이해의 결과였다. 당시 다수의 유명한 사람들이 투르크, 성지 예루살렘, 이집트, 팔미라*, 코카서스(이곳은 러시아인들의 오리엔트였다) 등을 답사하기 위해 앞다투어 동쪽으로 떠났다. 이들은 탐험가도, 학자도 아니었다. 오히려 작가들(샤토브리앙, 플로베르, 푸쉬킨)과 이 지역에 대한 새로운 이미지를 만들어내는 데 필요한 이국적 풍경을 원했던 화가들(루이스의 〈후궁들〉, 데이비드 로버츠의 기념물들, 그리고 들라크루아), 생-시몽주의자**들("각자 자기 필요에 따라 자기의 오리엔트로") 그리고 다수의 여성들(헤스터 스탠호프 여사, 이사벨 버튼, 플로렌스 나이팅게일, 제인 딕비, 에메 뒤뷔크 드 리베리, 이사벨 에버하르트)이 그들이었다.

하지만 이들이 찾아다닌 오리엔트는 유럽의 발명품이었다. 즉 유럽인들이 꿈속에서 만들어낸 것으로서 산업화된 서양의 비참한 몰골로부터의 도피처였다. 유럽인들은 이러한 오리엔트를 자기 주변에서는 사라져버린 모든 것으로 꾸미고 장식했다. 1849년에 플로렌스 나이팅게일은 알렉산드리아에 발을 내딛자마자 "고대의 시, 성경, 빛, 삶, 그리고 아름다움이 가득 찬 신세계"라고 떠들어댔다. 그러나 이 신세계는 그녀가 유

---

* Palmyra, 고대 시리아의 도시.
** 프랑스의 사회개혁가인 생-시몽(Saint-Simon, 1760~1825)의 사상을 추종하는 사람들. 생-시몽은 기독교 사회주의의 바탕을 마련한 중심인물로 19세기 유럽 지성계에 매우 큰 영향을 미쳤다.

럽으로부터 갖고 온 것이었다. 다만 그것을 구체화할 무대만이 필요했을 뿐이다. 이 오리엔트 땅들에 실제로 무엇이 있었고, 무슨 일이 일어났는지는 중요하지 않았다. 오리엔트는 하나의 도피처였고(괴테는 "캐러밴과 함께 여행하면서 비단과 커피, 사향을 거래하면서 목동들과 한데 어울리고 오아시스에서 몸을 편히 쉬게 하기" 위해 "순수한 오리엔트"로 도피하고자 했다), 하나의 꿈이었으며 혹은 위장이었다.

하지만 최악의 것은 이들 비유럽 민족들 자신들이 우리 유럽인들이 만들어준 잘못된 정체성과 함께 역사에 대한 단선적 관점(이러한 허구의 정체성은 바로 이것을 위해 만들어진 것이었다)을 받아들인 것이었다. 그리하여 비유럽인들은 자신들의 과거를 내던지고, 대신 유럽인들이 교묘하게 주입시킨 과거에 대한 견해를 그대로 수용했다. 그리고 바로 이처럼 왜곡된 역사관이 이들이 갖고 있는 문제들의 진정한 성격을 인식하는 데 걸림돌이 되고 있다는 사실을 의식하지 못했다. 과거의 진보의 서사시를 부끄러운 착취의 역사로 바꾸는 것으로도 충분치 않았다. 그로 인해 비유럽인들의 성격 규정이 바뀌었기 때문이다. 그래도 그러한 시나리오와 주장의 실질적 내용은 그대로 유지되었던 것이다.

유럽이 발전한 이유는 식민지 약탈에 근거한 것으로만 설명될 수는 없다. 물론 세계 시장의 형성이 유럽의 근대적 성장에 활력을 제공한 자극이 된 것은 분명하다. 그러나 일단 시작되자 이러한 과정은 점점 더 복잡한 추진력에 의존해갔는데, 19세기 말부터 오늘에 이르기까지 국제 무역이 점점 더 선진 국가들간의 상호 교환으로 되어가는 경향은 이를 잘 보여준다.

식민 지배에 따른 이득을 과장해서도 안 된다. 제국주의가 엄청난 이익을 발생시켰다는 생각(식민지를 정복하고 식민지를 지키기 위해 큰 희생을 치렀던 유럽인 자신들도 공유하고 있음이 분명한 생각)은 열대 지방 식민지들의 부에 대한 잘못된 평가에 기초한 근거 없는 환상임이 밝혀졌다. 두 제국, 즉 영국과 프랑스의 최종적 대차대조표가 이를 증명해주는데, 두 제국의 계산서는 서로 비슷하다. 즉 전체 이익이 비용에 미치지 못한다는 것이다. 본국 사회의 구체적인 몇몇 부문이 국가 전체에 의해 부담되는 비용을 희생으로 큰 이익을 본 사실은 착취의 경계선이 모국과 식민지 사이보다는 모국의 소수의 수혜자들과 압도적 다수의 민중 사이를 가로지르고 있음을 분명하게 보여준다(식민지에서도 마찬가지인데, 반드시 이 점을 기억할 필요가 있다).

물론 그렇다고 해서 식민화에 대한 변명(즉 유색인들의 복지에 크게 기여했음에도 불구하고 백인들은 배은망덕하게 비난만을 받게 되었다는 이야기)을 받아들여야 한다는 이야기는 아니다. 그보다는 오히려 후진 국가에서는 독립과 함께 모든 악이 끝나게 되리라고 생각하는 것, 즉 아주 복잡한 현상을 지나치게 유치하고 단순하게 생각하는 것은 매우 위험하다는 것을 말하고 싶을 뿐이다.

예를 들어 아프리카의 역사를 "어떻게 유럽이 아프리카의 발전을 저해했는가"라는 식으로 설명하면서 모든 것을 약탈과 노예제로 소급시켜 설명하려는 것과 같은 너무 단순화된 접근 방식은 우리를 사실로부터 멀어지게 할 뿐이다. 유럽의 노예 상인들은 아프리카의 지배자들로부터 환영받았다. 노예제는 대서양 연안 아프리카에서 매우 뿌리깊은 것이었다. 거기에서 노예는 생산의 사적 소유물의 가장 일반적인 형태로서 유럽에서 토지 재산이 갖는 위치를 갖고 있었다. 노예 무역이 대단히 번창했던 것은 무엇보다도 아프리카의 노예 공급자들이 대서양 시장의 점증하는 수요에 잘 부응했던 사실에서 기인한다. 이쪽이나 저쪽이나 비슷한 정도의 책임을 갖는 공범들이었다. 비록 노예제에 대한 논의를 자의적으로 이용해 아프리카인들을 야만인으로 간주하고, 이들의 정복을 문명의 필요로 합리화한 유럽인들이 더 뻔뻔스럽기는 하지만 말이다. 그러나 일단 이 문제의 도덕적 측면이 논의되고 나면 이제 이러한 노예 무역이 어떻게 아프리카 사회를 변화시켰는지, 또 아마 노예 무역보다 더 파괴적인 결과를 초래했을 것처럼 보이는 상업화된 농업의 형태들을 위한 길을 어떻게 열어놓았는가를 이해하는 것이 중요해진다.

비유럽 민족들의 역사를 우리가 갖고 있는 개념에 비추어 해석하게 되면 결국 그들로부터 역사를 빼앗고, 그들이 안고 있는 문제들의 해결을 더욱 어렵게 한다. 인류학자들은 수렵 채취인인 칼라하리 사막의 부시먼(Bushmen)을 역사 발전의 최하층 단계에 있는 원시 사회의 한 예로 만들었다. 이것은 그들을 매혹적인 연구 대상으로 만들었다. 그러나 그것은 그들을 다른 이웃한 아프리카 부족들로부터 완전히 소외시켜버렸다. 그 결과 영국의 한 관리는 1936년에 다음과 같은 말을 하기에 이르렀다. "어떠한 관점에서 보더라도 완벽하게 쓸모없는, 몰락하고 소멸되어가고 있는 한 종족을 보호하기 위해 돈과 정력을 낭비하는 것은 아무리 생각해도 유익한 일이라고는 생각되지 않는다. 그것은 다만 소수의 이론가들이 인류학적인 조사를 한 다음 아무 쓸모도 없는 책들을 쓰게 만들어 돈을 벌게 해줄 뿐이다." 그리고 그것은 이들 부시먼의 실제 역사를 부정했다. 부시먼들은 일부에서 생각하듯이 주변의 다른 부족들의 발전으로부터 동떨어져 살지 않았다. 그리고 식민화가 일어났을 때 이들이 처해 있던 상황은 비교적 최근에 이루어진 발전의 산물이었다. 그러나 그들은 마치 보호소나 동물원에서 보호되어야 하고 그럼으로써 전통적 생활 양식을 지켜나가도록 해야 하는 존재로, 진보의 모든 가능

보츠와나의 칼라하리 사막에 살고 있는 부시먼들의 모습. 이들은 만 년 전에 살았던 조상들의 생활과 거의 다름없는 생활을 하고 있다.

성으로부터 배제된 존재가 되어버렸다. 이 전통이라는 것의 상당 부분이 유럽의 인류학자들이 만들어낸 것이라는 사실을 아무도 인식하지 못한 채 말이다. 그리고 오스트레일리아 인류학자들이 만들어낸 '원주민'

8. 진보의 거울 | 255

개념에 대해서도 이와 비슷한 이야기를 할 수 있다. 그것은 원주민과 유럽인이 기본적으로 다르다는 것을 전제하고 있는데, 이러한 관점은 식민화가 정당하다고 본 사람들이나 비난한 사람들 모두에 의해 공유되었다. 여기에는 또한 '형제들'과의 거짓 유대를 받아들이도록 교육받은 상당수의 원주민이 포함되어 있었다.

'원시인'이라는 개념을 강요함으로써 우리는 '비유럽인들'로 하여금 자신들의 사회와 문화 현실을 파악하는 것을 더욱 어렵게 해 결국 이들을 문화적 식민지로 몰아넣었다. 아메리카의 '발견' 500주년에 대한 다양한 응답 방식이 이를 증명해준다. 1492년에 '아메리카인들'이 이미 거기에 있었다고 주장하면서 정복자들이 원주민 사회 내에서 찾아낸 공범들(어떤 부족들에 적대적인 다른 부족들의 협력 혹은 한 부족 내부에서 어떤 사회 집단에 적대적인 다른 사회 집단의 협력)을 숨기는 것은 단지 진실을 은폐할 뿐이다. 이것은 결국 원주민들이 '비판적 견해'를 갖고 있더라도 그것은 결국 말뿐인 저항 혹은 그것을 지지하는 공적인 집회로 나타날 뿐이다. 원주민들은 실은 유럽 문명을 받아들이도록, 더 나아가 이상화된 과거 원주민 사회의 덕목을 적용해 유럽 문명의 결점을 시정하도록 권유받기도 한다. 그러나 우리는 그보다는 이들이 자신들에게 강요되어온 과거에 대한 이미지를 거부하고 그들이 지금 살고 있는 문제 투성이의 상황을 토대로 현재를 분석한 다음 이를 근거로 미래를 계획할 수 있도록 도와주어야 할 것이다. 이것은 결국 무기력 속으로 도피해버리도록 만들 뿐인 신화적 과거를 만들어내는 것과는 전혀 다르다. 현실과는 전혀 달리 선하고 사려 깊은 잉카 제국을 꿈속에서 만들어냈던 페루 농민들의 경우를 보라. 이것은 아마 그들의 정체성을 지키는 데는 도움이 되었겠지만 그들이 당면하고 있던 문제(특히 토지 소유 문제)에 대해 현실적인 방법으로 대처하기 위해 필요한 정책 수립은 더 어렵게 했다.

끝으로 세계사를 재조직하고 날조하기 위해 우리가 지금까지 사용해 온 '유럽의 승리'를 잠깐 생각해보기로 하자. 팔미라의 폐허에 대한 감상을 글로 발표하면서 볼네*는 당시 널리 받아들여지고 있던 생각, 즉 아시아는 진보의 경주에서 뒤쳐져 있다는(즉 "근대화된 유럽과 비교해본 아시아의 빛바랜 영광"이라는) 생각으로부터 시작했다. 그러나 그는 거기서 유럽인의 우월성은 타고난 것이라는 상투적 결론을 서둘러 이끌어내지 않고 한 걸음 더 멀리 나아갔다.

> 나는 앞서 존재한 나라들의 업적이 결코 지금 못지않으리라고 생각했다. 어느 날 나 자신의 조국도 이처럼 버려지고 말지 누가 알 수 있단 말인가? 그리고 어느 날 한 나그네가 지금 내가 하고 있는 것처럼 세느 강, 템즈 강, 혹은 주이더-제** 강둑의 말없는 폐허에서 과거의 영광스런 시절을 산 사람들의 기억과 추억을 생각하며 홀로 눈물 흘리게 될지 누가 알 수 있단 말인가? 하고 나는 생각에 잠겼다.

마지막으로 우리가 '세계의 유럽화', 즉 우리의 근대와 동일시하는 '역사의 정점'은 무엇을 의미하는가? 중국학 학자 장 제르네(Jean Gernet)는 유럽의 흥기를 몽골 제국의 형성으로 훨씬 발전되어 있던 중

---

* Volney, 1757~1820, 프랑스의 역사가이자 철학자. 이집트와 시리아를 여행해 『시리아와 이집트 기행』을 썼고, 주저 『폐허 : 제국의 혁명들』을 통해 18세기의 합리주의적 역사 · 정치 사상을 함축적으로 그려냈다.
** Zuider-See, 네덜란드 북쪽의 호수. 북해와는 제방으로 분리되어 있다.

국의 선진 기술이 유럽으로 쉽게 유입된 사실로부터 설명하고 있다.

사실상 서양의 역사에 다름아니었던 세계사에서 우리가 습관적으로 근대의 시작으로 간주하는 것은 실제로는 몽골 침입 이전에 지중해로부터 중국해까지 광범하게 퍼져 있었던 도시와 상업 문명의 확산의 반향에 다름아니었다. 서양은 이러한 유산의 일부와 함께 그것을 발전시킬 효모를 받아들였던 것이다.

500년 동안의 '차용된' 호황(산업화로 한정한다면 300년이 채 넘지 않는다)은 이제 그것이 발원했던 아시아 동쪽의 초점들로 주도권이 귀환되는 것으로 대체될 시점에 있는 것처럼 보인다. 어찌 보면 이것은 그리 긴 기간은 아니었다. 적어도 이 500년은 역사의 정점 혹은 심지어 종말을 거론하는 것을 정당화할 수 있을 정도는 결코 아니다. 역사의 이전 단계에서 발생했던 전위(轉位)들처럼 태양이 움직이는 방향으로 문명이 진행된다는 진부한 관점에 따라 세계의 무게중심이 처음에는 지중해에서 대서양으로, 그리고 지금은 대서양에서 태평양으로 단순하게 지리적으로 이동하고 있다고 생각할 수도 있을 것이다.

그러나 사정은 그보다 훨씬 더 복잡하다. 그러한 해석을 유지하는 한 우리는 역사와 진보에 대한 단선적 견해들이 갖고 있는 모든 결점과 한계를 그대로 떠안게 될 것이다. 5세기 동안의 '유럽의 기적'의 결과와 전망을 이제 다른 방식으로 바라보아야 한다. 그리고 그렇게 하기 위해 우선 열쇠의 한 부분을 유럽 사회 자체 내에서 찾아야 할 것이다.

9. 대중의 거울

19세기 말 런던 빈민가의 모습

대중의 거울

15세기와 16세기의 사회적 위기 이후 유럽을 재편성하기 위한 근본적 메커니즘 중의 하나가 바로 '근대 국가'의 건설로서, 특권 신분들은 자신들이 가졌던 정치적·군사적 기능의 일부를 근대 국가에 넘겨주는 대신 사회적·경제적 특권을 보장받았다. 로크(J. Locke)는 이에 대해 "어떤 정부에 복속되면서 국가 혹은 공동체로 통일될 때 사람들이 추구하는 가장 중요한 지상 목표는 자기 재산을 보호하는 것이다"라고 말했다. 그러나 근대 국가가 갑자기 등장했다는 일반적인 생각은 "온갖 장식물로 치장되고", '절대적'이라는 용어로 강화되기도 하지만 전혀 사실과 다르다.

근대 국가는 전체 시민을 통합하고 통제할 능력을 갖지 못한 채 생겨났다. 군주와 신민들 사이에는 중간 계층이 끼어 있었고, 그 중간 계층은 근접한 과두 귀족으로 구성된 상층 계급 또는 중앙 권력과 동맹 관계에 있거나 아니면 그 밑에 있으면서 지방 권력을 장악하고 있던 귀족과 평민 대지주들의 연합체로 이루어져 있었다(그 점에서 카스티야 연합 왕국은 자치 도시 연방이라고 할 수 있었다).

중앙집권화에 대해 많은 이야기가 있어왔지만 조세 징수를 포함한 지방 생활은 아주 늦게까지 중앙 권력의 통제에서 벗어나 있었다. 이것은 19세기의 상당 기간까지 파트로나스고*, 카시키스모**, 그리고 클리엔텔라***와 같은 형태들이 존속했던 사실이 잘 보여준다. 예를 들어 17세기에 프랑스의 '절대' 왕정은 이탈리아로 병력과 보급품을 보낼 수 있는 유일한 통로인 리옹의 론 강 다리를 보수하려 했으나 이 사업을 위해 그 지방에 배당된 기금이 지역민들의 요구에 밀려 지출되지 못했기 때문에 그 일을 할 수 없을 정도의 수준이었다.

근대 국가에 관한 이론화 작업에서 나타나는 또다른 오류는 근대 국가가 억압에 의해 건설되었다는 생각이다. 그러나 어떤 국가도 (인민들의) 동의 없이 장기적으로 유지될 수 있을 만큼 충분한 힘을 갖고 있지는 않았다. 이미 17세기에 영국인들이 주장했듯이 반드시 '여론'을 자기편에 두어야 했다. "힘은 항상 피지배자들이 갖고 있고, 지배자들은 여론 외에는 아무것도 그들을 지지해줄 것이 없다. 때문에 정부가 의지해야 할 것은 오직 여론뿐이다. 이러한 원칙은 가장 전제적이고 군사적인 정부나 가장 자유롭고 민중적인 정부에나 한결같이 적용된다."

여론을 자기편에 붙들어두기 위해 국가는 하층 계급들로 하여금 사회의 위계 질서가 신의 뜻일 뿐만 아니라 합리적이고 정당한 것이라고 믿게 만들 필요가 있었다. 또한 복지를 보장하기 위한 모종의 법규들을 마련해두었다. 그리고 만일 그것들이 손상되었다면 그것은 누군가가 그것을 침해했기 때문이지 체제 자체가 나쁜 것은 아니라고 주장했다. 괴테

---

* patronazgo, 후견인제. 후원과 충성을 바탕으로 한 유대를 통해 이루어지는 개인간의 관계. 피후원자는 후원자에게 충성을 맹세하고, 대신 후원자로부터 출세의 기회와 보호를 제공받았다.
** caciquismo, 특정 지역에서 어느 한 개인 혹은 집안이 정치적으로 혹은 행정적으로 지나칠 정도로 영향력을 행사하는 형태.
*** clientela, 유력자들이 자기에게 몰려드는 사람들을 후원하고 보살펴주는 행위.

는 "인민들이 우리를 타도할 권리를 갖고 있는지 없는지에는 관심이 없다. 다만 그들이 그렇게 하고 싶은 마음이 생기지 않도록 해야 할 것이다"라고 했다. 악폐를 저지하기 위한 법은 분명 존재했고, 정부는 그것을 적용하기 위해 노력했다. 그러나 이러한 법의 집행을 강제할 수단들을(그리고 가끔은 의지를) 갖고 있지는 않았다.

공적 영역에 사적 이해가 개입한 사실을 설명하기 위해 국가가 아직 '허약하고' 성숙하지 않아서 그러한 일이 발생하곤 했다는 주장에 호소하는 경향이 있다. 그러나 그것은 국가가 권력과 사회적 통제를 독점하고 있다는 이론적 모델을 절대적인 것으로 설정하고 이를 현실과 비교하려는 데서 오는 오류에 불과하다. 사실 그런 이론적 모델과 같은 상황은 절대주의 시대에도 그리고 그후로도 있어본 적이 없다. 최근의 이탈리아 경험은 국가가 지금도 얼마나 '허약한지'를 잘 보여준다. 이탈리아에서는 부패가 너무 지나쳐 체제의 존속을 위협할 때라야만 '부패'로 비난받는다. 왜냐하면 같은 부패라도 어떤 한계를 벗어나지 않는 한 비록 법률로 기록되어 있지는 않지만 이 부패가 게임의 일부를 이룬다는 것은 주지의 사실이기 때문이다.

국가의 기능 중에는 시민을 외부로부터 보호하는 것이 두드러진 위치를 차지했는데, 신분제 사회에서 이것은 '기사 계급'의 특권을 정당화해준 바 있다. 이를 위해서는 반드시 돈이 필요했는데, 키케로(Cicero)에게까지 거슬러 올라가는 고래의 상투적 표현에 따르면 이것은 '전쟁의 신경줄'이었다. 절대 왕정에게 전쟁이 갖는 중요성(18세기에 직간접적으로 들어가는 군사 비용은 전체 예산의 75% 이상을 차지했다)은 마리아 테레지아 여왕이 왜 재정은 "국가의 유일한 원동력"이라고 말했는지를 설명해준다.

전쟁은 점점 더 많은 인원을 요구했기 때문에(16세기의 주요 전투에서는 대체로 양측 군대를 모두 합쳐 3만 명을 넘지 않았으나 18세기 초에는 15만 명이 넘는 경우도 있었다) 점점 더 많은 돈이 필요했고, 따라서 이것은 유럽 국가들의 생활에서 점점 더 큰 비중을 차지하게 되었다(분쟁은 점점 더 빈번해지고 일반적으로 되어갔다). 봉급제로 운영되는 상비군(병사〔soldados〕는 원래 금화인 솔리두스〔solidus〕에서 나온 말이다)과 전함의 유지가 불가피해졌다. 따라서 이를 위해 매우 많은 비용이 필요했고, 전쟁 동안에는 액수가 더욱 증가했다.

이렇게 계속 증가하는 비용이 심각한 문제를 야기하자 각국 정부들은 특권 계층에게 비용을 지불하도록 하거나 혹은 이들의 수중에 있는 재원을 국고로 돌리도록 함으로써만 더 많은 직접세를 끌어들일 수 있었다. 그러나 이 두 가지 방법 모두 구체제(Ancien régime)가 기반하고 있는 동맹 관계를 위태롭게 할 수 있었기 때문에 국가들은 점점 더 간접세에, 특히 해외 무역에 의해 창출되는 간접세에 의존하게 되었다. 이 때문에 국가의 운명은 대(大) 상인 집단의 이익과 긴밀하게 연결될 수밖에 없게 되었으며 반면 이들 대상인들은 세계 시장의 정복에 필요한 정치적·군사적 지지를 확보했다.

바로 그러한 일이 홀란트에서 일어났다. 홀란트에서는 낮은 이자율로 공개 시장에서 판매할 수 있는 공채 제도가 최초로 도입되었는데, 이는 공채 소유자들이 국고가 공중에 의해 통제되는 정부를 신뢰했기 때문에 가능했다(반면에 절대 왕정들은 '지불 정지'로 신용이 떨어졌기 때문에 금융가들이나 중개인들에 의존하면서 높은 이자로 돈을 빌려야 했다). 영국이 후에 홀란트의 뒤를 따랐는데, 영국에서는 1688년의 명예 혁명이 지주와 해외 무역상의 결속을 강화시켰다. 의회를 통한 협상 체제는 폭넓은 유산 계층이 공유하는 국민적 문화를 만들어냈는데, 그들은 "사적 이해를 공적 혹은 국가적 목적에 비추어 생각하는 법을 배웠다".

영국인들은 1603년에 영국과 스코틀랜드 왕실을 합병(영어의 채택과 게일어*의 포기, 귀족의 통합)하고 1707년에는 통일령(Act of Union)을 통해 유럽 최초의 대(大) 국민 국가를 건설했다. 1715년과 1745년에 스코틀랜드에서 일어난 친(親) 제임스 2세파들의 반란에도 불구하고 대영 제국과 그후의 영국은 스코틀랜드인, 웨일즈인, 영국인, 그리고 심지어 아일랜드인들까지도 지역 문화를 그대로 유지하면서도 충성심을 느낄 수 있는 대상이 되었다.

제임스 톰슨**(그는 낭만주의적 국민 신화를 만들어냈던 월터 스콧***, 궁정 화가 데이비드 윌키† 등과 마찬가지로 스코틀랜드인이었다)이 1740년에 「통치하라, 영국이여(Rule, Britannia)」에서 다음과 같이 노래할 정도로 새로운 집단적 일체감이 있었다.

그대처럼 축복받지 않은 다른 나라들은 가끔씩 폭군들에게 무릎 꿇어야 하리라. 그러나 영화롭고 위대하며 자유로운 그대는 그들 모두에게 두려움과 시기의 대상이 되리라. 통치하라, 영국이여! 파도를 지배하라, 영국이여! 영국인들은 영원히 지배받지 않으리라!

18세기 말에 대영제국에서는 국민 국가화 과정이 유럽의 다른 나라들

---

* 스코틀랜드의 켈트 족 언어.
** James Thompson, 1700~1748, 스코틀랜드의 시인.
*** Sir Walter Scott, 1771~1832, 스코틀랜드의 소설가이자 시인, 역사가. 역사소설의 창시자이자 가장 위대한 역사소설가로 꼽힌다.
† Sir David Wilkie, 1785~1841, 스코틀랜드의 풍속화가이자 판화가.

보다 훨씬 더 진척되고 있었던 것처럼 보인다. 그러나 완전한 동질화와는 거리가 멀었다. 19세기 초의 영국 사회는 산업화의 가혹한 결과로 해체 위험에 직면해 있었다. 바로 이 시기에 셸리(Shelley)는 "사회의 두 계급간의 충돌이 불가피하다"고 생각했으며, 바이런(Byron)은 『러다이트들*을 위한 찬가』에서 "우리는 싸우면서 죽거나 아니면 자유롭게 살리라. 러드 왕을 제외한 모든 왕들에게 죽음을!"이라고 썼다. 1845년까지도 디즈레일리(Disraeli))는 이렇게 선언하고 있다.

> 영국에는 두 국민이 있다. 이 두 국민 사이에는 어떠한 교감도, 어떤 공감대도 없다. 그들은 서로 상대방의 관습, 사고, 감정을 너무나 모르고 있기 때문에 서로 다른 식으로 양육받으며 성장하고, 다른 음식을 먹고 자라며, 서로 다른 풍습에 의해 규제되고 다른 법에 의해 다스려진다. 부자와 가난뱅이가 그 두 국민이다.

'국민(nación)'과 '국민 국가(estado-nación)'를 혼동하지 말아야 한다. 국민 감정(sentimiento nacional), 즉 함께 공유하는 문화에 바탕을 둔 집단의식은 어느 시대, 어느 곳에서나 존재했으며, 이것은 특히 예속으로부터 혹은 식민 상태로부터 벗어나기 위해 투쟁하는 사회들에서 해방의 동력으로 작용했다. 반면 19세기에 공고해진 국민 국가는 대개 한때 상실했던 기력을 되찾은 과거 절대주의 국가와 크게 다르지 않은 경향을 띠었다.

프랑스와 스페인 왕정은 이미 17세기에 국민 감정을 지지 기반으로 하려고 했으나 만족스런 결과를 얻어내지는 못했다. 스페인에서 올리바

---

* Luddites, 영국의 산업혁명에 반대하고 기계 파괴 운동을 일으킨 직공들.

일단의 러다이트들이 공장주를 저격하고 있다.

레스*가 구상한 '연합군(Unión de Armas)' 창설 계획**은 국민주의적 용어로 분식되어 있었으나 아무도 설득하지 못한 채 포르투갈과 카탈루냐의 독립 전쟁을 유발했을 뿐이었다. 절대주의로부터 물려받은 '국민

* Olivares, 펠리페 4세의 총신으로 이 시기 스페인을 사실상 지배했다.
** 16세기 초 이래로 스페인은 하나의 제국을 이루었지만 제국 운영에 따르는 부담은 그 제국을

들'의 집합체를 하나로 결속시켜 모든 사람이 '조국의 자녀'가 되는 하나의 공동체를 위한 모델을 만들어낸 것은 프랑스 대혁명이었다.

신의 인가를 받았다는 구(舊)왕정들의 '이데올로기적 결속'이 잠식되자 세속적 성격을 띤 다른 것으로 이를 대체하려는 노력이 나타났는데, 그것은 하나의 '세속적 종교(religión civil)' — 조국 혹은 국가처럼 새로 고안해낸 상징물에 대한 숭배 — 로 표현되었다. 그러나 이것의 가장 강력한 결속 요인은 '전국적' 시장(즉 도시와 농촌 간의 경제적 관계가 전국적 규모로 확대되면서 동일한 법률과 경제 정책에 구속되는 사람들간의 상호 의존도 늘어갔다)과 공립 학교였다.

학교는 국민의 새로운 신화들을 가르쳤다. 자국 역사에 대한 예찬론적 관점(즉 정복자와 피정복자들의 실제 역사가 아니라 조국이 모든 사람들의 공동의 어머니가 되는 역사), 지배 민족 언어의 강요, 특별히 준비된 전통과 신화의 확산(민중 문화의 요소들을 선별해서 채용한 다음 이것을 '국민화한' '민간 전승'을 창출해냈다), 국토에 대한 새로운 상을 만들어낸 지도들(그것은 지금까지 함께 더불어 살아온 이웃한 경계 지역 주민들을 갈라놓는 정확한 경계의 설정을 요구했다) 등이 그러한 신화들이었다. 학교는 또한 표준어의 강요로부터 시작해 귀족적 도덕과 문화 규범 그리고 가치를 가르치는 데도 공헌했다. 표준어는 '책의 언어'로서 지방의 방언을 탄압하려 했을 뿐만 아니라 통속적 언어의 '체제 전복적 자발성'을 근절시키려고 했다. 이를 통해 훈련을 통한 추론 방법을 중시하도록 만

구성하는 여러 왕국들(카스티야, 아라곤, 포르투갈, 네덜란드, 프랑쉬-콩테, 이탈리아의 여러 지역들, 아메리카 등) 중에서 카스티야에 집중되고 있었다. 그러나 17세기의 경제 위기와 함께 카스티야의 재정이 한계에 이르자 올리바레스는 제국을 구성하는 여러 왕국들이 비용을 분담하는 14만 명 정도의 연합군 창설 계획을 세웠다. 그러나 각 왕국들, 특히 아라곤 연합 왕국의 완강한 반대로 실패했다.

들면서 일반 대중의 추론 방법들을 추방하는 데 공헌했다.

반면 투표권은 통합 효과가 그리 크지 않았다. 왜냐하면 대부분의 국가에서 사회 질서의 수호에 관심을 가질 만큼 많은 재산을 가진 사람들, 그러니까 4~5% 정도의 시민들만이 선거권을 갖고 있었기 때문이다(이른바 보통선거권은 '가난한 국민'이 '부유한 국민들'로부터 권력을 탈취하기 위해 투표권을 사용하지 못하도록 통제할 수 있다는 확신이 선 후에야 비로소 도입되었다).

재판과 감옥도 새로운 재산권에 대한 존중(이것은 수백만의 유럽 농민들을 자신들의 것으로 생각해온 바로 그 숲에서 땔나무를 '훔친' 도둑놈으로 만들었다), 노동 규율, 그리고 복종을 강요함으로써 나름대로의 교화적 기능을 수행했다. 반면 일반적으로 주장되어온 대로 '문명화' 과정이 과연 폭력을 감소시켰는지는 명확하지 않다. 왜냐하면 오늘날에도 인구 10만 명당 형사 사건의 빈도 수는 '문명화된' 국가일수록 오히려 더 높게 나타나기 때문이다(1977년의 경우 미국에서는 18.8, 영국과 독일에서는 4~5, 이탈리아에서는 2.7, 그리고 스페인에서는 1.4의 수치를 나타내고 있다).

계급을 가로지르는 프로그램을 통해 새로운 집단의식을 그렇게도 열심히 고취하려고 한 데는 어떤 동기가 있었을까? 16세기 초에 시작된 민중 계층에 대한 재정복 노력은 상당한 성과를 거두었다(종교적 지배의 영역에서 일부 목표를 달성했고, 특히 부르주아들을 과거 지배 계층들과 어울리게 하는 데 성공했다). 그러나 민중 문화와 공동체의 역동성을 완전히 파괴하지는 못했다. 그것들은 18세기 중엽까지도 여전히 살아 있었으며, 따라서 여전히 민중들은 노동, 생계, 축제 등을 중심으로 맺어진 관계들에 기반해 결속 방법을 독립적으로 재구축할 수 있었다.

학교, 감옥, 군 복무는 문화를 통일시키는 데 큰 역할을 했다. 그러나 자율성은 공동체 의식을 형성할 수 있도록 해준 노동 혹은 생활 방식들이 파괴되기까지는 사라지지 않았다. '근대화'를 합리화하는 사관에 따르면 이러한 변화들은 경제 성장이라는 객관적 필요를 위해 필요한 것이었다고 설명되며, 이러한 성장은 전통적 방식과 관습에 집착하고 있던 농민과 수공업자들의 고집 때문에 방해받았다는 것이다. 이 입장에 따르면 근대화의 결과 농업 혁명과 산업 혁명으로 크게 도약할 수 있었다. 오늘날 우리는 이러한 해석이 가진 오류를 쉽게 찾아낼 수 있다. 즉 다른 방법을 통해서도 동일한 결과를 얻을 수 있었음을, 그리고 일부 방법들로는 공동체적 유대를 파괴하지 않고 또 부를 좀더 공정하게 분배하면서도 비슷한 경제 성장을 이루어낼 수 있었으리라는 것을 알 수 있다.

농업 혁명의 역사는 대개 공동체적 경작 형태의 파괴가 농업 혁명의 필수불가결한 전제조건이었다는 식으로 서술되어왔다. 오늘날 우리는 대지주들이 제시하는 것과는 전혀 다른 수단을 통해 경제 성장을 성취했던 농민 경제에 관한 논리가 있었음을 알고 있다. 대지주들이 추구했던 것은 단지 상업화를 증대시키는 것이었을 뿐 전체 생산이나 농민 복지를 최대화하려는 것이 아니었다.

'전통적' 농업에 관한 연구들은 이 전통적 농업이야말로 개선에 매우 민감하게 반응했을 뿐만 아니라 거대한 진보는 대부분 거기서부터 유래한 것임을 입증하고 있다. 플랑드르에서 이루어진 발전은 전통적 농업에서 이루어진 일상적 발전들의 결과물로서 모든 것이 이로부터 시작되었다고 할 수 있다. 영국의 제1차 농업 혁명을 특징지은 경작과 목축의 결합은 인클로저가 아니라 개방 경지들에서 나타났다(영국에서 마지막까지 개방 경지제를 고수한 지역인 락스턴은 지역 주민들에게 적합한 모든 개선책을 수용했다). 압도적으로 '농민적인' 농업을 갖고 있던 프랑스는 새로운 기술에 완벽하게 적응했다. 그리고 19세기 러시아의 농민 공동체들은 "상당한 노동, 자본, 그리고 지식의 투자를 요하는 개선책들"을 도입할 수 있었다. 이러한 사실들은 생산 증대의 필요성이라는 논리로 과거의 공동체적 세계의 파괴를 정당화하는 견해를 재검토할 필요를 강하게 제기한다.

지금까지의 '생산주의적' 견해는 농민 문화의 복잡한 세계를 무시해왔다. 톰슨*은 이러한 농민 문화의 놀라운 활력과 자율성을, 그리고 18세기 말까지도 가난한 사람들이 완전한 패배자가 되지 않도록 보증해준 방식을 보여주었다. 18세기의 영국 농민에 관한 최근의 한 연구는 독립적 농민의 존재(18세기 중엽부터 이들을 역사 무대에서 추방시켜버렸던 정통 역사 해석에서는 이들의 존재를 부인해왔다)를, 즉 공동체적 재산을 함께 이용해왔지만 결국 인클로저에 의해 파괴되어버린 독립적 농민들의 참모습을 생생하게 복구시켜준 바 있다.

이는 위대한 농민 시인 존 클레어**가 그리움을 갖고 회상한 세계이다. 그는 "얼마 되지 않은 땅이지만 나를 그토록 자유롭게 했던" 시절을 회고하면서, 그것은 '야비한' 인클로저가 그를 '마을 교구의 노예'로 만들고, 다른 사람들을 극빈자들에게 베풀어지는 복지에 의존하게 만들 때까지 계속되었다고 회상했다. 그때는 부농들이 귀족들을 흉내내지도 않았고, 조상님들이 물려준 집에서 살면서 "소박하게 차려진 떡갈나무 식탁에서 손님들은 환대받고, 가난한 사람은 잘 먹었다. 그리고 거기에서

---

* E. P. Thompson, 1924~1994, 영국의 역사가. 그의 주저 『영국 노동 계급의 형성』은 역사학은 물론 사회과학 전반에서 빼놓을 수 없는 고전으로 꼽힌다.
** John Clare, 1793~1864, 영국의 낭만파 농부 시인.

는 주인의 아들과 하인과 농민이 매일처럼 서로 너나 없이 앉아 이야기하던" 그런 시절이었다. 그러나 19세기 초에 "그것은 한바탕 행복한 꿈이었던 것처럼 사라져버렸다".

수년 전부터 매우 급진적인 수정주의의 도전을 받고 있는 주제인 '산업 혁명'의 경우에도 비슷한 현상이 나타나고 있다. 이것은 영국의 경제 쇠퇴가 '자기 지지적 성장'의 신화를 깨뜨려버린 시점과 궤를 같이한다. 이 수정주의적 설명들 중 어떤 것(이것들은 산업이라고 하는 것이 단순한 경제 체제나 구조에 머무르는 것이 아니라 "인간의 협업 체제와 경제적·사회적 관계 모두를 포함하는 체제"를 의미한다는 확신으로부터 출발하고 있다)은 다른 형태의 협업에 기반한 대안적 발전의 가능성들이 있었음을, 그리고 공장제는 어떤 기술적 효율성 때문이 아니라 사용자가 노동자들을 보다 확실하게 통제하고, 최대의 잉여를 보다 쉽게 획득할 수 있도록 하기 위해 생겨난 것이라고 주장했다. 경영주들은 기술이 공장의 집중을 용이하게 하고, 소규모 생산에 대한 우위를 보장하는 형태로 발전하게끔 만드는 데 성공했는데, 그것은 공장제가 기술 진보의 한 필수 조건인 것처럼 보이도록 만들었다. 대규모 산업이 안에 갖고 있던 경직성 때문에 후유증에 시달리기 시작하고 또 앞으로는 보다 유연한 생산 구조가 지배적 형태로 될 것처럼 보이는 오늘날 아마 산업 성장이 다른 길을 향할 수도 있었을 어제의 갈림길로 시선을 되돌려보는 것도 나쁘지는 않을 것 같다.

19세기 초에는 기술적 진보를 포기하지 않으면서도 산업 생산을 사회적으로 보다 공정하게 조직할 수 있다고 생각한 노동자들이 많았다. 그들은 기계가 노동자들을 노예화하는 대신 그들에게 봉사하는 형태로 배치될 수 있고, 자본과 노동은 분리되지 않고 "남녀 노동자들의 수중에서

전쟁중 군수품 공장에서 일하고 있는 영국의 여성 노동자들

언제까지나 결속되어 있어야 한다"고 주장했다.

그들은 노동자를 빈곤에 빠뜨렸기 때문만이 아니라 "악마와 같은 공장의 어두컴컴함" 속에서 품위를 떨어뜨리는 일에 시달리도록 만들었기 때문에 공장제 산업을 거부했다. 낭만주의 시인 윌리엄 블레이크(William Blake)는 다음과 같이 쓰고 있다.

> 모래 시계는 그것의 단순한 기술이 마치 농사꾼의 기술 같았기 때문에 경멸되었고, 물을 수조에 끌어올리는 수차는 그 기술이 양치기의 기술과 같았기 때문에 부수어지고 불태워졌다.
> 그리고 그 대신 그들은 바퀴 없는 수레바퀴처럼 복잡한 기계들을 발명해

9. 대중의 거울

젊은이들이 그 기계의 움직임과 자신들을 혼동케 하고, 그들을 밤낮으로 그리고 영원토록 노동에 묶어놓았다.

그리고 혹심한 노동 속에서 어디에 쓰이는지도 모른 채 끊임없이 쇠와 구리를 두드리고 광내도록 만들었다.

또 메마른 한 조각의 빵을 벌기 위해 지겨운 일과 속에서 지혜의 나날들을 낭비했다.

산업화로 인해 과연 노동자들의 생활 수준이 개선되었는지 그렇지 않은지에 대한 논쟁은 지금까지 동원되어온 용어로는 만족스런 결론을 도출하지 못했는데, 아마 앞으로도 마찬가지일 것이다. 왜냐하면 행복이라고 하는 것은 물리적인 용어뿐만 아니라 문화적인 용어로도 규정되어야 하는데, 그에 대한 객관적 기준은 있을 수 없기 때문이다. 그러나 공장이 노동자 자신들에게 무엇을 의미했는지, 또 이들은 그것에 대해 어떻게 생각했는지를 웅변적으로 말해주는 것은 쉽게 찾아볼 수 있다. 즉 공장 노동에 휩쓸려들어가지 않으려는 절망적인 저항이, 배고픔까지 기꺼이 감수하려는 저항이 있었던 것이다. 영국의 직조공들은 독립과 존엄을 파괴하고, 가족과 노동 간의 관계를 무너뜨리는 이러한 체제에 편입되기보다는 차라리 적게 벌기를 택했다.

그럼에도 불구하고 19세기 동안 이러한 저항들은 극복되어갔고, '국민적' 통합이라는 의미에서 전진이 있었다. 귀족과 부르주아가 점차 일체화되어갔다. 귀족은 그들의 운명을 부르주아화 했고(그들의 특권을 재산으로 변형시켰다), 부르주아는 귀족의 문화와 생활 양식을 채용했다. '구체제의 완고함'도, '부르주아의 승리'도 없었다. 단지 지배 집단이 하층 계급의 열망으로부터 스스로를 지키기 위해 서로 협정을 맺지 않으면 안 되게끔 만든 자본주의 논리만이 있었을 뿐이었다.

민중 계층의 문화적 동화 과정도 있었다. 영국 노동자들은 근본적 변화에 대한 열망을 포기하고 부르주아 문화에 편입되었다. 프랑스 농민들은 19세기 동안 국민화되었다(지금까지는 도시 주민들이 이들 농민들을 '진보의 샘'으로 데려와 물을 마시도록 한 것으로 설명되어왔으나 별로 설득력이 없어 보인다). 독일 대중의 게르만화는 모든 수단을 다 동원해서 이루어진 것으로 길고도 세심한 교육 과정의 산물이었다. 하나의 게르만적 양식을 발명해낸 각종 기념물들, 공적인 축제, 합창단, 혹은 스포츠 클럽 등이 그러한 수단들이었다.

그럼에도 불구하고 이러한 동질화는 기대했던 만큼 완벽하게 이루어지지는 않았다. 부르주아는 가난한 사람들이 충분히 순화되었다고 확신할 수 없었다. 지배 계층의 공포는 민중들의 심상치 않은 움직임이 있을 때면 언제나 어김없이 표출되었는데, 프랑스 대혁명의 공포는 언제든지 재현될 수 있다고 생각했던 것이다. 예를 들어 1819년 맨체스터에서 선거법 개혁을 위한 평화적 집회가 유혈 진압으로 끝나고 나서 한 정치가는 만일 그런 집회가 용인된다면 "지금의 법과 정부는 파탄나고 이 나라의 대중은 프랑스 대혁명 때와 같은 잔인한 행위들을 통해 제멋대로 새로운 사회 질서를 만들어내게 될 것"이라고 말했다. 또한 1830년에 왕조의 교체말고는 별다른 의미를 갖지 못했던 온건한 파리 혁명은 겁에 질린 니부르(Niebur)의 죽음을 재촉하고 말았는데, 그는 그 사건에서 민중들이 들고일어나 '재산의 재심사'를 할 날이 곧 다가오고 있음을 보았다.

새로운 사건이 일어날 때 이러한 공포는 계속 새로워졌다. 1848년 혁명(이때 공산주의의 유령이 유럽을 떠돌았으나 그것이 유령 이상의 어떤 것

노동자들의 조직화. 19세기 동안 유럽 노동자들은 자신들의 권리를 보호하고 증진시키기 위해 노동조합과 정당을 만들었다.

으로 될 가능성은 거의 없었다), 제1차 인터내셔널의 창립, 파리 코뮌, 그리고 20세기 들어서는 새롭고 좀더 위협적인 볼세비즘의 유령, 그리고 제1차 세계대전 이후 중서부 유럽에 널리 퍼진 사회적 소요의 물결(이때 영국에서는 처음이자 유일한 총파업이 있었다) 등이 그것이다.

상류 계층의 공포는 항상 하급 계층의 혁명의 의도보다 훨씬 과장되게 나타났다. 1932년에 미국의 참전 용사들이 의회에서 승인된 보상금 지불을 앞당기기 위해 워싱턴을 향해 행진해 가자(그 돈은 1945년에 가서야 비로소 지불되었다) 군대는 이들을 가혹하게 진압했으며, 아이젠하워나 패튼 같은 지휘관들과 함께 작전을 지휘한 맥아더 장군은 만약 굶주린 노병들의 시위가 계속되도록 용인했다면 "정부 기구들은 심각한 위협에 직면했을 것이다"라고 말했다.

나치즘은 거지와 부랑인들의 보호 수용이라든지 반사회적 분자들을 집단적으로 수용해서 관리하는 '예방적' 보호 감독 등 '내부의 적들'에 대한 조치로 대중의 지지를 얻었다. 후에 똑같은 기술을 유대인과 반파시스트주의자들에게 적용했으며, 나아가 멸종 정책으로 발전시켰다. 그러나 만약 그것이 마치 예외적인 것이나 되는 것처럼 놀란 표정을 짓는다면 다른 시기에 '다른 사람들', 즉 이교도들, 마법사들, 불온한 시골 사람들 혹은 혁명분자들로부터 유럽 시민들을 보호하기 위해 사용한 논리, 그리고 많은 사람들이 하층민들에 대해서도 적용하기를 원했던 것과 똑같은 논리를 갖고 나치들이 행동했다는 사실을 망각하고 말 것이다. 그것이 과거에 얼마나 '일상적'으로 이루어졌는지를, 그리고 그것이 존경할 만한 것으로 간주된 다른 선택들과 얼마나 많은 공통점을 갖고 있는지를 망각한 채 마치 특별하고 일탈적인 것처럼 이야기하는 것은 그러한 범죄들을 용서하는 것만큼이나 위험하다.

20세기에 가난한 도시민들은 농촌 사람들을 야만스러움의 한 예로, 그리고 위협으로(보다 가까이 있었기에 더 위험한 위협으로) 간주했다. 절대주의 시대의 유럽 사회들이 의심의 눈초리로 바라보고 탄압하기 시작한 빈곤은 모든 사람들에게 동일한 기회를 제공한다고 자부했던 자유주의적이고 경쟁적인 사회들의 눈에는 일종의 악덕 혹은 열등함으로 비쳐졌다. 그리하여 '퇴화(degeneración)'의 이론이 만들어졌다. 그것은 스스로 과학적 토대를 가졌다고 주장했으나 신체적 특징을 통해 범죄를 설명한다든지(롬브로소*의 '타고난 범죄인'), 에밀 졸라(Emile Zola)가 루

---

* Cesare Lombroso, 1835~1909, 이탈리아의 범죄학자. 그는 어떤 사람들은 원시 단계의 인간이 가졌던 생물학적 특징을 물려받아 범죄자 또는 격세유전(隔世遺傳) 범죄자로 태어난다는 데 특히 관심을 가졌으며, 범죄자에게는 일정한 신체적 특징이 있다고 주장했다.

공 마카르 가(家)의 지속적 몰락을 추적하고 있는 소설들, 혹은 흡혈귀 신화, 즉 피를 통해 유전되는 부패의 신화의 부활과 같은 매우 다양한 원천에 의해 배양되었다. 이처럼 아주 복잡한 아이디어들로부터 '문제'를 해결하기 위한 과학적-정치적 의도들이 생겨났다. 재생산될 개인을 선별함으로써 '인종'을 개선해야 한다고 하는 (그리고 미국에서는 단종 정책을 고무했던) 우생학, 원하지 않은 사람들을 대도시로부터 내쫓기 위한 방책으로 고안된 이민 등이 그것이었는데, 그 어느 것도 대중(masa)의 반란 위험을 예방하기 위해서는 지나친 것으로 여겨지지 않았다.

레이먼드 윌리엄스(Raymond Williams)는 'mass'라는 말은 'mob', 혹은 'common herd'라는 용어를 대신하게 된 새로운 단어라고 말한다. 영국에서 이 용어는 18세기 초에 나타난다. 스페인에서는 이 말(masa)이 1791년의 왕립 학술원의 사전에도 아직 수록되지 않았으며, 대신 'vulgo' 혹은 'plebe'라는 단어가 그 자리를 차지하고 있는데, 그것들은 '보통 혹은 낮은 계층의 사람들'을 의미했다. 이와 관련해 윌리엄스는 그렇다면 누가 대중(masa)을 구성하는가?라고 묻는데, 이 물음에 대해서는 엄밀한 의미의 객관적 정의가 가능하지는 않겠지만 대중은 '다른 사람들'이라고 말할 수 있겠다.

19세기에 유럽 인구가 증가하면서 이 대중의 수도 증가하는데, 이제 이들에게까지 돌아가게 된 교육 기회는 이들을 '국민' 문화에 편입시키려는 생각과 함께 정말 그들이 이제 동등한 자격으로 연회에 초대되었다고 믿던 사람들에게 더욱 더 위협적인 모습을 띠게 했다. 지식인들과 예술가들은 본래 영역에 그대로 머물러 있는 농촌 사람들은 얼마든지 수용할 수 있었고, 심지어는 로렌스(Lawrence)처럼 원시적 본능의 저수지로 환영할 수도 있었다. 그러나 부르주아적 가치에 동화된 '빤질빤질

한' 도시 대중들에 대해서는 우호적인 태도를 보이지 않았다. 플로베르(Flaubert)는 이들의 '고매한' 사고들을 조롱했고, 피에르 루이*는 그들의 도덕률(즉 그 또한 '미덕'이라고 불렸던 인간적 위선)을 비난했다.

이 다양한 백색의 '인종들' 간에는 감각의 질도 달랐다. 프랑스의 작가 위스망스(Huysmans)는 색깔의 인식에서도 "투박한 망막이 각각의 색이 가진 독특한 리듬도, 농담(濃淡)과 배합의 신비한 매력도 지각하지 못하는 보통 사람들", "맑고 밝은 색깔들의 화려하고 아름다움을 지각하지 못하는 부르주아의 눈들" 그리고 마지막으로 미세한 색조와 색의 배합을 동시에 음미할 수 있는 유일한 사람들로서 "문학과 예술에 의해 훈련받아 세련된 눈을 가진 사람들"을 구별할 필요가 있다고 말했다.

'속물들'(philistines, 독일 학생들이 대학인이 아닌 사람들에게 붙인 용어)에게는 '위대한' 예술에 접근하는 것을 허용하지 말아야 했다. 19세기 말~20세기 초의 예술가들은 교양 있는 소수를 위해 글을 쓰고 그림을 그리고 작곡을 했으며(후에 이들의 대리인과 상인들은 '전위'라고 하는 것이 부르주아 바보들에게 좋은 가격으로 작품을 팔 수 있게 해준다는 것을 발견했다), 스스로 '저주받은 시인들'로 자임했으며, 자신들을 대중의 도덕률 위에 위치한 존재로 간주하고, 선택된 입문자들을 위한 비교적(秘敎的) 의식에서 피난처를 찾았다.

'지식인들'은 대중을 경멸하고, 또 대중을 두려워하는 그 시대를 경멸했다. 그들은 니부르처럼 만일 어느 날 대중을 예속시켜온 사기(詐欺)의 정체가 밝혀지면 그들은 봉기를 일으켜 세계를 끝장낼 것이라고 생각했다. 그리고 모두가 니체처럼 공개적으로 '대중에 대한 선전포고'를 할 수 있다고는 생각하지 않았지만 정치적 결정을 다수의 손에, 즉 정치에

* Pierre Louÿs, 1870~1925, 프랑스의 소설가이자 시인.

는 전혀 적절치 못한 다수의 손에다 맡기는 민주주의를 혐오하는 사람은 상당히 많았다. 에른스트 윙거*는 "투표권을 가진 민중과 나머지 귀족들 간에 벌어지는 게임은 커다란 도박이다"라고 말했다.

그것은 지식인들로 하여금 새로운 카이사르를 동경하게 했고, 그 중 일부는 새로운 카이사르를 무솔리니나 히틀러에게서 발견했다고 믿었다. 유럽의 지식인 가운데 무솔리니와 히틀러를 추종한 사람들의 규모는 실제보다 훨씬 적게 생각되는 경향이 있는데, 그것은 전쟁에서 패한 이후로도 과거의 견해를 계속해서 유지한 사람들이 얼마 되지 않았기 때문이다. 대부분은 과거의 협력 사실을 어떻게든 지워버리려고 노력했는데, 윙거(그는 어찌 됐든 히틀러를 지나치게 서민적인 사람으로 간주했다), 혹은 연구와 교육은 국가 사회주의 혁명에 이바지해야 한다고 주장한 하이데거(M. Heidegger)(그러나 나치는 그러한 주장이 지나치게 '추상적'인 것으로 간주했다)가 그런 사람들이었다.

서민 대중에 대한 이러한 투쟁은 결코 공개적으로 이루어진 전쟁이 아니었다. 그러기에는 물리쳐야 할 적의 수가 너무 많았다. 그리고 다른 한편으로 그들은 '더 나은 사람들'의 값비싼 필요를 충족시켜주기 위해 계속 일할 수 있도록 살아 있으면서 계속 기만당할 필요가 있었다. 특정한 인간 집단을 '열등한 자들' 혹은 심지어는 '적들'로 몰아 소외시키기 위해 '내부의 적'이 고안되어졌는데, 유대인, 부랑자, 파업꾼, 외국인 이민자(그들이 더이상 필요치 않게 되었을 때 그렇게 되었다) 등이 그들이었다. 그렇게 함으로써 소외되지 않은 '대중'(선량한 시민들)과 이들의 지도자 간에 이해관계가 일치한다는 환상이 더욱 굳어지고, 그리고 어떤 문제들에 대한 책임을 전가시킬 수 있는 누군가를 찾아낸다는 이중의

---

* Ernst Jünger, 1895~?, 독일의 소설가이자 수필가.

목적을 이룰 수 있었다.

 이러한 사실에 대해 그것이 불공정하다고 비난하고, 소외된 자들에 대한 평등한 대우를 주장하는 것만으로는 충분하지 않다. 만일 이와 함께 그러한 소외를 합리화하는 사고틀을 허물지 않으면 그것은 무의미한 일이 되고 말 것이다. 이러한 사고틀에서는 보편적 진보를 앞당겼기 때문에 유럽인들이 우월하다는 것을 정당화하고, 또 이 진보라고 하는 것이 실제로는 같은 유럽인들 대부분의 희생을 대가로 해서 이루어졌다는 사실을 은폐함으로써 우리 모두를 그들의 악행의 타고난 공범으로 만들고자 하는 역사관이 핵심 부분을 이루고 있다. 이러한 '유럽 중심적' 관점은 단순히 비유럽 민족들에게서 그들의 역사를 박탈하는 것(그것은 분명 사실이다)으로만 그치지 않는다. 그것의 보다 중요한 목적은 분명 유럽인 자신들 중 많은 사람들한테 '공식적 역사'로 성역화된 것과는 다른 과거들이 있었음을, 그리고 바로 그 안에서 수많은 좌절된 소망과 가능성들을 발견할 수 있다는 것을, 그리고 그들에게 진보라고 소개된 것 중 많은 것이 여러 가지 형태의 경제적 착취와 사회적 통제를 위한 위장에 다름아님을 숨김으로써 유럽인들로부터도 역사를 박탈하고 있는 것이다. 민중 계층에게서 역사와 의식을 박탈함으로써 이들을 '내부의 미개인'의 역할에 머무르게 했던 것이다.

 바로 그러한 현상이 이전에는 공동체적 기반을 가진 농업의 테두리 내에서 진보를 찾으려 했던 농민들 혹은 인간에게 봉사하는 기계를 원했던 수공업자들을 대상으로 해서 일어났다. 그러나 오늘날에는 공장 노동자나 사무원들을 대상으로 하여 그러한 현상이 나타나고 있다. 이제 이들은 노동조합 투쟁을 통해 쟁취한 최소한의 안정과 복지마저 위협받고 있음을 보고 있는데, 그것들은 이제 흡혈귀처럼 계속해서 이들의 피를 빨아먹기를 원하는 진보를 가로막는 하나의 장애물로 간주되고, 이러한 약탈은 '경쟁력'으로 위장되고 있는 것이다.

10. 거울들의 방 밖에서

1991년 라트비아인들이 거대한 레닌의 동상이 쓰러져 있는 것을 지켜보고 있다.

거울들의 방 밖에서

유럽인들은 자신들의 우월함을 정당화하기 위해 유럽사의 여러 '기적'과 함께 이러한 기적을 설명해줄 수 있는 근거들, 즉 장점들에 관해 숙고해왔다. 무엇보다 우선적으로 거론하는 근거는 유럽의 성공은 우수한 사람들의 '인종적' 자질과 연관되어 있다는 것이었다. 인도-유럽 어족이라는 신화('아리안'이라고 하는 말은 오늘날 그리 기분좋은 말은 아니지만 그 의미는 전혀 다르지 않다)는 19세기 초에 독일에서 생겨났다. 그것은 비교언어학에서 이루어진 진보에서 영감을 받았고, 유럽 문화를 그때까지 당연시되어온 지중해적 기원으로부터 해방시키는 데 공헌했다. 이 신화에 따르면 하얀 피부와 금발 그리고 푸른색의 눈동자를 가진 사람들은 히말라야 산맥 혹은 중앙 아시아의 평원으로부터 유럽으로 이동하여, 로젠베르크*의 말에 의하면, "헬라스**에서 북유럽인(즉 게르만 족)의 꿈"을 만들어냈다는 것이다.

---

* Alfred Rosenberg, 1893~1946, 독일의 국가사회주의자. 그는 독일 민족의 우수성을 장황하게 늘어놓으며 독일 민족이 북방 인종의 전형으로서 유럽을 지배할 사명을 부여받았다고 주장했다.
** Hellas, 그리스인들은 스스로를 헬레네스(Hellenes)라고 불렀고 자신들, 즉 헬레네스가 사는 곳을 본토와 식민지를 통틀어 헬라스라고 하였다.

다른 설명들은 좀더 교묘한 모습으로 나타나는데, 예를 들어 성공의 원인을 모종의 덕성에서 구하고 있다. 자본주의 발전을 종교의 영향과 연결시킨다든지 혹은 유럽 가족들에서 독특하게 나타나는 특징, 즉 결혼을 비교적 늦게 함으로서 출생률을 낮추고 그럼으로써 저축과 투자에 유리한 환경이 조성될 수 있었다는 식의 설명이 그것이다. 이러한 생각은 아마 맬서스(T. S. Malthus)로부터 시작된 것처럼 보이는데, 그가 보기에 출생률의 감소는 금욕이라고 하는 자발적 행위와 연결되고 있음이 분명했다. 즉 가난한 자들은 신이 할당해준 이 세상의 좋은 것에 대한 적은 몫을 인정하지 않을 수 없었다는 것이다. 그러나 확실한 것은 출생률의 감소(이 조용한 혁명은 어떤 사람들에게는 도시화와 공업 발전과 함께 '근대화'의 핵심적 내용 중의 하나였다)는 무엇보다도 피임 기구의 사용 때문이었지 어떤 '덕스러운' 금욕 때문은 아니었다는 것이다.

우리는 앞에서 기술에 대해 이야기한 바 있다. 그런데 이 기술을 에너지와 기계로 단순화시키는 논리를 받아들인다 해도 유럽의 우위는 너무나도 최근의 일이기 때문에 왜 '산업 혁명'이 예를 들어 17세기 중엽까지도 여러 가지 점에서 앞서가고 있던 중국에서 일어나지 않고 유럽에서 일어났는가를 묻지 않을 수 없다. 이러한 질문에 대해 많은 사람들은 유럽인들이 가졌던 혁신적이고 창조적인 '파우스트적 정신'과는 대조적으로 "중국에서는 변화를 위한 추진력이 매우 적었다"는 식의 전통적인 '오리엔탈리즘'의 상투적인 설명을 반복하고 있다. 그리고 존스의 설명처럼 좀더 대담한 설명들은 "아시아의 전제주의적 제도들이 창조성을 말살했다"는 식의 오리엔트에 대한 만병통치적 설명에 의존하고 만다.

하지만 정말 이슬람 세계가, 그리고 중국 제국과 자바의 술탄국들이 유럽의 절대 군주들보다 더 '전제적'이었다고 주장할 수 있을까? 16세기부터 18세기까지 이 시기가 '고통의 시대'라고 불린 데서 잘 알 수 있듯이 국가의 존재와 군주에 대한 복종을 확실히 하려는 의도는 유럽에서 탄압을 증가시켰고, 한편 점점 더 빈번해지고 많은 비용이 들어가게 된 전쟁들은 "근대화로의 다소간 빠른 발전"을 가능하게 할 조건들을 얻어내기 위해 지불해야 했던 대가이기도 했다. 또 이 시기는 마녀 사냥의 시대이자 종교 전쟁의 시대였으며, 과학자들을 두려움에 떨게 했던 종교재판소의 박해가 있던 시대였다. 이처럼 일반화된 폭력의 시대는 유럽에 주도권을 가져다 줄 전투에서 사용할 무기와 방법을 완벽하게 만드는 데 공헌했다.

그럼에도 불구하고 유럽의 성공은 이러한 군사적 이유들 외에 생산적 투자를 자극한 요인들, 그리고 당시 동아시아 국가들에서는 존재하지 않은 것처럼 보이는 요인들과 밀접한 관련을 맺고 있었다. 재산권 보장과 낮은 이자율이 그것인데, 이 두 가지는 지주 귀족과 부르주아 사업가들을 국가의 정치적 지배 속에서 연합시킨 의회 민주주의 형태의 발전과 연결되어 있었다(크노*는 혁명 일반에 대해 언급하면서 "승리한 계급의 일부가 '자리를 잡아' 패배한 계급과 합의에 도달한다"고 말했다). 그 덕분에 '자신들의' 재산의 안전을 확보하고, (심지어는 교수대까지 동원하여) 탐욕스럽게 그것을 지켜내고, 동시에 농민들의 재산을 강탈할 수 있었다. 이런 점들은 우리로 하여금 전제적 오리엔트와 자유로운 서양이라고 하는 상투적 대조에 머무를 것이 아니라 좀더 신중하고 섬세한 견해를 가질 것을 요구한다.

유럽인들로 하여금 야만인, 미개인, 그리고 동양인에 대해 그들 스스

---

* Raymond Queneau, 1903~1976, 프랑스의 작가.

로 만들어낸 우월감을 확신하도록 만든 이 왜곡된 거울들의 방은 '유럽인들'이 문명과 진보를 이루었으며, 따라서 유럽인들은 성공했다는 주장의 토대가 되고 있다. 아니 그보다는 오히려 그것을 토대로 성공들을 설명해내려고 한다고 할 수 있는데, (왜냐하면) 그것은 '근대적 경제 성장'을 초래한 요인의 해석처럼 대단히 중요한 어떤 것을 설명해주지 못하는 것이 분명하기 때문이다. 이 점은 이러한 역사 해석으로부터 연역된 '성장을 위한 처방전'이 식민지 세계에 적용되었을 때도, 또 이 식민지들이 독립하고 난 후에 적용되었을 때도 마찬가지로 대부분 실패한 사실에서 잘 알 수 있다. 영국의 산업화에 대한 신화적이고 그릇된 이해에 근거해 가장 정통적인 처방전을 사용한 사람들도, 그리고 자원을 별로 갖지 못한 나라들에 더 적절해 보이는 이른바 중앙집권적인 계획안을 시도했던 사람들 모두 이러한 사실을 발견했다.

하나의 승리로서 잘못 생각된 공산주의의 몰락은 세계를 변화시키기 위해 여러 시도를 해온 유럽인들의 실패사의 또하나의 장에 다름아니다. 이 두 처방전의 불모성이 입증된 지금 우리는 오늘날 제3세계 혹은 '제3세계화된 국가들', 즉 한때는 머지않아 부자 클럽에 합류할 수 있을 것이라고 기대했으나 결국 엄청난 부채를 떠안고 꿈에서 깨어난 라틴 아메리카 국가들에게, 그리고 빈곤 상태에서 비참한 상태로 넘어가고, 그리고 기품 있는 빈곤의 수준으로 되돌아가는 것말고는 아무런 전망도 갖지 못한 과거 현실 사회주의 국가들에게 어떤 다른 대안을 제시할 수 있을까?

'역사'로부터 이끌어낸 해석 모델들이 예상했던 상황은 전혀 나타나고 있지 않다. 서양의 선진 국가들에서는 부가 끊임없이 증가할 것이라는 믿음이 깨지고 있는 반면(통상적인 공식에 따르면 마치 경제는 사람들

1989년 11월 9일 베를린 장벽이 무너지는 역사적인 장면

의 행위와는 관계없이 스스로 굴러가는 내재적 발전 능력을 갖는 것인 양 '자기 지지적' 성장을 한다고 생각되어왔다) 이 부의 혜택을 사회 구성원 전체에 분배하려던 복지 국가는 파산 상태에 있다. 과거 '현실 사회주의'

국가들에서는 '자유주의'로의 복귀가 모든 사람들의 예상을 뒤엎고 성장률의 하락을 동반했다. 게다가 가장 급속한 성장의 리듬이 그 어떤 유용한 도식에도 들어맞지 않는 혼합 (경제) 체제를 만들어낸 중국에서 나타나고 있는 역설이 보여지고 있다.

그러나 우리가 지금까지 이용하고 있는 많은 모델 중에서 최선의 모델, 즉 실제로 뭔가를 설명해주는 모델은 과거의 경험에서 이끌어낸 기준에 근거를 두고 있다. 따라서 어떤 새로운 것을 예측하는 데는 무용하다. 다른 한편 미래를 예측하려던 모델들은 대개 환상과 실현 가능성이 거의 없는 기대에 근거하고 있다. 그렇지 않다면 북아메리카가 유럽 시장의 통합 모델을, 게다가 그러한 통합이 초래할 이익과 대륙적 규모의 생산 합리화로 인해 발생하게 된 높은 실업률 간의 손익계산서가 긍정적일 것인지 아닌지를 따져보지도 않고 성급하게 모방하려고 하는 것은 이해하기 힘들다. 즉 그러한 프로그램들이 추구하는 진보와 복지는 무엇보다도 지배 집단의 진보요 복지로서 다른 모든 사람들의 희생을 대가로 하여 이루어진다는 원칙에서부터 출발하지 않는다면 말이다.

멕시코 남부에서 일어난 농민들의 분노의 폭발이 이 나라가 북아메리카 자유 무역권에 편입된 바로 그 시기에 나타난 것은 역설적으로 보일 수도 있다. 이들의 저항의 논리는 만약 우리가 치아파스*의 역사를 알게 된다면 훨씬 더 잘 이해할 수 있다. 그곳에서는 19세기와 20세기의 근대화 과정이 다수의 빈곤화와 예속화를 희생으로 한 소수의 부유화를 가져왔고, 혁명과 개혁으로도 이러한 궤도를 바꿀 수는 없었다. 우리는 이러한 경험으로부터 새로운 근대화의 시대도 만일 "사람들을 풍요로운

---

* Chiapas, 태평양 연안에 면한 멕시코 남부의 주. 1950년대에 팬아메리칸하이웨이와 아메리카 대륙간 철도가 이 지역을 지나게 되면서 뒤늦게 공업이 발달하고 사회적 여건이 향상되었다.

땅에 가난한 상태로 묶어두는 권력과 소수 이익 집단의 밀접한 연계 관계"가 깨지지 않는다면 오히려 더 커다란 비참과 몰락만을 낳을 수도 있다는 교훈을 끌어낼 수도 있지 않을까?

슘페터(Schumpeter)가 말했듯이, 경제를 경제로만 설명할 수는 없다. 이 말은 또한 우리가 목도하고 있는 복지 국가의 와해가 단지 비용 때문만은 아니며 그와 더불어 그리고 무엇보다도 사회적 맥락의 근본적 변화에서 기인한다고 하는 사실을 이해하는 데 도움을 준다. 1789년부터 소비에트 체제의 붕괴에 이르기까지 유럽의 지배 계급은 가끔씩 단잠을 깨우는 유령들과 함께 살아왔으니, 자코뱅, 카르보나리*, 아나키스트, 볼셰비키 등 대중을 이끌고 기존 사회 질서를 파괴해온 혁명분자들이 그것이었다. 이러한 공포는 지배 계급으로 하여금 몇 가지 양보를 하도록 만들었다. 그러나 이들의 단잠을 깨울 어떠한 위협도 사라져버린 오늘날(이제 일어날 수 있는 것이라고 해봐야 대수롭지 않은 불만의 표출일 뿐이고, 게다가 그것은 어렵지 않게 통제될 수 있을 것이다) 더이상 그러한 양보를 계속할 필요가 없게 되었다. 게다가 이러한 위기의 많은 희생자들에게 위기가 발생한 책임이 '다른 사람들', 즉 쥐꼬리만한 임금을 통해 낮은 가격을 유지할 수 있도록 해주는 아시아의 사업가들, 혹은 '우리들의' 일자리를 빼앗아간 아프리카 이주민들에게 있다고 설득할 수 있었다(그러나 독일의 한 자동차 회사는 임금이 물론 '아시아 수준'인 미국의 어떤 지역에 공장 건립을 시도하고 있다). 이렇게 조작된 외부의 적은 이 사람들과 저 사람들, 즉 이민자들과 유럽의 노동자들의 이해가 다르지 않다는 사실을 은폐하고 이들간에 연대의식을 형성하는 데 걸림돌이

---

* 19세기 초 이탈리아의 비밀결사. 자유주의적·애국적 이념을 신봉했고, 1815년 나폴레옹의 패전 이후 승전한 연합국들이 이탈리아에 강요한 보수주의 정치 체제에 대한 반대운동을 주도했다.

되고 있다.

이것은 과거의 공동체적 유대가 거의 완전히 무너져버린 사회에서는 너무나도 쉬운 일이다. 정당처럼 이런 공동체적 유대를 대체하기 위해 만들어진 틀은 시민들을 통합할 수 없다. 왜냐하면 정당은 옛날 공동체적 유대 속에서 시민들이 누렸던 자치를 제공하지도 않고, 이들의 이해를 대변하지도 않기 때문이다. 대중을 흡수해야 하는 보편적 문화는 모든 이들의 요구를 만족시키지는 않는다. 그리고 이론적으로는 '과학적'인 세계에서 대부분의 사람들은 과학을 알지 못하고 있다. 미국에서는 "21%의 사람들이 태양이 지구 주위를 돌고 있다고 믿고 있고", 47%가 읽고 쓸 줄을 모른다. 수백만의 사람들이 여러 가지 종류의 마술과 비방(秘方)을 일상적으로 행하고 있다.(루고* 근처의 아프리카 사파리 공원에서 UFO가 스물 여섯 마리의 코끼리를 빨아들여버렸다고 믿는 사람들에게 무엇을 기대할 수 있단 말인가?) 이러한 대중의 요구를 만족시키기 위해 영화에서부터 비디오 게임에 이르기까지 온갖 생산물이 승자를 찬양하고, 패배한 다수 대중은 완전히 망각해버리는 공격적 개인주의 가치관을 확산시키는 문화 산업이 창출되었다.

자신들이 유대가 결핍된 사회에 버려졌다고 생각하고는 다만 용인된 집단의 형성을 통해서만 고독으로부터 벗어나려고 노력하는 사람들이 많아졌다. 젊은이들은 대안적 하위 문화들(그들 자신만의 생활 양식을 표출하고자 하는 어떤 복장, 언어, 행동들)에서 안식처를 찾고, 어른들은 스포츠 클럽, 여가 활동 혹은 종교적 성격의 모임 등 앞으로의 성공 여부가 불안정하고 뿌리뽑힌 도시 대중들에게 유대감을 줄 수 있는 활동들에 몰두함으로써 욕구를 발산시키고 있다. 이 모든 것은 기존 사회 체계

---

* Lugo, 스페인의 갈리시아 지방의 도시.

에 어떠한 위험도 제기하지 않는다.

우리가 집단적 꿈을 상실했다는 것을 우리는 미래 공상 문학에 나타난 변화에서 찾아볼 수 있다. 얼마 전까지만 해도 공상 문학은 중단 없는 기술 혁신이 우리 사회에 긍정적 변화를 가져올 것이라고 생각했다 (그것은 왜 위험을 무릅쓰고 다른 은하계로 가는 사업을 계속 추진해야 했는지를 설명해준다). 그러나 오늘날 작가들은 다시 우리 지구로 돌아와 자원 고갈, 재난, 빈곤이 지배하는 미래를 그리고 있는데, 거기에서 영웅들은 오직 생존을 위해 투쟁하는 모습을 보여주고 있다. 서기 1000년의 공포는 존재하지 않았지만 서기 2000년의 공포는 분명 존재하고 있고, 그것은 지금 우리 시대에 어두운 그림자를 드리우고 있다.

이미 상당히 오래 전부터 그 동안 우리가 미래에 대해 잘못 기대하도록 만들어온 역사관을 버리지 않으면 안 된다고 경고한 사람들이 있었다. 특히 대표적인 두 사람을 들 수 있는데, 이들은 유럽 자체나 그들 자신이 모두 위기에 처해 있던 시기에 그런 경고를 했다. 이 두 사람은 출신 배경과 문화가 서로 달랐으나 거의 같은 시기에 카탈루냐 땅에서 생을 마감했다. 그들은 생존자들에게 경고의 메시지를, 그럼에도 불구하고 희망의 메시지를 남겼다는 점에서는 일치했다.

그 중 한 사람인 안토니오 마차도*는 1939년 죽기 직전에 프랑코 체제로부터 도피하면서 다음과 같이 썼다. "사실 과거에 무슨 일이 일어났는지를 알기 위해 과거에 대해 곰곰이 생각해보면 그 속에서 온갖 희망들, 즉 실현되지 못한, 그러나 그렇다고 실패하지도 않은 희망의 저장소를,

---

* Antonio Machado, 1875~1939, 스페인 98세대의 탁월한 시인이자 극작가. 당대 작가들이 추구하던 모더니즘을 거부하고, 지성보다는 직관으로부터 지식을 얻는 자칭 '불멸의 시'를 추구했다. 스페인 공화파를 적극 지지했으며, 1939년 초 공화당이 해체되자 스페인에서 도피했는데 망명 직후 죽었다.

요컨대 하나의 미래가, 예언의 합당한 대상이 있었음을 어렵지 않게 발견할 수 있다." 이러한 발견을 가능하게 해주는 역사는 기번(Gibbon)으로부터 더글라스 노스(Douglas North)에 이르기까지 지난 200년 동안 씌어진 역사(모든 것이 숙명적이고 불가피한 것으로 보이는 역사)와는 전혀 다른 것이다.

파시즘으로부터의 또다른 도피자이자 안달루시아 출신의 시인(안토니오 마차도)이 죽은 곳에서 아주 가까운 곳에서 눈을 감은 발터 벤야민은 우리에게 이처럼 단선적이고 단순한 견해가 초래한 폐해에 관심을 기울일 것을 주장했다. 그는 이것을 파시즘에 맞선 아주 구체적인 태도와 관련해 언급하고 있는데, 파시즘은 그것을 시대와 상황의 논리적이고 당연한 결과물이 아니라 일탈적이고 예외적이며 진보와는 어울리지 않는 어떤 것으로 보도록 만들었다(파시즘은 극단적이지 않는 한 우리들 사이에서는 전혀 비난받고 있지 않은, 파시즘이 되살아나고 있는 오늘날 우리는 이러한 진단이 옳음을 알 수 있다). 그러나 무엇보다도 그는 이러한 실수의 또다른 결과에 대해 경고를 보내고 있는데, 이것은 좌파 특히 노동운동에서 나타나고 있는 현재의 착각을 잘 설명해준다. 즉 역사의 힘을 자기 편에 두고 있다는 생각, 그리고 조금 늦어질지는 모르지만 결국 틀림없이 승리를 가져다 줄 것이라는 생각 말이다.

역사가들은 이런 종류의, 혹은 이와 비슷한 경고들을 그것들이 제기하는 근본적인 문제들은 이해하려고도 하지 않은 채 읽었다. 심지어 그것들을 자신들의 저작에서 장식적인 주(注)로 이용하기까지 했다. 그러나 현재의 상황이 그러한 태도를 확인하면서 이들의 해석적 구조물들을 땅바닥에 뒤집어엎자 현실과의 대치는 회피하고 담론을 위한 담론에 몰두하려고 했다. 왜냐하면 사람들하고 직접 씨름하기보다는 말들

(palabras)하고 씨름하는 편이 훨씬 더 쉬웠기 때문이다. 지금 상당수의 역사가들이 오직 학계에서만 중요한 문제들만 논의하다가 책의 세계에 갇혀 막상 위험한 문제들을 회피하고 있는 모습은 1766년에 칸트가 한 다음과 같은 말이 얼마나 지금까지도 효력을 잃고 있지 않는지를 잘 보여준다. "대학에서 방법론을 둘러싸고 진행되고 있는 잡다한 논의들은 흔히 변화무쌍한 의미론을 이용해 난제들을 회피하기 위한 하나의 합의에 불과하다."

우리는 우리 문화를 붙잡고 있는 왜곡된 거울들의 방에서 뛰쳐나와야 한다. 그래야만 '세상의 위대한 책', 우리의 경우 '인생의 위대한 책'에서 인간의 사회들에 대한 연구를 시작하고, 각각의 변화를 개선으로 바라보고 새로운 시대를 무조건 진보로 기계적으로 해석하는 식의 역사 과정에 대한 단선적 견해를 무너뜨리는 과업을 시작할 수 있을 것이다. 그렇게 되면 우리는 이처럼 단선적인 관점을 좀더 적절한 관점으로 대체할 수 있을 텐데, 이 '좀더 적절한 관점'은 여러 가능한 길 가운데 하나를 선택해 각각의 갈래를 서로 연결시키고, 분리시키고, 또 교차시키는 여러 궤도들의 복잡한 구조를 분석할 수 있도록 해줄 수 있을 것이다. 이러한 분기점에서 다수의 복지라고 하는 측면을 중심으로 바라보면 항상 최선의 길이 선택되는 것은 아니다. 그보다는 오히려 설득력과 설득하는 데 필요한 강제력을 가진 집단들에 적합한 선택이 이루어진다(오늘날에도 여전히 우리들이 당면하고 있는 위기들에 대처하기 위해 강구되는 치유책들에서 발견되고 있는 것처럼 말이다).

이처럼 다차원적인 역사는 당연히 보편성을 주장하고 유럽 문화 자체의 다양성을 우리에게 회복시켜줄 것이다. 생명체들에 관해서는 장차 매우 중요한 것이 될 수도 있는 유전학적 보물 창고에 쌓여 있는 부를 상실할 위험에 대해 이야기하면서도 왜 똑같은 판단 기준을 문화에는 적용하지 않는가? 동화와 단일성의 프로그램을 가진 근대화는 도시와 농촌에서 민중적 공동체 문화들이 가진 부의 커다란 부분을 파괴했다. 이로부터 겨우 일부만이 살아남았지만 다시 이것들은 매스미디어에 의해 거의 고사 상태에 빠져 있다.

우리는 약 250년 전 계몽주의 시대에 시작된 근대화의 프로그램이 경제적 약속뿐만 아니라 하나의 문명화 프로젝트로서도 거의 고갈되었다고 하는 증거를 직시해야 한다. 적어도 인류의 역사에서 이전의 어떤 시기보다 전쟁, 박해, 혹은 대량 학살 등에 의해 많은 죽음이 양산된 것(그리고 지금도 여전히 자행되고 있다)을 목도한 이 '어둠의 세기'의 끝자락에서 바라볼 때 이것은 진정 사실이다.

어떤 것을 보고 이해하는 방식을 바꾸는 것은 쉬운 일이 아닐 것이다. 우리의 요새 감시인들이 너무 두려운 대중들에 대한 지배력을 상실하게 만들 수도 있는 변화들을 순순히 용인할 것 같지는 않다. 오히려 이들은 적에 대한 적대감(불안감)을 증대시키는 과거의 수단에 의존해 자신들에 대한 지지를 강화함으로써 끝까지 그것을 지키려고 할 것이다. 오늘날 이러한 적이란 당연히 이민자로서, 성 안에 살고 있거나 그럴 생각을 갖고 있는 비유럽인처럼 보인다.

브루노 베텔하임*은 죽기 직전에 '게토적 사고 방식' 때문에 스스로의 멸망을 재촉했던 유대인들의 드라마를 회상하면서 다음과 같이 경고했다. "서양 세계는 세계의 다른 부분들에서 무엇이 일어나고 있는지 알려고도, 이해하려고도 하지 않은 채 게토의 철학을 수용한 것 같다. 만일

* Bruno Bettelheim, 1903~1990, 오스트리아 태생의 미국 심리학자. 정서장애 아동, 특히 자폐아 치료와 교육에 대한 폭넓은 연구로 유명하다. 그는 1938년 나치가 오스트리아를 점령하자 독일 수용소에 감금되었고, 1939년 풀려난 뒤 미국으로 이주했다.

홀로코스트의 참혹한 현장.

조심하지 않으면 인류의 소수 집단에 불과한 서양의 백인 세계는 스스로의 게토에 갇히고 말 것이다." 여기에 나는 "그리고 그럼으로써 그들 자신의 말살을 준비하게 될 것이다"라는 구절을 덧붙이고 싶다.

단순히 앞에서 말한 성벽이 성벽 뒤에 피신해 있는 사람들을 억누르고 구속하는 것만이 문제는 아니다. 오히려 이제는 그러한 성벽이 방어에도 별 도움이 되지 않는다는 것이다. 인류 최대의 토목 공사는 달에서 인간의 육안으로도 관찰되는 유일한 구조물이라는 중국의 만리장성이다. 그러나 이 구조물은 오히려 성벽 너머의 사람들과 맺은 합의에서 비

10. 거울들의 방 밖에서 | 297

로소 가능해진 시스템의 일부라는 사실은 익히 알려져 있다. 이것이 바로 이 시스템의 본질적 요소 중의 하나인 것이다. 보편적으로 타당해 보이는 역사의 몇 안 되는 교훈 중 하나는 어떤 성벽도 그것을 위협하는 침입자들과의 모종의 합의를 수반하지 않는 한 내부의 집단을 영원히 보호할 수는 없다는 점에 찾을 수 있을 것이다.

따라서 무엇보다도 먼저 우리는 우리 유럽의 문제와 저개발 국가들의 문제가 함께 해결되어야 한다는 것을 염두에 두어야 한다. 만일 우리 자신을 벽 속에 가두어버린다면 우리는 안과 밖 모두로부터 쳐들어오는 공격자들의 손에 멸망하고 말 것이다. 그렇게 되면 유럽인들과 유럽 문명은 변화하는 환경에 적응하는 능력을 상실한 모든 사회들처럼 사라지고 말 것이다. 만약 그런 일이 실제로 일어난다면 인류 역사는 한 장이 끝나고 다른 장이 시작될 것이다.

옮긴이 후기

이 책의 저자 조셉 폰타나는 1931년에 스페인의 바르셀로나에서 태어나 바르셀로나 대학, 발렌시아 대학, 그리고 바르셀로나의 아우토노마 대학 등에서 현대사와 경제사를 가르쳤고, 지금은 바르셀로나에 있는 폼페우 파브라 대학 부설 '비센스 비베스 역사 문제 연구소'를 이끌고 있다. 주요 저서로는 『절대 왕정의 붕괴』(1987「1972」, Ariel), 『경제 변화와 정치 행위』(1983「1973」, Ariel), 『구체제의 위기』(1988「1979」, Crítica), 『역사. 과거의 분석과 사회 계획』(1982, Crítica), 『역사의 종말, 그 이후의 역사』(1992, Crítica) 등이 있다. 그는 현재 스페인 마르크스주의 역사학의 대표 주자라 할 수 있으며 특히 라부르스(Ernest Labrousse), 빌라르(Pierre Vilar), 소불(Albert Soboul) 등 프랑스 마르크스주의 역사가들과 많은 지적 교감을 가졌던 것처럼 보인다. 그는 또한 최근에는 역사 이론과 방법론에 많은 관심을 보이고 있으며, 위에서 언급한 『역사. 과거의 분석과 사회 계획』과 『역사의 종말, 그 이후의 역사』는 그러한 관심의 결과라고 할 수 있다.

스페인 역사가로는 국내에서 처음 소개되는 것으로 보이는 폰타나의 이 책은 기본적으로 지금까지의 유럽 중심적 세계사 해석에 맞서 최근에 나타나고 있는 수정주의적 연구 경향의 연장선상에 있다. 즉 그는 고대로부터 현대에 이르기까지 유럽 문화를 구성해온 가장 중요한 요인들에 대한 '전통적인' 시각에 대해 근본적인 회의와 함께 수정을 요구하고 있는 것이다. 폰타나는 그 방법으로서 흥미롭게도 유럽사에 대한 지금까지의 관점을 일그러진 거울들로 이루어진 유령의 집에 비유하고 있다. 즉 유럽인들은, 그 중에서도 지배 엘리트들(기독교도, 도시민, 식자들, 그리고 남성들)은 이 유령의 집에다 야만의 거울, 기독교의 거울, 봉건제의 거울, 악마의 거울, 촌뜨기의 거울, 궁정의 거울, 미개의 거울, 진보의 거울, 그리고 군중의 거울이라고 하는 왜곡된 거울들을 비치해두고 그 거울들에 자신을 비춰보면서 자신들을 정의해왔고, 자신들이 '다른 사람들'(비유럽인들, 비기독교도들, 농민들, 민중들, 여자들)보다 우월하고, 때문에 그들을 지배하는 것이 마땅하다는 자아 도취적 혹은 자기 합리화적 세계관을 만들어왔다는 것이다. 이에 대해 저자는 유럽인들이 하루빨리 이 유령의 집으로부터 뛰쳐나올 것을 요구하고 있다. 그리고 일단 거기에서 벗어나면 '세계'라고 하는 거대한 책에서 인간 사회에 대한 연구 작업을 다시 할 수 있겠지만 만일 거기에서 끝내 벗어나지 못한다면 유럽인들은 그들 자신들이 만들어놓은 '게토'에 갇혀 결국에는 그들 자신들의 파괴를 준비하게 될 것이라고 경고하고 있다.

  사실 이러한 폰타나의 수정주의적 주장이 완전히 새로운 것은 아니다. 전문 연구자들 사이에서는 이미 2, 30년 전부터 이런 류의 새로운 주장들이 있어온 것이 사실이다. 그리고 그런 주장들 중 일부는 전문 연구자들 사이에서는 상당히 일반적으로 받아들여지고 있는 것 또한 사실이다. 즉 '야만인들'이 매우 정교한 문명들을 갖고 있었고, 고대 문화 형성에 중요한 공헌을 했다는 것, 서로마 제국의 멸망이 결정적 단절이 아니었다는 것, 기독교가 성장하면서 원래의 개방적이고 공동체적인 성격을 잃어버리고 힘있는 자, 가진 자들의 정치 지배 기구화했다는 것, 로마 말기 혹은 중세 시대에 이단으로 단죄된 많은 신념들이 사실은 기성 교회의 부와 세속성을 비판한 교회 개혁운동이었다는 것, 중세 문화 형성에 이슬람의 공헌이 크다는 것, 근대 과학 발전에 자연 마술이나 연금술의 공헌을 무시할 수 없다는 것, 그리고 서유럽 근대 국가와 자본주의의 발전이 비유럽인, 피지배 계층의 엄청난 희생의 기반 위에서 이루어졌다는 것도 그리 새로운 내용은 아니다. 또 역사에서 유력한 엘리트 집단들이 그들의 필요와 이익을 지탱하기 위해 문화와 제도들을 만들어냈다고 하는 사실도 그리 새로울 것은 없다. 이 점에서 "왜 이미 우리가 다 알고 있는 사실들을 새삼스럽게 새로운 것처럼 호들갑을 떨고 있는가?"라고 묻고 있는 일부 평자들의 비판도 틀린 말은 아니다.

그러나 그 점에 대해서는 전문 연구자들의 영역과 일반 교양인들의 역사 이해 수준 간에 나타나고 있는 괴리 현상을 지적할 수 있을 것 같다. 즉 전문 연구자들간에는 특정 주제에 대해 기존의 해석을 뒤엎는 '수정주의적' 해석들이 나오고 있지만 그것이 아직 '전통적' 역사 설명에 대한 대안으로 자리잡고 있지는 못하고 있는 것처럼 보이며, 그 점은 우리나라 학계의 상황과 일반인의 서양사 인식을 생각할 때 더욱 그러하다. 왜냐하면 아직까지 우리의 대학 개설서 수준에서 나타나고 있는 유럽사에 대한 시각과 내용들은 대체로 폰타나가 '전통적 역사'라고 부르고 있는 범위를 벗어나지 못하고 있다고 생각되기 때문이다. 또한 폰타나는 지금까지의 개별적이고 단편적인 수준에서 벗어나 고대로부터 지금에 이르기까지 서양사의 가장 중요한 구성 요인들을 새로운 시각으로 일목요연하게 설명하고 있다는 점에서 최근의 수정주의적 연구 경향의 한 종합을 보여주고 있다.

 이 점에서 이 책은 서양사에 대한 우리의 시각을 넓히고 관점을 더욱 풍요롭게 하는 데 매우 유용하리라 생각되며, 또한 서양사를 공부하면서 지금까지 유럽인들이 우리들에게 강요해온 왜곡된 시각을 부지불식간에 무비판적으로 수용해오지는 않았는지 반성해 보는 매우 좋은 기회가 되리라고 생각된다.

 역자는 스페인어본을 기본으로 하되 영어본을 참고하였다. 나름대로는 최선을 다했으나 아직도 오역이 없지 않으리라 생각된다. 독자들의 질정을 바란다.

 끝으로 이 자리를 빌어 역자가 많이 어려웠던 시절 물심 양면으로 힘과 용기를 주신 부모님, 가족들, 여러 은사님들, 그리고 선배 동학 후배들, 친구들에게 진심으로 감사의 말씀을 드리고, 책이 나오기까지 애써 주신 새물결 식구들에게도 고마운 마음을 표하고 싶다.

김원중

참고 문헌*

1장 야만의 거울

세계의 지리적 형상에 관한 언급은 James S. Romm, *The Edges of the Earth in Ancient Thought*, Princeton, Princeton U. P., 1992를, 지구를 둘러싸고 있는 대양에 관한 언급은 Avienus, *Ora maritima*, lines 390~391을 각각 참조. 유럽인의 기원에 관하여는 Christopher Stringer & Clive Gamble, *In Search of the Neanderthals*, London, Thames & Hudson, 1991; Luca & Francesco Cavalli-Sforza, Chi siamo?, Milan, Mondadori, 1993 등을 참조. '우리' 문명의 기원에 관한 견해는 Charles Keith Maisels, *The Emergence of Civilization*, London, Routledge, 1993을 기본으로 하였고, (동식물의) '길들이기'에 대해서는 Ian Hodder, *The Domestication of Europe*, Oxford, Blackwell, 1990의 내용을 따랐으며, 농업 팽창의 '유전학적' 연대 추정은 A. J. Ammerman & L. L. Cavalli-Sforza, *The Neolithic Transition and the Genetics of Populations in Europe*, Princeton, Princeton U. P., 1984를 참조. 페르시아의 위협에 관한 언급은 Giuseppe Nenci, *Historia y civilización de los griegos*, ed. by R. Bianchi Bandinelli, Barcelona, Icaria, 1981, III, pp. 41~45에서, 투키디데스의 언급은 그의 *History of the Peloponnesian War*, I, 3~3에서, 그리고 헤로도토스의 언급은 그의 *Histories*, V, 78과 92 그리고 VIII, 77에서 인용. 야만인과 5세기의 문학에 대한 내용은 Edith Hall, *Inventing the Barbarian. Greek Self-definition through Tragidy*, Oxford, Clarendon Press, 1989를 주로 참조했고, 그에 뒤이은 인용문들은 Euripides, *The Bachae*, lines. 1354-1355; Aristotle, *Politics*, I, ii, 13을 이용. Arnaldo Momigliano의 언급은 그의 *Filippo il Macedone*, Milan, Guerini, 1987(1934), p. 170을 참조.

그리스의 자유에 대한 탈신화화(脫神話化)는 Pierre Grimal, *Les Erreurs de la liberté*,

---
* 괄호 안의 연도는 참고 도서의 초판 연도이다. 예를 들어 Routledge, 1993(1990).
이 참고 문헌은 스페인어 원본과 약간 다르다. 본 책에서는 더 많은 독자들을 위해 영어본을 번역하였다.

Paris, Les Bells Lettres, 1990(pp. 10~11에서 인용)을 참조. 솔론에 관한 언급은 Plutarch, *Solon*, 19를, 그리고 그 다음 인용문들은 Claude Mosse, *Historia de una democracia: Atenas*, Madrid, Akal, 1981, p. 140을 참조. 그 다음의 단락들은 특히 G. E. M. de Ste Croix, *The Class Struggle in the Ancient Greek World: From the Archaic Age to the Arab Conquest*, London, Duckworth, 1981과 Momigliano, *Fillippo il Macedone*(p. 199)를 많이 참고했으며 Demosthenes, *Olinthiacs*, III, 10에서도 한 문장을 인용하였다. 유럽의 신화에 관하여는 Ovidio, *Metamorphoses*, II, 833-875와 VIII, 23; Pierre Chuvin, *La Mythologie grecque. Du premier homme à l'apothéose d'Heraklès*, Paris, Fayard, 1992(p. 53)를 참조. B.C. 12세기의 위기에 관하여는 W. A. Ward & M. S. Joukowsky (eds.), *The Crisis Years: The 12th Century B.C.*, Dubuque(Iowa), Kendall/Hunt, 1992를, 그 중에서도 특히 J. D. Muhly의 종합(pp. 10~26)을 참조. 군사 문제에 대한 최근의 해석으로는 Robert Drews, *The End of the Bronze Age. Changes in Warfare and the Castrophe ca. 1200 B.C.*, Princeton, Princeton U. P., 1993을 참조. 문자의 기원에 대해서는 Denise Schmandt-Besserat, *Before Writing*, Austin, University of Texas Press, 1992, 2 vols.; Hans J. Nissen, "The Context of the Emergence of Writing in Mesopotamian and Iran", in John Curtis (ed.), *Early Mesopotamia and Iran. Contact and Conflict c. 3500~1600 B.C.*, London, British Museum Press, 1993, pp. 54~71을 참조. 크레타에 관한 내용은 Y. V. Andreyev in I. M. Diakonoff (ed.), *Early Antiquity*, Chicago, University of Chicago Press, 1991(p. 309)을 참조. 에트루리아인들에 관한 언급은 여러 사람이 함께 쓴 *Les Étrusques et l'Europe*, Paris, Éditions de la Réunion des Musées Nationaux, 1992 중 Massimo Pallottino의 글(특히 p. 33)을, 카르타고의 문화에 대해서는 M'hamed Hassine Fantar, *Carthage, approche d'une civilisation, Tunis, Alif,* 1993, I, pp. 263~265와 II, pp. 144~174, 그리고 361~363을 참조. 알렉산더와 그의 계승자들에 대해서는 Peter Green, *Alexander of Macedon, 365~323 B.C.*, Berkeley, University of California Press, 1991과 그리고 특히, *Alexander to Actium*, London, Thames & Hudson, 1990(p. 156에서 인용)을 참조. 플루타르쿠스의 언급은 "On the fortune or the virtue of Alexander"(Moralia), I, 6(329)에서 인용. 로마 제국의 정치 구조와 실상에 대해서는 특히 Fergus Millar, *The Emperor in the Roman World*, London, Duckworth, 2nd edn, 1992와 특히 그의 *The Roman Near East. 31 B.C.~A.D. 337*, Cambridge(Mass), Harvard U. P., 1933; Andrew Lintott, *Imperium Romanum: Politics and Administration*, London, Routledge, 1993(p. 54에서 인용); David Braund (ed.), *The Administration of the Roman Empire*, Exester, Exester U. P., 2nd edn, 1993; Benjamin Isaac, *The Limits of Empire. The Roman Army in the East*, Oxford, Clarendon, 1993(p. 395로부터 인용)을 참조. 종교에 대해서는 Mary Beard & J. North (eds.), *Pagan Priests*, London, Duckworth, 1990(특히 Richard Gordon의 논문, pp. 201~231)을 많이 참조하였다. 플리니우스의 언급은 그의 *Natural History*, III, i, 3-5에서, 오비디우스의 언급은 그의 *Epistuale ex Ponto*, I, iii, 49에서 인용. 야만인에 관한 내용은

Malcom Todd, *The Early Germans*, Oxford, Blackwell, 1992; John Matthews, *The Roman Empire of Ammianus*, London, Duckworth, 1989; W. Goffart, *Barbarians and Romans. A.D. 418~584. The Techniques of Accommodation*, Princeton, Princeton U. P., 1980; J. H. W. G. Liebeschuetz, *Barbarians and Bishops*, Oxford, Clarendon, 1992; Peter Heather, *Goths and Romans, 332~489*, Oxford, Clarendon Press, 1991 등을 참조. C. M. Wells, *The German Policy of Augustus, An Examination of the Archaeological Evidence*, Oxford, Clarendon, 1972, p. 31로부터도 한 구절을 인용하였다. 고전 문헌들로부터의 인용문은 Livy, *History of Rome*, V. 41; Polybius, *History*, II.17; Tacitus, *Germania*, IV에서 인용함. 프로코피우스의 언급은 D. Roques의 불어본 *La Guerre contre les Vandales*, Paris, Les Belles Lettres, 1990, p. 30을, 카시오도루스의 언급 — 아틸라 군대에 관한 설명과 시사 — 은 Jordanes가 카시오도루스의 *Historia Gothorum*(지금은 없어짐)에 대해서 하고 있는 종합을 인용하였다. 로마 제국의 몰락에 대해서는 P. S. Barnwell, *Emperors, Prefects and Kings. The Roman West, 395~565*, London, Duckworth, 1992; Averil Cameron, *The Mediterranean World in Late Antiquity A.D. 395~600*, London, Routledge, 1993; Jean Durliat, *Les Finances publiques de Dioclétien aux Carolingiens, 284~889*, Sigmaringen, Jan Thorbecke, 1990; Joseph A. Tainter, *The Collapse of Complex Societies*, Cambridge, Cambride U. P., 1988; Ramsay Macmullen, *Corruption and the Decline of Rome*, New Haven, Yale U. P., 1988; Georges Depeyrot, *Crises et inflation entre antiquité et Moyen âge*, Paris, Armand Colin, 1991; 그리고 Santo Mazzarino, *L'impero romano*, Bari, Laterza, 1980, III, pp. 812~815 등을 참조. M. 로스토프체프의 언급은 그의 *The Social and Economic History of the Roman Empire*, Oxford, Oxford U. P., 2nd edn, 1957을 참조.

2장 기독교의 거울

기독교의 기원에 관한 부분은 John Dominic Crossan, *The Historical Jesus, The Life of a Mediterranean Jewish peasant*, San Francisco, Harper, 1991; 앞서 언급된 Millar의 책 *The Roman Near East*, pp. 337~351; Marie-Françoise Baslez, *Saint Paul*, Paris, Fayard, 1991; Herbert Grundmann, "Oportet et haereses esse. Il problema dell'eresia rispecchiato nell'esegesi biblica medievale" in Ovidio Capitani (ed.), *L'eresia medievle*, Bologna, Il Mulino, 1971, pp. 23~60; Peter Brown, *The Body and society. Men, Women and Sexual Renunciation in Early Christianity*, London, Faber & Faber, 1990(p. 435에서 인용) 등을 주로 참고함. 초기 기독교인들의 묵시론적 기대에 관하여는 Norman Cohn, *Cosmos, Chaos and the World to Come*, New Haven, Yale U. P., 1933, pp. 194~219와 A. M. di Nola (ed.), *Apocalissi apocrife*, Parma, Guanda, 1978을 참조. Minucio Felix의 언급은 *Octavius*, II에서 인용. 마니교에 대해서는 S. N. C. Lieu, *Manichaeism in the Later Roman Empire and Medieval China*, Manchester,

Manchester U. P., 1985를 참조. 성에 관한 교부들의 글에 대한 언급은 James A. Brundage, *Law, Sex and Christian Society in Medieval Europe*, Chicago, The University of Chicago Press, 1987을 참조. 콘스탄티누스 1세에 대해서는 Santo Mazzarino, *L'impero romano*, Bari, Laterza, 1980, III, pp. 651~751; A. H. M. Jones, *Constantine and the Conversion of Europe*, Toronto, Medieval Academy of America, 1978(1948); Paul Keresztes, *Imperial Rome and the Christians from the Severi to Constantine the Great*, II, Lanham, University Press of America, 1989; Antonio Fontán, "La revolucion de Constantino", in J. M. Candau et al. (eds.), *La conversión de Roma, Cristianismo y paganismo*, Madrid, Ediciones Clásicas, 1990, pp. 107~150; Garth Fowden, *Empire to Commonwealth, Consequences of Monotheism in Late Antiquity*, Princeton, Princeton U. P., 1993 등을 주로 참조. 교회에 대한 황제들의 선물에 대해서는 Georges Depeyrot, *Crises et inflations entre antiquité et Moyen âge*, Paris, Armand Colin, 1991, pp. 49~62를 참조. 홉스의 언급은 그의 *Leviathan*, IV, ch. 47에서 인용. 이단의 이미지가 어떻게 형성되어갔는가에 대해서는 Norman Cohn, *Europe's Inner Demons. The Demonization of Christians in Medieval Europe*, London, Pimlico, 2nd edn, 1993, pp. 35~50과 그밖의 다른 여러 쪽에서 볼 수 있다. 예수에게서 나타나는 이원주의적 측면에 대해서는 앞서 언급한 Cohn의 책 Cosmos, *Chaos and the World to Come*; Malcolm Lambert, *Medieval Heresy*, London, Edward Arnold, 1977(p. 7에서 인용; 2nd ed. 1992, Oxford, Blackwell)을 참조. 기독교 형성의 역사에 관하여는 Judith Herrin, *The Formation of Christendom*, Oxford, Blackwell, 1987(p. 59로부터 인용); Robert Markus, *The End of Ancient Christianity*, Cambridge, Cambridge U. P., 1990; Pierre Chuvin, *Chroniques des derniers paiens*, Paris, Fayard/Les Belles Lettres, 1990; Peter Brown, *Power and Persuasion in Late Antiquity. Towards a Christian Empire*, Madison, University of Wisconsin Press, 1992(특히 pp. 102~117)를 참조. 율리아누스 시대의 알렉산드리아에 대한 언급은 Ammianus Marcellinus, *History of the Roman Empire*, XXII 참조. 이교도 철학자들의 도주에 대해서는 Michel Tardieu, *Les Paysages reliques. Routes et haltes syriennes d'Isidore à Simplicius*, Louvain-Paris, Peeters, n.d.(1989) 참조. 기독교를 로마 제국의 종교로 편입시키려는 시도와 관련한 언급은 "Alexander Severus", *Historia Augusta*, p. 46에서 참고. 기독교적 시간 개념에 대해서는 Jaques Le Goff, *Time, Work and Culture in the Middle Ages*, tr. Arthur Goldhammer, Chicago, University of Chicago Press, 1980(1977)과 D. S. Milo, *Trahir le tems(histoire)*, Paris, Les Belles Lettres, 1991, pp. 101~127을 참조. 프리실리아누스에 대해서는 María Victoria Escribano, "Herejía y poder en el siglo IV", in Candau et al., *La conversión de Roma*, pp. 151~189; Henry Chadwick, *Priscillian of Avila*, Oxford, Clarendon, 1976; 그리고 L. A. García Moreno, "Disidencia religiosa y poder episcopal en la España tardoantigua" in F. J. Lomas & D. Devoes (eds.), *De Constantino a Carlomagno. Disidentes, heterodoxos, marginados*, Cadiz, Universidad de Cadiz, 1992, pp. 135~158을 참조. 브라가의 마르틴의 언급은 그의 *Sermón contra las supersticiones ruarales*, Barcelona, El Albir, 1981(p. 43)에서 인용하였고, 아를의 성 카이자리우스의 설교는 Dag Norberg, *Manuel pratique de latin médiévale*, Paris, Picard, 1980(pp. 93~104)에 나와 있다. 언급된 기독교의 해석과 관련해서는 I. J. Flint, *The Rise of Magic in Early Medieval Europe*, Oxford, Clarendon, 1991의 해석을, 그리고 새로운 것은 아니지만 J. B. Russel, *Witchcraft in the Middle Ages*, Ithaca, Cornell U. P., 1988(1972), pp. 45~62를 참고할 수 있다. A. 귀레비치의 인용문은 그의 *Categories of Medieval Culture*, tr. G. L. Campbell, London, Routledge, 1985에서, 그리고 플레토의 언급은 그의 *Treatise on the Laws*, I. 4에서 인용. 술탄에 의한 총대주교의 임명에 대해서는 Nicholas Iorga, *Byzance après Byzance*, Paris, Balland, 1992, pp. 84~86을 참조.

3장 봉건제의 거울

중세와 르네상스의 정의 문제에 대해서는 Jacques Heers, *Le Moyen âge*, Paris, Perrin, 1992; Alain de Libera, *Penser au Moyen âge*, Paris, Seuil, 1991, pp. 33~38; Lucien Febvre, *Michelet et la Renaissance*, Paris, Flammarion, 1992; Jaques Le Goff, "The Several Middle Ages of Jules Mechelet", in *Time, Work and Culture in the Middle Ages*, tr. Arthur Goldhammer, Chicago, Chicago U. P., 1980(1977), pp. 3~28 등을 참조. 중세 시대에 '야만인'이란 말의 사용에 대해서는 Arno Borst, *Medieval Worlds. Barbarians, Heretics and Artists*, Cambridge, Polity Press, 1991, pp. 3~13을 참조. 초기 로마후 시대(early post-Roman centuries)의 지속과 야만 유럽의 발전에 대해서는 Klaus Randsborg, *The First Millennium A.D. in Europe and the Mediterranean*, Cambridge, Cambridge U. P., 1991; D. Austin & L. Alcock (eds.), *From the Baltic to the Black Sea. Studies in Medieval Archaeology*, London, Unwin Hyman, 1990; Richard Holt, *The Mills of Medieval England*, Oxford, Blackwell, 1988(p. 2에서 인용-); Richard Hodges, *Dark Age Economics. The Origins of Towns and Trade, A.D. 600~1000*, London, Duckworth, 2nd edn, 1989; 그리고 J. Haywood, *Dark Age Naval Power*, London, Routledge, 1991 등을 참조. 프랑스의 트로이 기원에 대해서는 Collete Beaume, *Naissance de la nation France*, Paris, Gallimard, 1993(1985), pp. 25~74를 참조. 비드의 언급은 그의 *Ecclesiastical History of English Nation*, ch. 16을 참조. 그 뒤로 이어지는 내용들에 대해서는 여러 명이 같이 쓴 *Les Vikings... Les Scandinives, et l' Europe 800~1200*, Paris, AFAA, 1992; Lotte Hedeager, *Iron-age Societies*, Oxford, Blackwell, 1992; Helen Clarke & Björn Ambrosian, *Towns in the Viking Age*, Leicester U. P., 1991; R. Boyer (ed.), *Les Vikings et leur civilisation: problèmes actuels*, Paris-The Hague, Mouton, 1976(특히 pp. 211~240)을 참조. 클로비스의 콘술 직 수락에 대해서는 *Gregory of Tours, Historiae Francorum*, II. 38(영어본은 *The History of the Franks*, tr. L Thorpe, London, Penguin Classics, 1974)을 참조. 스노리 스튀를뤼손의 언급에 관하여

서는 그의 *The Prose Edda of Snorri Sturluson*, tr. J. I. Young, Cambridge, Cambridge U. P., 2nd edn, 1965. John Morris, *The Age of Arthur, A History of British Isles from 350 to 650*, London, Weidenfeld, 1993(1973), p. 95를 참조. Timothy Reuter의 영어본 *The Annals of Fulda*, Manchester, Manchester U. P., 1992(p. 37)로부터도 한 문장을 인용하였다. 문자 문화에 대해서는 Rosamond McKitterick (ed.), *The Uses of Literacy in Early Medieval Europe*, Cambridge, Cambridge U. P., 1992; M. T. Clanchy, *From Memory to Written Record. England, 1066~1307*, Oxford, Blackwell, 2nd edn, 1993; Pierre Riché, *Écoles et enseignement dans le haut Moyen âge*, Paris, Aubier, 1979(Paris, Picard, 1989년 판도 있다); Erich Auerbach, *Literary Language and its Public in Late Antiquity and in the Early Middle Ages*, Princeton, Princeton U. P., 1993(1958)(p. 121 에서 인용-); V. H. Galbraith, "The Literacy of the Medieval English Kings", in *Kings and Chroniclers*, London, Hambledon Press, 1982 등을 참조. *Gregory of Tours, Historiae Francorum*, V. 44에서도 한 문장을 인용하였다. 카롤링거 시대의 문화에 대해서는 Rosamond McKitterick (ed.), *Carolingian Culture: Emmulation and Innovation*, Cambridge, Cambridge U. P., 1994를 참조. 샤를마뉴에 대한 언급은 Egginhard가 쓴 그의 일대기에서, 그리고 성 보니파키우스에 대한 언급은 R. R. Bolgar, *The Classical Heritage and its Beneficiaries*, Cambridge, Cambridge U. P., 1977, p. 106을 참조. 계속되는 내용에 대해서는 Mary Carruthers, *The Book of Memory. A Study of Memory in Medieval Culture*, Cambridge, Cambridge U. P., 1990; Joachim Bumke, *Courtly Culture. Literature and Society in the High Middle Ages*, Berkley, University of California Press, 1991(특히 pp. 14~16)을 참조. 스칸디나비아인들의 기독교 개종에 관한 내용은 Olaf Olsen, "Le Christianisme et les églises", in *Les Vikings*, pp. 152~161(p. 155 에서 인용-)과 Gwyn Jones, *A History of the Vikings*, Oxford U. P., 1973, pp. 285~288; R. G. Poole, *Viking Poems on War and Peace*, Toronto, University of Toronto Press, 1991, p. 26 등을 참조. 클로비스의 개종에 대해서는 Patrick J. Geary, *Before France and Germany. The Creation and Transformation of the Merovingian World*, New York & Oxford, Oxford U. P., 1988을 참조. 발트해 연안 민족들의 개종에 대한 설명은 Eric Christiansen, *The Northern Crusades: The Baltic and the Catholic Frontier, 1100~1525*, London, Macmillan, 1980을 참조. 불가르 족과 슬라브 족에 대해서는 Francis Conte, *Gli slavi. La civiltà dell'Europa centrale e orientale*, Turin, Einaudi, 1991; John V. A. Fine, *The Early Medieval Balkans. A Critical Survey from the Sixth to the Late Twelfth Century*, Ann Arbor, University of Michigan Press, 1983, pp. 113~131; Ibn Fadlan, *Voyage chez les Bulgares de la Volga*, Paris, Sindbad, 1988(p. 73에서 인용-); Cesar E. Dubler, *Abu Hamid el granadino y su relacieón de viaje por tierras eurasiáticas*, Madrid, Maestre, 1953(pp. 54~55에서 인용-) 등을 참조. 이슬람의 문화적 공헌에 관하여는 Franz Rosenthal, *The Classical Heritage in Islam*, London, Routledge, 1992; Bernard Lewis, "Translation from Arabic", in *Islam and the West*, New York,

Oxford U. P., 1993, pp. 61~71(p. 61에서 인용); Andrew M. Watson, *Agricultural Innovation in the Early Islamic World*, Cambridge, Cambridge U. P., 1983; Donald Hill, *A History of Engineering in Classical and Medieval Times*, London, Croom Helm, 1984; Ahmad Y. al-Hassan & D. R. Hill, *Islamic Technology. An Illustrated History*, Cambridge, Cambridge U. P., 1988; J. M. Millas Vallicrosa, *Assaig d'història de les idees físiques i matemàtiques a la Catalunya medieval*, Barcelona, Edicions Científiques Catalanes, 1983; Said al-Andalusi, *Science in the Medieval World. Book of the Categories of Nations*, Austin, University of Texas Press, 1991(pp. 11, 32에서 인용) 등을 참조. 과학자에 대한 언급은 J. D. Barrow, *Pi in the Sky. Counting, Thinking and Being*, Oxford, Clarendon, 1992, p. 92 참조. 인구 변화와 인구의 지역적 분포에 대해서는 C. M. Evedy & R. Jones, *Atlas of World Population History*, London, Allen Lane, 1978; J. Cox Russell, *Medieval Regions and their Cities*, Newton Abbot, David & Charles, 1972, 그리고 Paul Bairoch, *De Jéricho à Mexico. Villes et économie dans l'histoire*, Paris, Gallimard, 1985(p. 668의 비교 평가표) 등을 참조. 교역의 증대에 대해서는 Robert S. López, *The Commercial Revolution of the Middle Ages, 950~1350*, Cambridge, Cambridge U. P., 1971을, 그리고 기술의 변화에 대해서는 Lynn White, Jr, *Medieval Religion and Technology*, Berkeley, University of California Press, 1986(1978)과 Arnold Pacey, *The Maze of Ingenuity. Ideas and Idealism in the Development of Technology*, Cambridge(Mass.), MIT Press, 2nd edn, 1992를 참조. 경제 성장의 '폭발적' 성격의 문제에 대해서는 Alexander Murray, *Reason and Society in the Middle Ages*, Oxford, Clarendon, 1978; R. L. Benson et al. (eds.), *Renaissance and Renewal in the Twelfth Century*, Toronto, University of Toronto Press, 1991을 참조. 발명에 대해서는 앞서 언급한 Lynn White Jr.의 책 p. 219 참조. 봉건제의 탄생에 관한 부분은 Georges Duby, *The Three Orders: Feudal Society Imagined*, tr. Arthur Goldhammer, Chicago, University of Chicago Press, 1982(1978)와 *La Société aux XIe et XIIe siècles dans la région mâconnaise*, Paris, École Pratique des Hautes Études, 1971(p. 481에서 인용); Pierre Bonnassie et al., *Sructures féodales et féodalisme dans l'Occident méditerranéen, Xᵉ~XIIIᵉ siècles*, Paris, Centre National de la Recherche Scientifique, 1980; Pierre Toubert, *Castillos, señores y campesinos en la Italia medieval*, Barcelona, Crítica, 1990; Paul Freedman, *The Origins of Peasant Servitude in Medieval Catalonia*, Cambridge, Cambridge U. P., 1991 등을 참조. 체스의 이원적 관점은 Jaques de Cessoles의 견해로서 그의 *Liber de moribus hominum*(c.1300)(1902년에 간행된 제15판을 이용하였다)을 참조. (농노제 형성과 관련하여) '혁명적' 견해는 Guy Bois, *The Transformation of the Year One Thousand: The Village of Lournand from Antiquity to Feudalism*, tr. Jean Birrel, Manchester, Manchester U. P., 1992(1989)를, 그리고 그후에 언급되고 있는 좀더 미묘한 견해는 Lluís To Figueras, *El monestir de Santa Maria de Cervià i la pagesia: una alnàlisi del canvi feudal*, Barcelona,

Fundació Vives i Casajuana, 1991을 참조. 기사 계급에 관한 언급은 그 데이터와 아이디어를 Jean Flori, *L' Essor de la chevalerie*, XIe~XIIe siècles, Geneva, Droz, 1986; Maurice Keen, *Chivalry*, New Haven, Yale U. P., 1984; H. Chickering & T. H. Seiler (eds.), *The Study of Chivalry. Resources and Approaches*, Cakamazoo, Western Michigan Pulblications, 1988 중 Bernard S. Bachrach와 Rosemary Ascherl의 논문들; Hans Delbruck, *Medieval Warfare(History of the Art of War, III)*, Lincoln, University of Nebraska Press, 1990; Jim Bradbury, *The Medieval Siege*, Woodbridge, Boydell Press, 1992(p. 76에서 William of Malmesbury의 *Historia novella*의 언급을 취하였고, p. 76에서도 한 문장을 인용하였다) 등에서 구하였다. 그레고리우스 7세와 관련하여 그의 개혁과 교황권의 강화에 대해서는, Gerd Tellenbach, *The Church in Western Europe from the Tenth to the Early Twelfth Century*, Cambridge, Cambridge U. P., 1993; I. S. Robinson, *The Papacy, 1073~1198. Continuity and Innovation*, Cambridge, Cambridge U. P., 1990; Colin Morris, *The Papal Monarchy. The Western Church from 1050 to 1250*, Oxford, Clarendon, 1991 등을 참조. 성(性)과 가족에 대한 태도와 관련된 언급은 Georges Duby, *The Knights, the Lady and the Priest: the Making of Modern Marriage in Medieval France*, tr. Barbara Bray, London, Allen Lane, 1984(1981); Jean-Louis Flandrin, *Un Temps pour embrasser. Aux origines de la morale sexuelle occidentale, VIe~XIe siècles*, Paris, Seuil, 1983 등을 참조. '신의 평화'에 관하여는 Thomas Head & Richard Landes (eds.), *The Peace of God. Social Violence and Religious Response in France around the year 1000*, Ithaca, Cornell U. P., 1992를 참조. 필자가 언급한 혁신적 이미지와 관련해서는 앞에서 언급한 Richard Hodges, *Dark Age Economics. The Origins of Towns and Trade, A.D. 600~1000*을 참조. 중세 초기의 농업 발전에 대해서는 공동 저술 *La Croissance agricole du haut Moyen âge. Chronologie, modalité, géographie*, Auch, Centre Culturel de l' Abbaye de Flaran, 1990(Flaran, 10)을 참조. 새로운 경작 방법, 그리고 그것과 농민들의 공동 조직과의 관계에 대해서는 J. Guilaine (ed.), *Pour une archéologie agraire*, Paris, Armand Colin, 1991; John Langdon, Horses, *Oxen and Technological Innovation*, Cambridge, Cambridge U. P., 1986; Werner Rösener, *Peasants in the Middle Ages*, tr. Alexander Stützer, Cambridge, Polity, 1992(1985); Richard C. Hoffman, "Medieval Origins of the Common Fields", in W. N. Parker & E. L. Jones (eds.) *European Peasants and their Markets*, Princeton, Princeton U. P., 1975, pp. 23~71; Léopold Genicot, *Rural Communities in the Medieval West*, Baltimore, Johns Hopkins University Press, 1990; A. Guarducci (ed.), *Agricoltura e transformazione dell' ambiente, secoli XIII~XVIII*, Prato, Istituto Datini, 1984와 *Forme ed evoluzione del lavoro in Europa: XIIe~XVIIIe secoli*, Florence, Le Monnier, 1991, pp. 41~53을 참조. 이와 관련하여 또한 Eric Kerridge, *The Common Fields of England*, Manchester, Manchester U. P., 1992라는 중요한(논란의 여지가 많기는 하지만) 책이 있는데, 여기에서 그는 이 시스템의 채용이 서양의 역사상 가장 중요한

사건 중 하나라고 말하고 있다(p. 128). 야만인 지배 하의 유럽 도시에 대해서는 B. Cunliffe, *Greeks, Romans and Barbarians, Spheres of Interaction*, London, Batsford, 1988; Peter Sawyer, "Early Fairs and Markets in England and Scandinavia", in B. L. Anderson & A. J. H. Latham (eds.), *The Market in History*, London, Croom Helm, 1986, pp. 59~77; K. Randsborg, *The First Millenium A.D.*, pp. 82~119; Nikolai Todorov, *The Balkan City, 1400~1900*, Seattle, University of Washington Press, 1983 등을 참조. 1000년경의 유럽 도시들에 관한 견해들은 Paul Bairoch, J. Batou & P. Châvre, *La Population des villes européennes de 800 à 1850*, Geneva, Droz, 1988의 데이타와 앞에서 언급한 Russell의 책 *Medieval Regions and their Cities*, p. 235의 도표, 그리고 Philip D. Curtin, *Cross-cultural Trade in World History*, Cambridge, Cambridge U. P., 1984(pp. 8~9) 등을 참조. 여러 시대와 문화에서 나타난 시장 도시에 대한 비교적 관점에 대해서는 Spiro Kostof, *The City Assembled. The Elements of Urban Form through History*, London, Thames & Hudson, 1992, pp. 91~102 참조. 아시아의 항구 도시들에 대해서는 Frank Broeze (ed.), *Brides of the Sea. Port Cities of Asia from the 16th-20th Centuries*, Kensington, New South Wales University Press, 1989를, 그리고 특히 말라카에 대해서는 Luis Filipe Ferreira Reis Thomaz, "The Malay Sultanate of Melaka", in A. Reid (ed.), *Southeast Asia in the Early Modern Era*, Ithaca, Cornell U. P., 1993, pp. 69~90, 그리고 A. D. van der Woude et al., *Urbanization in History. A Process of Dynamic Interactions*, Oxford, Clarendon, 1990 등을 참조.

4장 악마의 거울

유럽 사회의 재조정 방식에 대해서는 R. I. Moore, *The Formation of a Persecuting Society: Power and Deviance in Western Europe, 950~1250*, Oxford, Blackwell, 1987에서 볼 수 있다. 십자군의 기원에 대해서는 Carl Erdmann, *The Origin of the Idea of Crusade*, Princeton, Princeton U. P., 1977; Jean Flori, "Une ou plusieurs 'première croisade'", in *Revue Historique*, 285: 1(1991), pp. 3~27을 참조. 종교재판에 대해서는 H. C. Lea(최근의 불어본), *Histoire de l'Inquisition au Moyen âge*, Grenoble, Millon, 1986~1990, 3 vols. 참조. 푸아티에 전투에 대한 해석은 Bernard Lewis, *The Muslim Discovery of Europe*, London, Weidenfeld & Nicolson, 1982, pp. 18~20(이 책은 이 장에서 두루 이용되었다)과 같은 저자의 *Islam and the West*, New York, Oxford U. P., 1993을 참조. 이슬람인들이 기독교도를 어떻게 보았는가에 대해서는 William Montgomery Watt, *Muslim-Christian Encounters. Perceptions and Misperceptions*, London, Routledge, 1991을 참조. 코란에 관한 언급은 VI. 85(예언자로서의 예수), XXI. 91(마리아의 처녀 잉태), 그리고 IX. 29(기독교도와 유대교도의 세금 납부) 참조. 아랍인들의 세계관은 Dolors Bramon, *El mundo en el siglo XII: El tratado de al-Zuhri*, Sabadell, Ausa, 1991; Aziz al-Azmeh, "Barbarians in Arab Eyes", *Past and Present*,

134(1992), pp. 3~18을 참조. 여러 지배자들의 권력의 평가는 André Wink, *Al-Hind. The Making of the Indo-Islamic World. I: Early Medieval India and the Expansion of Islam, 7th-11th Centuries*, Leyden, Brill, 1991, p. 226을 참조. 무슬림 여행가들의 증언은 *Ibn Jubayr, A través del Oriente. El siglo XII ante los ojos*. Rihla, Barcelona, Serbal, 1988(p. 376으로부터 인용); Ibn Batuta, *A través del Islam*, Madrid, Editora Nacional, 1981(p. 442로부터 인용; 이븐 주바이르의 여행기는 영역본도 있다: tr. Sir Hamilton Gibb, *Hakluyt Society*, Cambridge, 1958~1971, 3 vols.), 그리고 Ibn Khaldun, *Le Voyage d'Occident et d'Orient*, ed. by Abdesselam Cheddadi, Paris, Sindbad, 1980 등에서 찾아볼 수 있다. 무슬림들의 유럽 여행이 매우 드물었음은 Lewis, *The Muslim Discovery of Europe*, pp. 89~133을, 유럽인들의 지저분함은 같은 책 pp. 280~281 참조. 『제 1차 십자군에 관한 익명의 역사』로부터의 인용은 *Histoire anonyme de la Première Croisade*, ed. by L. Brehier, Les Belles Lettres, Paris, 1964, pp. 216~217(1924)에서 찾아볼 수 있다. 농업혁명, 도시화, 그리고 문화 발전 간의 관계는 Andrew M. Watson, *Agricultural Innovation in the Early Islamic World*, Cambridge, Cambridge U. P., 1983을 참조. 직물 산업에 대해서는 Maurice Lombard, *Les Textiles dans le monde musulman, VII~XII siècles*, Paris-The Hague, Mouton, 1978을 참조. 문화에 대해서는 M. J. L. Young, J. D. Latham, 그리고 R. B. Sergeant (eds.), *Religion, Learning and Science in the Abbasid Period*, Cambridge, Cambridge U. P., 1990; A. A. Duri, *The Rise of Historical Writing among the Arabs*, Princeton, Princeton U. P., 1983을 참조. 이븐 할둔의 언급은 그의 *Discours sur l'histoire universelle. Al-Muqaddima*, tr. by V. Monteil, Paris, Sindbad, 1978, I, p. 69에서 인용. 정복과 동화에 관해서는 Maurice Lombard, *The Golden Age of Islam*, tr. Joan Spencer, New York, Elsevier, 1975(1971); Ira M. Lapidus, *A History of Islamic Societies*, Cambridge, Cambridge U. P., 1988(p. 251에서 인용)을 참조할 수 있고, 특히 Speros Vryonis Jr., *The Decline of Medieval Hellenism in Asia Minor and the Process of Islamization from the Eleventh through the Fifteenth Century*, Berkeley, University of California Press, 1971을 많이 참고하였다. 교역의 역사는 Eliyahu Ashtor, *Levant Trade in the Later Middle Ages*, Princeton, Princeton U. P., 1983을 참조. 이븐 주바이르의 언급은 그의 책 *A través del Oriente*, p. 336에서 인용. 비잔틴 문화에 관한 이야기는 A. P. Kazhdan & A. W. Epstein, *Change in Byzantine Culture in the Eleventh and Twelfth Centuries*, Berkeley, University of California Press, 1985를 참조. 콩도르세의 언급은 그의 *Almanach anti-superstitieux*, Paris, CNRS, 1992, p. 98(이 책은 대략 1774년에 쓰여졌다)에서 인용. 또한 E. R. A. Sewter가 번역한 M. Psellus의 책, *Fourteen Byzantine Rulers*, Harmondsworth, Penguin, 1966의 서문 p. 9로부터도 한 문장을 인용하였다. 서유럽에서의 고전 문화에 대한 무지는 Ernst Robert Curtius, *European Literature and the Latin Middle Ages*, tr. Willard R. Trask, Princeton, Princeton U. P., 1973(1948), pp. 405~406를 참조. 동방의 기독교에 대해서는 Denis Sinor (ed.), *The Cambridge History of Early Inner Asia*,

Cambridge, Cambridge U. P., 1990; René Grousset, *Histoire des croisades et du royaume de Jérusalem,* Paris, Perrin, 1991(1934~1936), III, pp. 562~727; Garth Fowden, *Empire to Commonwealth,* Princeton, Princeton U. P., 1993; 그리고 특히 Lev Gumilev, *Searches for the Imaginary Kingdom: The Legend of the Kingdom of Prester John,* tr. R. E. F. Smith, Cambridge, Cambridge U. P., 1987을 참조. 또한 Urgunge Onon, *Secret History of the Mongols*(영역본), Leyden, Brill, 1990(p. 33의 주 103)을 참고하였다. 몽고인들의 다마스커스 입성에 대해서는 Lewis, *Islam and the West,* p. 51을 참조. 그에 뒤이은 내용은 Colin Morris, *The Papal Monarchy,* pp. 339~344와 Sophia Menache, *The Vox Dei. Communication in the Middle Ages,* New York, Oxford U. P., 1990으로부터의 인용문을 포함하고 있다. '민간 전승의 반응'에 관한 언급은 J. Le Goff의 논문, "Culture cléricale et traditions folkloriques dans la civilisation mérovingienne", *Annales,* 4(1967), pp. 780~791(영어본 *Time, Work and Culture in the Middle Ages,* pp. 153~158)에서 인용. 그 다음의 언급은 Heinrich Fichtenau, *Living in the Tenth Century. Mentalities and Social Orders,* Chicago, University of Chicago Press, 1991, p. 303에서 인용. 중세 이단에 대한 훌륭한 입문서로는 Malcolm Lambert, *Medieval Heresy. Popular Movements from Bogomil to Hus,* 2nd edn, Oxford, Blackwell, 1992(1977)가 있다(이 책에는 그 주제에 대한 광범한 참고문헌이 수록되어 있다). 조아키노 다 피오레와 그의 교리에 대해서는 특히 Marjorie Reeves의 연구물들을 많이 참고하였다. 밀레니엄과 세계의 종말에 대해서는 Bernard McGinn, *Visions of the End. Apocalyptic Traditions in the Middle Ages,* New York, Columbia U. P., 1979를 참조. '비천한 자들'과 발도파에 대해서는 Lester K. Little, *Religious Poverty and the Profit Economy in Medieval Europe,* Ithaca, Cornell U. P., 1978; Brenda Bolton, "Innocent III's Treatment of the humiliati", in *Popular Belief and Practice,* pp. 73~82; Euan Cameron, *The Reformation of the Heretics. The Waldenses of the Alps, 1480~1580,* Oxford, Clarendon, 1984; Norman Cohn, *Europe's Inner Demons,* London, Pimlico, 1993, pp. 51~61을 참조. 기베르 드 노장의 인용문은 John F. Benton이 다시 쓴 그의 회고록(III, ch. 17) *Self and Society in Medieval France,* Toronto, University of Toronto Press, 1989, pp. 212~213을 참조. 보고밀 파에 대해서는 Dimitar Angelov, *Il bogomilismo. Un' eresia medievale bulgara,* Rome, Bulzoni, 1979(1947); Borislav Primov, *Les Bougres,* Paris, Payot, 1975; Jordan Ivanov, *Livres et légendes bogomiles. Aux sources du catharisme,* Paris, Maisonneuve et Larosse, 1976(1925)을 참조. 사후 세계에 대한 생각은 Jacques Le Goff, *The Birth of Purgatory,* tr. Arthur Goldhammer, London, Scolar, 1984(1981)를 참조. 카타리 파에 대해서는 특히 Jean Duvernoy의 연구물들, 그 중에서도 *La Réligion des cathares*와 *L' Histoire des cathares,* Toulouse, Privat, 1986, *Les Cathares en Languedoc,* Toulouse, Privat, 1989(1968), 그리고 *Inquisition à Pamiers,* Toulouse, Privat, 1986(pp. 36, 61, 107, 그리고 126에서 인용)을 많이 참조하였다. 그리고 René Nelli에 의해 편집된 선집 *Ecrivains anticonformistes du Moyen âge occitan: Hérétiques et politiques,* Paris,

Phébus, 1977(p. 40에서 인용), 그리고 *Cahiers de Fanjeaus*의 여러 책들(특히 제 20권 *Effacement du catharisme?(XIIIe~XIVe s.)*, Toulouse, Privat, 1985로부터도 많은 시사를 얻을 수 있었다. 또한 Joseph R. Strayer, *The Albigensian Crusade*(Carol Lansing의 새 에필로그 포함), Ann Arbor, University of Michigan Press, 1992(1971)(p. 76으로부터 인용)도 많이 이용하였고, Lansing의 탁월한 저서도 폭넓게 이용하였다. 알비 파 십자군의 노래는 *La Chanson de la croisade albigeoise*, Paris, Librairie Générale Française, 1989, p. 536에서, 그리고 그와 관련된 내용은 Martin Aurell, *La Vielle et l' épée. Troubadours et politique en Provence au XIIIe siècle*, Paris, Aubier, 1989, pp. 51~58 등을 참조. 페르 카르데날의 인용문은 Martín de Riquer, *Los trovadores. Historia literaria y textos*, Barcelona, Ariel, 1983, III, pp. 1500~1514를 참조. 유대인에 관해 이용된 광범한 참고 문헌 중에서 Steven B. Bowman, *The Jews of Byzantium, 1204~1453*, Alabama, University of Alabama Press, 1985(p. 177); Jean Delumeau, *La Peur en Occident*, Paris, Hachette, 1988(p. 359); Norman Roth, "Maimonides as Spaniard: National Consciouness of a Medieval Jew", in *Maimonides. Essays and Texts, 850th Anniversary*, Madison, Seminary of Medieval Studies, 1985, pp. 139~153의 내용을 인용했다. 기독교도 고리대금업자에 대한 유대인들의 소송에 대해서는 Luis Rubio García, *Los judíos de Murcia en la baja Edad Media, 1350~1500*, Murcia, Universidad de Murcia, 1992, pp. 46~48을 참조. 의식(儀式)의 범죄에 대해서는 R. Po-Chia-Hsia, *The Myth of Ritual Murder*, New Haven, Yale U. P., 1988과 Trent 1475. *Stories of a Ritual Murder*, New Haven, Yale U. P., 1992를 참조. 또한 Selomoh ibn Verga, *La vara de Yehudah*, Barcelona, Riopiedras, 1991; Abraham ben David, *Sefer ha-Kabalah: Libro de la tradición*, Valencia, Anubar, 1972; St Vicens Ferrer, *Sermons*, Barcelona, Barcino, 1932~1988(III, p. 14로부터 인용) 등의 중세와 근대 초 텍스트들도 참조하였다.

5장 촌뜨기의 거울

중세 말 위기에 대한 참고 문헌은 헤아릴 수 없을 정도로 많다. 그 중에서도 Frantisek Graus, *Das Spätmittelater als Krisenzeit*, Prague, Mediaevalia Bohemica, I. 1, 1969; Ferdinand Seibt & Winfried Ederhard (eds.), *Europa 1400: die Krise des Spätmittelalters*, Stuttgart, Klett-Cotta, 1984; John Day, "Crisis and Trends in the Late Middle Ages", in *The Medieval Market Economy*, Oxford, Blackwell, 1987 등이 훌륭한 안내가 될 것이다. Ausias March의 언급은 6, lines 33~36에서 인용. 역병에 관하여는 Jean Noël Biraben, *Les Hommes et la peste en France et dans les pays européens et méditerranéens*, Paris-The Hague, Mouton, 1975가 기본서라 하겠고, 그 외에도 무수한 연구서들이 있다. Villani의 언급은 그의 *Cronica. Con le continuazioni de Matteo e Filippo*, ed. by G. Aquilecchia, Turin, Einaudi, 1979, pp. 287~288(지진), 196~198과 273~275(재정 위기)에서 인용. 이탈리아의 사회적 위기에 관하여는 Lauro Martines (ed.),

Violence and Civil Disorder in Italian cities, 1200~1500, Berkeley, University of California Press, 1972(pp. 351~3)를 참조. '포텐제'에 관한 언급은 Richard C. Trexler, *Public Life in Renaissance Florence*, Ithaca, Cornell U. P., 1991(1980)을, 그리고 건물 짓기와 사치스런 소비에 대해서는 Richard A. Goldthwaite, *The Building of Renaissance Florence. An Economic and Social History*, Baltimore, The Johns Hopkins U. P., 1990(1980)(p. 425에서 인용)을 참조. 성경으로부터의 인용은 St Peter, *Second Epistle* 3.13; 마키아벨리의 언급은 *Istorie fiorentine*, Book III, 1과 13에서 각각 인용. 사보나롤라의 글은 J. L. Fournel & J. C. Zancarini, *Savonarola: Sermons, écrits politiques et piéces du procés*, Paris, Seuil, 1993(인용문은 "Treatise on the Manner of Ruling and Governing the City of Florence", III, 1; p. 172에서 취함). 영국에 관하여서는 Bruce M. S. Campbell (ed.), *Before the Black Death. Studies in the 'Crisis' of the Early Fourteenth Century*, Manchester, Manchester U. P., 1991; L. R. Poos, *A Rural Society after the Black Death*. Essex, 1350~1525, Cambridge, Cambridge U. P., 1991; Christopher Dyer, *Lords and Peasants in a Changing Society. The Estates of the Bishopric of Worcester 680~1540*, Cambridge, Cambridge U. P., 1980; R. H. Hilton, A. R. Bridbury & N. Swanson, *Church and Society in Late Medieval England*, Oxford, Blackwell, 1989; Mavis Mate, "The Economic and Social Roots of Medieval Popular Rebellion: Sussex in 1450~1451", *Economic History Review*, 45:4(1992), pp. 661~676 등을 참조. 사냥에 관한 법률과 그것과 농민 반란과의 관계에 대해서는 R. B. Manning, *Hunters and Poachers*, Oxford, Clarendon, 1993, pp. 57~58 참조. 「농부 피어스」에서의 인용문은 프롤로그의 line 67에서 인용. 후스의 혁명에 대해서는 Joseph Macek, F. M. Bartos와 Frantisek Smahel의 연구서들; 그리고 Frantisek Smahel, "The Idea of Nation in Hussite Bohemia", Historica, 17(1969), 93~107; Stanislaw Byelina, "Le Mouvement hussite devant les problèmes nationaux", in D. Loades & K. Walsh (eds.), *Faith and Identity: Christian Political Experience*, Oxford, Blackwell, 1990, pp. 57~67을 참조. 농민전쟁에 대해서는 Tom Scott, "The Peasants' War: A Historiographical Review", *Historical Journal*, 22(1979), pp. 693~720과 964~974에서 훌륭한 개관을 발견할 수 있고, 한스 베헴에 관한 내용은 Richard Wunderli, *Peasant Fires. The Drummer of Niklashausen*, Bloomington, Indiana U. P., 1992; 그리고 Tom Scott와 Bob Scribner, 그리고 James M. Stayer가 편집한 공동 저서를 참조. 종교개혁의 기원에 관하여서는 R. Po-Chia Hsia (ed.), *The German People and the Reformation*, Ithaca, Cornell U. P., 1988; Andrew Pettegree, *The Early Reformation in Europe*, Cambridge, Cambridge U. P., 1992; Heiko A. Oberman, *The Dawn of the Reformation*, Edinburgh, T. &. T. Clark, 1992; Josef Macek, *La riforma popolare*, Florence, Sansioni, 1973; G. H. Williams, *The Radical Reformation*, Philadelphia, Westminster Press, 1962, 그리고 M. G. Baylor (ed.), *The Radical Reformation*, Cambridge, Cambridge U. P., 1991(사료집)을 참조. 뒤러에 의해 계획된 죽은 농민을 위한 기념비 건립은 그저 조크로 해석되어져왔다(Erwin

Panofsky, *Life and Art of Albrecht Dürer*, Princeton, Princeton U. P., 1995). 그러나 그 것은 뒤러와 농민전쟁에 가담한 사람들과의 관계를 알지 못하고 하는 말이다. 이에 대해서는 Jane Campbell Hutchinson, *Albrecht Dürer. A Bibliography*, Princeton, Princeton U. P., 1990, pp. 181~182 참조. Luis Vives의 언급은 그의 *Tratado del socorro de los pobres*, ed. by. Pedro Carasa, Madrid, Ministerio de Asuntos Sociales, 1992와 *De la comunidad de los bienes*, in W. González-Oliveros, *Humanismo frente a comunismo*, Valladolid, Calderón, 1937을 참고하였다. 중세 예술에서 나타나는 풍자적·민중적 이미지에 대해서는 Michael Camille, *Images on the Edge. The Margins of Medieval Art*, London, Reaktion Books, 1992와 Claude Gaignebet & J. Dominique Lajoux, *Art profane et religion populaire au Moyen âge*, Paris, P.U.F., 1985를 참조. 문학에 대해서는 R. Howard Bloch, *The Scandal of the Fabliaux*, Chicago, University of Chicago Press, 1986; Lucia Lazzerini, *Il testo trasgressivo. Testi marginali, provocatori, irregolari del medioevo al cinquecento*, Milan, Franco Angeli, 1988; R. Wolf-Bonvin, *La Chevalerie des sots*, Paris, Stock, 1990을, 그리고 축제에 대해서는 Jacques Heers, *Fêtes des fous et carnavals*, Paris, Fayard, 1983을 참조. 민중 문화 일반에 대해서는 앞에서 언급된 Heinrich Fichtenau의 책 외에 Mikhail Bakhtin, *Popular Culture of the Middle Ages and the Renaissance: Rabelais and his World*, Bloomington, Indiana U. P., 1984; Aron Gurevich, *Categories of Medieval Culture*, tr. G. L. Campbell, Routledge & Kegan Paul, 1985; *Medieval Popular Culture. Problems of Belief and Perception*, Cambridge, Cambridge U. P., 1988과 *Historical Anthropology of the Middle Ages*, Cambridge, Polity Press, 1992; Pieter Spierenburg, *The Broken Spell. A Cultural and Anthropological History of Preindustrial Europe*, New Brunswick, Rutgers U. P., 1991; C. J. Cuming & Derek Baker, 그리고 Steven L. Kaplan에 의해 공동으로 편집된 책들 등을 참조. 브뢰헬에 대한 해석(그에 대한 M. Mullett의 해석은 비판되고 있다)은 주로 Ross H. Frank, "An Interpretation of Land of Cockaigne(1567) by Pieter Bruegel the Elder", *The Sixteenth Century Journal*, 22(1991), pp. 299~329를 주로 참조하였다. 라블레에 대해서는 Lucien Fevre와 Bakhtin의 책 외에 Madeleine Lezard, *Rablais: L'humaniste*, Paris, Hachette, 1993이 있다. '파블리오'에 대해서는 Luciano Rossi & William Straub의 책(1992 ed.), 「트루베르」는 R. Wolf-Bonvin (ed.), *Les Evangiles des quenouilles*, Paris, Imago, 1987, 그리고 Andre Tisser ed., *Farces du Moyen âge*, Paris, Flammarion, 1984를 참조. 『여우 이야기』의 인용문은 *Branch IX*, 311~317에서, 마키아벨리의 언급은 그의 *Dell'asino d'oro*, 139~141에서 인용. 라블레에 대해서는 Boulenger & Scheler in La Pléiade; *Pantagruel*, VIII과 Third Book, VI에서 인용. 롱사르의 언급은 *Continuation du discours des misères de ce temps*, lines 7~8에서 인용.

6장 궁정의 거울

처음 몇 문단의 내용에 대해서는 Heikki Ylikangas, "The Historical Connection of European Peasant Revolts", *Scandinavian Journal of History*, 16:2(1991), pp. 85~104 와 Jean Jacquart, "L' Echec des résistances paysannes", in G. Duby & A Wallon (eds.), *Histoire de la France rurale*, Paris, Seuil, 1992(1975), II, pp. 312~341을 참조. 거기에 나오는 수치들은 Peter Blickle, *Unruhen in der ständischen Gesellshaft 1300~1800*, Munich, Oldenbourg, 1988, p. 13; Francis Rapp, *Les Origines médiévales de l' Allemagne moderne*, Paris, Aubier, 1989(p. 332에서 인용-)을 참조. 마법과 마녀 사냥과 관련하여 참고한 광범한 문헌 중에서 다음의 책들에서 인용문을 취하였다: Jean Bodin, *De la démonomanie des sorciers*, Paris, 1587(facsimile edn, 1979; pp, 1, 355, 219v); W. Andersen, "Os vulvae in Proverbs and in the Malleus Maleficarum", *History of European Ideas*, 14:5(1992), pp. 715~722; Robert Muchembled, *Société et mentalités dans la France moderne, XVI˚~XVIII˚ siècles*, Paris, Armand Colin, 1990(pp. 110~111). 님므의 주교에 관한 인용은 E. G. Leonard, *Mon village sous Louis XV*, Paris, P.U.F., 2nd ed., 1984, p. 236; Francisco Bethencourt, *O imaginário da magia. Feiteiras, saludadores e nigromantes no século XVI*, Lisbon, Universidade Aberta, 1987(pp. 258~260); A. Th. van Deursen, *Plain Lives in a Golden Age*, Cambridge, Cambridge U. P., 1991, pp. 241~253 등을 참조. F. 가라우 신부의 언급은 *La fe triunfante*, ed. by L. Muntaner, Palma de Mallorca, 1984, p. 51에서 취하였고, 모리스코와 종교재판에 관하여 는 L. Pérez, L. Muntaner & M. Colom, *El tribunal de la Inquisición en Mallorca. Relación de causas de fe, 1758~1806*, I, Mallorca, M. Font, 1986, p. 4를 참조. 그것의 배경에 관하여서는 M. Colom, *La Inquisició a Mallorca, 1488~1578*, Barcelona, Curial, 1992 참조. 정복 이후 쉽게 노예화된 그라나다의 무데하르들에 관하여서는 Angel Galán, *Los mudéjares del Reino de Granada*, Granada, Universidad de Granada, 1991, pp. 322~328을 참조. 세르반테스의 언급은 *El coloquio de los perros in Novelas ejemplares*(영어본으로는 C. A. Jones의 번역본, *Exemplary Stories*, Penguin Classics, London, Viking Penguin, 1986이 있다)에서 인용. 유럽 유대인의 황금 시기에 대한 개관 은 Jonathan I. Israel, *European Jewry in the Age of Mercantilism, 1550~1750*, Oxford, Clarendon, 1985를 참조. 종교재판에 연루된 사람들의 수치에 대해서는 Michèle Escamilla-Colin, *Crimes et châtiments dans l' Espagne inquisitoriale*, Paris, Berg International, 1992, 2 vols를, 유대인의 이산(離散)에 대해서는 Yosef Ha-Kohen의 체험 적 증언, *El valle del llanto, Barcelona*, Riopiedras, 1989과 R. Barnett & W. Schwab, *The Western Sephardim*, Grendon, Gibraltar Books, 1989을 참고했고, 샤베타이 체비에 대해서는 Gershom Sholem의 책들을 참조. 독일의 '종교적 재정복'에 대해서는 R. Po-Chia Hsia, *Social Discipline in the Reformation. Central Europe 1550~1750*, London, Routledge, 1992와 그리고 특히 Thomas Robisheaux, *Rural Society and the Search for*

Order in Early Modern Germany, Cambridge, Cambridge U. P., 1989(p. 90에서 인용했고 그로부터 다른 많은 개념들도 채용하였다); David Warren Sabean, *Power in the Blood. Popular Culture and Village Discourse in Early Modern Germany*, Cambridge, Cambridge U. P., 1987 등을 참조. 영국에 대해서는 G. R. Elton, *Policy and Police. The Enforcement of the Reformation in the Age of Thomas Cromwell*, Cambridge, Cambridge U. P., 1985; S. Doran & C. Durston, *Princes, Pastors and People. The Church and Religion in England, 1529~1689*, London, Routledge, 1991; Robert Whiting, *The Blind Devotion of the People. Popular Religion and the English Reformation*, Cambridge, Cambridge U. P., 1984, 그리고 Margaret Spufford, Anthony Fletcher, John Stevenson 등의 저작들을 참고. 프랑스에 대해서는 Robin Griggs, *Communities of Belief. Cultural and Social Tension in Early Modern France*, Oxford, Clarendon, 1989(p. 381에서 인용-); Denis Crouzet, *Les Guerriers de Dieu. La violence au temps des troubles de religion*, Seyssel, Champ Vallon, 1990, 2 vols(I, p. 114에서 인용-); Louis Châtellier, *La Religion des pauvres. Les sources du christianisme moderne, XVIe~XIXe siècles*, Paris, Aubier, 1993; 그리고 Muchembled의 저작들을 참고. 스페인에 대하여서는 특히 Henry Kamen, *The Phoenix and the Flame. Catalonia and the Counter-Reformation*, New Haven, Yale U. P., 1993; Sara T. Nalle, *God in La Mancha. Religious Reform and the People of Cuenca, 1500~1650*, Baltimore, The Johns Hopkins U. P., 1992; William A. Christian Jr., *Local religion in Sixteenth-century Spain*, Princeton, Princeton U. P., 1989 등을 참조. 1,500만 마리의 귀신 이야기는 Barrionuevo의 책에서 나오지만 필자는 그것을 Fernando Ortiz, *Historia de una pelea cubana contra los demonios*, Havana, Editorial de Ciencias Sociales, 1975, p. 129에서 인용했다. 마드리드 시의 레히도르들에 관한 이야기는 Ana Guerrero Mayllo, *Familia y vida cotidiana de una élite de poder. Los regidores madrileños en tiempos de Felipe II*, Madrid, Siglo XXI, 1993, pp. 375~389와 Fernando Martínez Gil, *Muerte y sociedad en la España de los Austrias*, Madrid, Siglo XXI, 1993, pp. 57~65, 471~479, 그리고 640~650을 참조. 프랑스에서의 신성모독에 대해서는 Elizabeth Belmas, "La Montée des blasphèmes a l'âge Moderne du Moyen âge au XVIIe siècle", in J. Delumeau (ed.), *Injures et blasphèmes*, Paris, Imago, 1989, pp. 13~33(스페인에 대해서는, Nalle, p. 62). 고해성사에 관한 이야기는 Jean Delumeau, *Sin and Fear: The Emergence of a Western Guilt Culture, 13th-18th Centuries*, New York, St. Martin's Press, 1991(1983)과 *L'Aveu et le pardon. Les difficultés de la confession, XIIIe~XVIIIe siècles*, Paris, Fayard, 1990; J. T. McNeill & H. M. Gamer, *Medieval Handbooks of Penance*, New York, Columbia U. P., 1990(1938); Gérard Sivery, *Terroirs et communautés rurales dans l'Europe occidentale au Moyen âge*, Lille, Presses Universitaires de Lille, 1990(pp. 206~207로부터 인용-); Albert R. Jonsen & Stephen Toulmin, *The Abuse of Casuistry. A History of Moral Reasoning*. Berkeley, University of California Press, 1988. Martín de Azpilcueta,

Manual de confesores y penitentes, Barcelona, Claudio Bornat, 1567; Jaime de Corella, *Práctica del confesionario*, Madrid, Herederos de Juan Carcía, 1743(1687); Antoine Arnauld, *Oeuvres*, vol. XXIII, Paris-Lausanne, Sigismond d'Arnay, 1779, pp. i-v; 그리고 특히 José Gavarri, *Noticias singularísimas [...] de las preguntas necesarias que deven hazer los padres confesores con las personas que oyen de confesión*, Barcelona, Pedro Pablo Matheu, 1677(이 책으로부터 여러 인용문이 취해졌다)를 참조. 그리고 Sainte-Beuve, *Port-Royal*, Paris, Gallimard, 1952(I. pp. 634~635로부터 인용)을 참조. 갈리시아에 관한 언급은 Pegerto Saavedra, *A vida cotiá en Galicia de 1550~1850*, Santiago, Universidad de Santiago, 1992(p. 179)를 참조. 가족을 신성화하고 성행위를 범죄화한 것과 관련된 내용은 Arlette Farge & Michel Foucault, *Le Désordre des familles*, Paris, Gallimard, 1982; P. Laslett, K. Oosterveen & R. M. Smith (eds.), *Bastardy and its Comparitive History*, London, Edward Arnold, 1980; Richard Davenport-Hines, *Sex, Death and Punishment*, London, Collins, 1990; R. P. Maccubin (ed.), *'Tis Nature's Fault. Unauthorized Sexuality during the Enlightenment*, New York, Cambridge U. P., 1987; Lynn Hunt (ed.), *The Invention of Pornography*, New York, Zone Books, 1993 등을 참조. 농민들의 성에 대해서는 Jean-Louis Flandrin, *Les Amours paysannes*, Paris, Gallimard, 1975; G. R. Quaife, *Wanton Wenches and Wayward Wives, Peasants and Illicit Sex in Early Seventeenth-century England*, London, Croom Helm, 1979; J. Michael Phayer, *Sexual Liberation and Religion in Nineteenth-century Europe*, London, Croom Helm, 1977; J. Liliequist, "Peasants against Nature; Crossing the Boundaries between Man and Animal in Seventeenth — and Eighteenth-century Sweden" in J. C. Fout (ed.), *Forbidden History. The State, Society and the Regulation of Sexuality in Modern Europe*, Chicago, University of Chicago Press, 1992, pp. 57~87; E. P. Thompson, "The Sale of Wives", in *Customs in Common*, London, Merlin Press, 1991, pp. 404~466; Romano Canosa, *La restauazione sessuales*, Milan, Feltrinelli, 1993 등을 참조. 의학의 교화 기능에 관하여는 Alex Comfort, *The Anxiety Makers*, London, Panther, 1968; J. Stenger & A. van Neck, *Histoire d'une grande peur: la masturbacion*, Brussels, Université de Bruxelles, 1984; Frank Mort, *Dangerous Sexualities. Medico-moral Politics in England since 1830*, London, Routledge & Kegan Paul, 1987을 참조. 파리의 매춘에 관한 언급은 E. M. Benabou, *La Prostitution et la police des moeurs au XVIII siècle*, Paris, Perrin, 1987을 참조. Hans Peter Duerr, *Nackheit und Scham. Der Mythos vom Ziwilisationsprozess*, Frankfurt am Main, Shurkamp, 1988은 엘리아스의 해석을 비판한다. 중세에 대해서는 Joachim Bumke, *Courtly Culture. Literature and Society in the High Middle Ages*, Berkeley, University of California Press, 1991(p. 307로부터 인용). 중세로부터 르네상스로의 이행에 대해서는 Aldo Scaglione, *Knights at Court Courtliness, Chivalry and Courtesy from Ottonian Germany to the Italian Renaissance*, Berkeley, University of California Press, 1991;

Gregory Hanlon, *L'Univers des gens de bien*, Bordeaux, Presses Universitaires de Bordeaux, 1989 등을 참조. 민중 문화와의 싸움에 관하여는 Peter Burke, *Popular Culture in Early Modern Europe*, London, Temple Smith, 1978이라는 기본서가 있고, 이 책에서 필자는 독자들이 이 책에서 읽을 수 있는 것보다 더 많은 것을 의존하였다. 속어의 독점과 '문법화'와 관련하여, 일반적 틀은 Sylvain Auroux(dir.), *Histoire des idées linguistiques*, Liège, Mardaga, 1992의 2nd vol., "Le Développement de la grammaire occidentale"와 그리고 Peter Burke & Roy Porter (eds.), *The Social History of Language*, Cambridge, Cambridge U. P., 1987을 주로 참고하였다. 근대 유럽에서 라틴어가 살아 남은 것에 대해서는 Peter Burke, *The Art of Conversation*, Cambridge, Polity Press, 1993, pp. 34~65를 참조. 스페인 아카데미에 관한 언급은 Juan Sempere y Guarinos, *Reflexiones sobre el buen gusto en las ciencias y en las artes*, Madrid, Sancha, 1782(Madrid, Marcial Pons에서 간행한 팩스밀, 1992),(pp. 207, 227, 그리고 228로부터 인용)를, 프랑스에 대해서는 Danielle Trudeau, *Les Inventeurs du bon usage, 1529~1647*, Paris, éditions de Minuit, 1992, Marcel Schwob의 회고록, *Etude sur l'argot français*, Paris, Allia, 1989; 그리고 특히 Raymond Queneau, *Bâtons, chiffres et lettres*, Paris, Gallimard, 1965("Language academique", p. 50으로부터 인용)를 참조. 말레르브의 언급은 "A la reine sur les heureux succez de sa regence", line 147에서 인용. 베르빌의 『출세 수단』은 Iliana Zinguer (ed.), *Nice*, CMMC, 1985년 판을 이용함. 르네상스에 관한 언급은 Burckhardt, *The Civilization of the Renaissance in Italy* 참조. 르네상스에 관한 방대한 참고 문헌들 중에서 특별히 Eugenio Garin의 *Scienza e vita civile nel Rinascimento italiano*(영어본 *Science and Civic Life in the Italian Renaissance*, Magnolia, MA, Peter Smith, 1993)와 U*manisti artisti scienzati*를 참고하였다. 중세의 마법에 대해서는 앞서 소개한 Valerie I. J. Flint의 책, 그리고 Frances A. Yates & Brian Easlea, *Witch-hunting, Magic and the New Philosophy*, Brighton, Harvester Press, 1980; Patrick Curry, *Prophecy and Power. Astrology in Early Modern England*, Cambridge, Polity Press, 1989 등을 참조. 과학자겸 마법사에 대한 언급은 E. M. Butler, *The Myth of the Magus*, Cambridge, Cambridge U. P., 1993(1948), p. 161; Paolo Rossi, *Francis Bacon: From Magic to Science*, tr. Sacha Rabinovitch, London, Routledge & Kegan Paul, 1968 등을 참조. 아그리파의 이야기는 그의 *De occulta philosophia libri tres*(1529)(1651년에 번역되고, 1898년에 W. F. Whitehead에 의해 다시 번역됨, Chicago, Hahn & Whitehead, 1898) 참조. 갈릴레오에 관한 언급은 A. Banfi, *Galileo e suor Maria Celeste*, Milan, All'insegna del pesce d'oro, p. 37을 참조하고, 갈릴레오 자신의 언급은 1611년 1월 1일 그가 Giuliano de' Medici에게 보낸 편지(*Lettere*, Turin Einaudi, 1978, p. 20)에서 인용하였다. '스콜라적' 전통의 대학에 관한 언급은 Juan Millé, *El horóscopo de Lope de Vega*, Buenos Aires, Coni, 1927, p. 12를, 그리고 뉴턴의 인생과 사상에서 신학과 연금술이 차지한 중요성에 관하여는 Richard S. Westfall, *Never at Rest. A Biography of Isaac Newton*, Cambridge, Cambridge U. P., 1980, pp. 281~334, 그리고 A. Rupert

Hall, *Isaac Newton, Adventurer in Thought*, Oxford, Balckwell, 1992, pp. 239~242, 372~374, 381~386(p. 381로부터 인용)을 참조. 그에 관한 다른 언급은 Keynes, *Essays in Biography*를 참조. 여기에 Christopher Hill과 Margaret C. Jacob의 저작들의 상당 부분을 포함시킬 수 있다. 대안적 방법에 관한 연구에 대하여서는 Eugenio Garin, *Dal Rinascimento all' Illuminismo*, Pisa, Nistri-Lischi, 1970; J. G. A. Pocock, *The Machiavellian Moment. Florentine Political Thought and the Atlantic Republican Tradition*, Princeton, Princeton U. P., 1975 등을 참조. 홀란트에 대해서는 앞에서 언급한 A. Th. van Deursen의 책 외에 Yirmiyahu Yovel, *Spinoza and Other Heretics*, Princeton, Princeton U. P., 1989, 2 vols(I, p. 72의 프라도의 언급을 재인용); 그리고 특히 Andrew C. Fix, *Prophecy and Reason. The Dutch Collegiants in the Early Enlightenment*, Princeton, Princeton U. P., 1991(p. 23에서 인용. 그리고 많은 아이디어를 이 책으로부터 얻었다)를 참조. 스피노자의 『신학-정치학 논고』(1670)는 Shirley & Gregory의 편집본, Leyden, Brill, 1989(ch. XV, p. 230; XVI, p. 239; 그리고 XX, p. 293으로부터 인용)를 이용하였고, J. D. Sánchez Estop이 편집한 그의 『서한집』(Madrid, Hiperión, 1988)과 Menasseh ben Israel, *Esperanza de Israel*, ed. by H. Méchoulan & G. Hanon, Madrid, Hiperión, 1987(p. 111로부터 인용; 영역본은 1650년 런던에서 출간되었다)도 참고하였다.

▶ 7장 미개의 거울

16, 17세기의 '세계의 사방'에 관한 이야기는 A. Pigler, *Barockthemen. Eine Auswahl von Verzeichnissen zur Ikonographie des 17. und 18. Jahrhunderts*, Budapest, Akadémiai Kiadó, 1974, II, pp. 521~523; Roelof van Straten, *Einfürung in die Ikonographie*, Berlin, Dietrich Reimer Verlag, 1989, pp. 41~48. 체사레 리파의 『도상학』이야기는 *Iconología*, Madrid, Akal, 1987(1953), pp. 102~103에서 인용. 교황에게 선물로 바쳐진 코끼리와 코뿔소 이야기는 Donald F. Lach, *Asia in the Making of Europe*(II, "A Century of Wonder", 1), Chicago, University of Chicago Press, 1970, pp. 135~172; 그리고 M. Massing, "The Quest for the Exotic: Albrecht Dürer in the Netherlands", in J. A. Levenson (ed.), *Circa 1492. Art in the Age of Exploration*, New Haven, Yale U. P., 1991, pp. 115~119를 참조. 18세기 말 이후 유럽에서 나타난 기독교(Christianity)의 인식 변화에 대해서는 M. E. Yapp, "Europe in the Turkish Mirror", *Past and Present*, 137(November, 1972), pp. 134~155를 참조.

미개인에 관해서는 C. Gaignebet & J. D. Lajoux, *Art profane et religion populaire au Moyen âge*, Paris, P.U.F., 1985, pp. 90~136; Roger Bartra, *El salveje en el espejo*, Mexico, Era, 1992; G. H. Gossen et al., *De palabra y obra en el Nuevo Mundo. 3: La formación del otro*, Madrid, Siglo XXI, 1993; Ronald L. Meek, *Social Science and the Ignoble Savage*, Cambridge, Cambridge U. P., 1976 등을 참조. 크레티앵 드 트루아의 언

급은 그의 *Le Chevlaier au lion*, lines 288~289에서 인용. 지오반니 바티스타 델라 포르타의 언급은 그의 *Della fisonomia dell' uomo*, Parma, Ugo Guanda, 1988(1610), p. 102(1586년의 라틴어 원본은 파리에서 다시 인쇄되었다. *Aux Amateurs de Livres*, 1990)에서 인용. '지리상의 발견'에 관한, 특히 500주년과 관련되어 출간된 참고 문헌은 생략하였다. Robert Himmerich y Valencia, *The Encomendero of New Spain, 1521~1555*, Austin, University of Texas Press, 1991(p. 104)에서 한 문장을 인용하였다. 종교에 관한 내용은 Nancy M. Farris, *Inga Glendinen*의 책들을 많이 참고로 하였고, 마야인들에 대하여서는 G. D. Jones의 책을, 란칸돈인(los lancandones)들에 대해서는 Jan de Vos의 책을, 그리고 안데스인들에 대해서는 Pierre Duviol의 책을 참조하였다. 토착 노예제에 대하여서는 Ricardo Rodríguez Molas, *Los sometidos de la conquista. Argentina, Bolivia, Paraguay*, Buenos Aires, Centro Editor de América Latina, 1985에서 그 증거를 찾을 수 있다. 인구상의 결과에 대해서는 N. D. Cook & W. G. Lovell (eds.), *'Secret Judgement of God' : Old World Disease in Colonial Spanish America*, Norman, University of Oklahoma Press, 1991을 참조. 콜럼버스와 관련된 인용문은 발견을 알리고 있는 그의 서신과 *Juan Ginés de Sepúlveda & Fray Bartolomé de Las Casas, Apología*, ed. by Angel Losada, Madrid, Editorial Nacional, 1975, p. 61과 142; Pietro Martire d'Anghiera, *De orbe novo decades*, book, II(Richard Eden의 영역본 *The Decades of the Newe Worlde or West India*, 1555가 있다); Andrés Bernáldez, *Memorias del reinado de los Reyes Católicos*, Madrid, Academia de la Historia, 1962, p. 301(영어본은 *History of Two Catholic Sovereigns, Don Ferdinand and Doña Isabella in The Voyages of Christopher Columbus*, tr. Cecil Jane, London, Argonaut Press, 1930); Juan de Villagutierre, *History of the Conquest of the Province of Itzá*, Culver City, CA, Labyrinthos, 1983; V. M. Godinho, *Mito e mercadoria*, p. 95; Camoens, *The Lusiads*, canto VII, lines 7~8과 XIV, lines 3과 7 등을 참조. 아메리카에서 영국인, 프랑스인, 네덜란드인의 활동에 대해서는 Philip P. Boucher, *Cannibal Encounters. Europeans and Island Caribs, 1492~1763*, Baltimore, The Jones Hopkins U. P., 1992를 참조. 또한 Alden T. Vaughan & E. W. Clark (eds.), *Puritans among the Indians. Accounts of Captivity and Redemption*, 1676~1724, Cambridge(Mass.), Belknap Press, 1981(p. 5에서 인용; 코튼 마더의 이야기는 pp. 136~144에서 인용); Timothy Silver, *A New Face on the Countryside. Indians, Colonists, and Slaves in South Atlantic Forests, 1500~1800*, Cambridge, Cambridge U. P., 1990; T. G. Jordan & M. Kaups, *The American Backwoods Frontier. An Ethnic and Ecological Interpretation*, Baltimore, The Johns Hopkins U. P., 1992; Richard White, *The Middle Ground. Indians, Empires, and Republics in the Great Lakes Region, 1650~1815*, Cambridge, Cambridge U. P., 1991; Francis Jennings, *The Ambiguous Iroquois Empire*, New York, W. W. Norton, 1984; 그리고 R. A. Bartlett, *The New Country. A Social History of the American Frontier, 1776~1890*, New York, Oxford U. P., 1974 등을 참조. 사형(私刑)의 수치에 대하여서는

E. M. Beck & S. E. Tolnay, "A Season for Violence. The Lynching of Blacks and Labor Demand in the Agricultural Production Cycle in the American South", *International Review of Social History*, 37(1992), pp. 1~24를 참조. 휘트만의 시는 A Broadway Pageant, 2. lines 38~44에서 인용. 브라질에 관하여는 John Hemming, *Amazon Frontier. The Defeat of the Brazilian Indians*, London, Macmillan, 1987. M. de Montaigne, *Essays*, Lxxxi('Des cannibales') 참조. '오세아니아의 낙원'에 대해서는 O. H. K. Spate, *The Pacific since Magellan*, London, Croom Helm & Routledge, 1979~1988, 3 vols(III, p. 211에서 인용), 그리고 Alan Moorehead, Ernest S. Dodge, Marshall Sahlins의 책들(*Islands of History*, 그리고 P. V. Kirch와 함께 쓴 *Anahula. The Anthropology of History in the Kingdom of Hawaii*); Anne Salmond(*Two Worlds. First Meetings between Maori and Europeans*, 1642~1772); B. Attwood, Aletta Biersack, Lynn Withey, N. Thomas 등을 참조. 폴 고갱의 인용문은 그의 *Noa Noa*, Paris, Pauvert, 1988, pp. 41과 47에서 취함. 노예 무역에 관한 수많은 참고 문헌은 생략하였다. 이어 언급된 텍스트들은 볼테르의 *Essai sur les moeurs et l'esprit des nations*, ch. 141, 'Des découvertes des Portugais', 그리고 몽테스키외의 *Mes pensées*, 1935와 *De l'esprit des lois*, XV, 5에서 인용. 이슬람 문화에 대한 존슨 박사의 견해는 James Boswell, *Life of Johnson*, Oxford, Oxford U. P., 1970, p. 1218(10 April 1783) 참조. 뷔퐁의 언급은 그의 *Histoire naturelle*, V, 'Histoire naturelle de l'homme', 'Variétes dans l'espèce humaine' (Paris, 1769, pp. 285~286)에서 인용. 이 텍스트에 관하여는 J. Roger, *Buffon*, Paris, Fayard, 1989, pp. 236~247을, 그리고 아메리카의 '타고난 열등함'에 대해서는 Antonello Gerbi, *La disputa del Nuevo Mundo*, Mexico, Fondo de Cultura Económica, 2nd ed., 1982(특히 pp. 7~13)을 참조. 인종 차별과 그 기원에 관하여서는 Franz Boas의 책, 그리고 Bowler와 Stocking의 책들; Robert Miles, *Racism*, London, Routledge, 1989(훌륭한 참고 문헌 목록을 가지고 있다); Yves Benot, *La Démence coloniales sous Napoléon*, Paris, La Découverte, 1992(이 책에서 나폴레옹의 말을 인용하였다, p. 89). 쿨리에 대해서는 J. Breman & E. V. Daniel, "Conclusion: The Making of a Coolie", *Journal of Peasant Studies*, 19(1992), pp. 268~295를 참조.

8장 진보의 거울

'지리상의 발견'의 지적 결과에 관해서는 Donald F. Lach의 기념비적 연구, *Asia in the Making of Europe*(특히 제2권의 세번째 책, 'The Scholarly Disciplines'을 참조), Chicago, University of Chicago Press, 1977을 언급하지 않으면 안 된다. 또한 Anthony Grafton et. al., *New Worlds, Ancient Texts. The Power of Tradition and the Shock of Discovery*, Cambridge(Mass.), Belknap Press, 1992도 훌륭한 책이다. 데카르트의 언급은 그의 *Discours de la méthode*(이 책의 영역본은 여러 가지가 있다), 몽테스키외의 언급은 그의 *L'Esprit des lois*, XVIII, 8에서 인용. 여행가 데저란도의 언급은 Anthony Pagden,

European Encounters with the New World, New Haven, Yale U. P., 1993, p. 118에서 인용. '진보의 발명'에 관한 많은 연구서들 — Bury, Pollard, Van Doren, Nisbet 등 — 에서 특히 David Spadafora, *The Idea of Progress in Eighteenth-century Britain*, New Haven, Yale U. P., 1990과 Peter J. Bowler, *The Invention of Progress. The Victorians and the Past*, Oxford, Blackwell, 1989를 많이 이용하였다. 인류학의 역사에 관해서는 George W. Stocking Jr., *Victorian Anthropology*, New York, Free Press, 1987을 참조. 인도 역사에 대한 영국인들의 자의적 해석에 대하여서는 Bernard S. Cohn, "Cloth, Clothes and Colonialism. India in the Nineteenth Century", in A. B. Weinwer & J. Schneider (eds.), *Cloth and Human Experience*, Washington, Smithonian Institution Press, 1989, pp. 303~353(p. 321에서 인용-)을 참조. 과학의 메커니즘에 대하여서는 Michel Serres in M. Serres (ed.), *éléments d'histoire des sciences*, Paris, Bordas, 1989, pp. 346~348; 사회과학에 대한 그것의 적용에 대해서는 Ian Hacking, *The Taming of Chance*, Cambridge, Cambridge U. P., 1990을 참조. 블랑키에 관한 언급은 Walter Benjamin, *Paris. capitale du XIXe siècle. Le Livre des passages*, Paris, Cerf, 1989, pp. 137~140(p. 137로부터 인용)을 참조. Peter J. Bowler, *The Eclipse of Darwinism*, Baltimore, The Johns Hopkins U. P., 1983, p. 34와 Alfred Russel Wallace, *The Malay Archipelago*, New York, Dover, 1962(1869, edn.)에서도 인용하였다. 기계와 진보에 관한 내용은 Michael Adas, *Machines as the Measure of Men. Science, Technology, and Ideologies of Western Dominance*, Ithaca, Cornell U. P., 1989를 주로 참고하였다. 하나의 에너지 혁명으로서의 산업화에 관하여서는 E. A. Wrigley, *Continuity, Chance and Change. The Character of the Industrial Revolution in England*, Cambridge, Cambridge U. P., 1988을 참조. 다양한 배경의 문화 요소를 포함하는 기술의 역사에 대한 하나의 모델적 견해는 B. Cotterell & J. Kamminga, *Mechanics of Pre-industrial Technology. An Introduction to the Mechanics of Ancient and Traditional Material Culture*, Cambridge, Cambridge U. P., 1990(외바퀴 손수레의 예는 pp. 214~216에서 인용)에서 찾아볼 수 있다. 불행히도 위의 책이나 Arnold Pacey, *Technology in World Civilazation*, Oxford, Blackwell, 1990, 그리고 *The Maze of Ingenuity*, Cambridge(Mass.), MIT Press, 1992 등은 매우 예외적이다. Jaques Gernet, *El mundo chino*, Barcelona, Crítica, 1991, p. 304에서도 한 문장을 인용하였다. 자연 개발에 대한 유럽인들의 생각에 대해서는 Clarence J. Glacken, *Traces on the Rhodian Shore*, Berkeley, University of California Press, 1990(1967)을 참조. 콜럼버스 이전 아메리카의 농업 기술과 식량 생산에 관하여서는 Angel Palerm, Bernard R. Ortiz de Montellano, Arturo Warman, Víctor Manuel Patiño, Eduardo Estella, D. M. Pearsall, H. Lechtman & A. M. Soldi(p. 237에서 인용-), John Murra, Linda Schele, David Friedel(*A Forest of kings. The Untold Story of the Ancient Maya*, pp. 96과 97에서 인용-), 그리고 Norman Hammond의 연구를 주로 참고하였다. 남아시아와 동남 아시아에 대하여서는 V. Magalhaes Godinho(Mito e mercadoria, utopia e prática de navegar, séculos

XIII~XVIII, p. 339에서 인용), K. N. Chaudhuri(*Asia before Europe. Trade and Civilazation in the Indian Ocean* 등), Niels Steensgaard, J. C. van Leur, M. A. P. Meiling-Roelosfsz(*Asian Trade and European Influence in the Indonesian Aechipelago between 1500 and about 1630*), Sanjay Subrahmanyam(*The Political Economy of Commerce: Southern India, 1500~1650*특히 p. 336], Anthony Reid(*Southeast Asia in the Age of Commerce, 1450~1680*, I: *The Lands below the Winds*, Clifford Geertz가 *New York Review of Books*, 16 February 1989, pp. 28~29에 쓴 비판과, 그가 편집한 책 *Southeast Asia in the Early Modern Era*도 유용함), James D. Tracy, Denys Lombard(*Le Carrefour javanais. Essai d'histoire globale*, III, p. 152로부터 인용), Peter W. Klein,("The China Seas and the World Economy between the Sixteenth and Nineteenth Centuries: The Changing Structures of Trade", in Carl-Ludwig Holftrerich (ed.), *Interactions in the World Economy. Perspectives from International Economic History*, Hemel Hempstead, Harvester Wheatsheaf, 1989, pp. 61~89), William S. Atwell("International Bullion Flows and the Chinese Economy circa 1530~1650", *Past and Present*, 95(May 1982), pp. 68~90) 등을 참조. 영국에서의 아편 사용에 대해서는 Virginia Berridge & Griffith Edwards, *Opium and the People. Opiate Use in Nineteenth-century England*, New Haven, Yale U. P., 1987을 참조. 아시아인들의 철수에 관한 필자의 생각은 Anthony Reid, *Southeast Asia in the Age of Commerçe, 1450~1680*. II: *Expansion and Crisis*, New Haven, Yale U. P., 1993에서 많은 시사를 얻었다. 유럽인들이 아시아에 대한 그들의 생각을 어떻게 구축해나갔는가에 관하여서는 Chaudhuri, *Asia before Europe. Economy and Civilazation of the Indian Ocean from the Rise of Islam to 1750*, Cambridge, Cambridge U. P., 1990, pp. 22~23을 참조. 유네스코 선언문 인용은 Claude Lévi-Strauss, *Race et histoire*, Paris, Denoel, 1987, pp. 22~23에서 인용. 오리엔트의 발명에 대해서는 Edward W. Said, *Orientalism*, London, Routledge & Kegan Paul, 1978; 이에 대한 Bernard Lewis의 비판도 참고: "The Question of Orientalism", Bernard Lewis, *Islam and the West*, New York, Oxford U. P., 1993, pp. 99~118. 그리고 Thierry Hentsch, *L'Orient imaginaire. La vision politique occidentale de l'Est méditerranéen*, Paris, Éditions de Minuit, 1988; Brandon H. Beck, *From the Rising Sun. English Images of the Ottoman Empire to 1715*, New York, Peter Lang, 1987(훌륭한 참고 문헌 목록과 함께) 등을 참조. 앤소니 셜리의 언급은 *Peso político de todo el mundo del conde D. Antonio Xerley*, Madrid, CSIC, 1961, pp. 51~60을 참조. 배교자에 관하여서는 Bennassars와 Anita González-Raymond의 책들, 그리고 Lucetta Scaraffia, *Rinnegati. Per una storia dell'identità occidentale*, Rome, Laterza, 1993을 참조. 중국인과 일본인의 피부색에 대해서는 Walter Demel, "Wie die Chinesen gelb wurden. Ein Beitrag zur Frühgeschichte der Rassentheorien", *Historische Zeitschrift*, 255:3(December 1992), 625~666; Hiroshi Wagatsuma, "The Social Perception of Skin Color in Japan", Daedalus(Spring 1967), "Color and Race", pp. 407~443를 참조. 문화

적 측면에 대해서는 Derek Massarella, *A World Elsewhere. Europe's Encounter with Japan in the Sixteenth and Seventeenth Centuries*, New Haven, Yale U. P., 1990; Masayoshi Sugimoto & D. L. Swain, *Science and Culture in Traditional Japan*, Tokyo, Tuttle, 1989; Thomas C. Smith, *Native Sources of Japanese Industrialization, 1750~1920*, Berkeley, University of California Press, 1988; Hiroyuki Odagiri & Akira Goto, "The Japanese System of Innovation: Past, Present and Future", in Richard R. Nelson (ed.), *National Innovation Systems. A Comparative Analysis*, New York, Oxford U. P., 1993, pp. 76~114 등을 참조. 중국 예술에 대한 언급은 Walter Benjamen, *Paris, capitale du XIXe siècle*, Paris, Cerf, 1989, pp. 205~206을 참조. 인용문은 Athanasius Kircher, *China illustrata*, tr. and ed. by Charles van Tuyl, Bloomington, Indiana U. P., 1987(제5장의 서문, p. 203); Montesquieu, *Lettres persanes*, 30; L. A. de Bougainville, *Viaje alrededor del mundo*, Barcelona, Adiax, 1982, p. 175 등에서 인용하였다. 중국 전제주의에 관한 케네의 입장에 대해서는 *François Quesnay et la physiocratie*, Paris, Institut National d'Études Démographiques, 1958, II, pp. 913~916, 917~934를 참조. 디드로의 언급은 "Chinois, philosophie des", in *Encyclopédie*, III(Paris, 1753), pp. 341~348을 참조. 이슬람에의 매혹과 관련해서는 Magali Morsy (ed.), *Les Saint-Simoniens et l'Orient. Vers la modernité*, Aix-en-Provence, Edisud, 1990(Philippe Regnier, "Le Mythe oriental des saint-simoniens", p. 35에서 인용); Florence Nightingale, *Letters from Egypt. A Journey on the Nile, 1849~1850*, New York, Weidenfeld & Nicolson, c. 1987 등을 참조 괴테의 언급은 "Hegire", in West-östlicher Diwan에서 인용. 제국과 식민지 문제에 관하여는 P. J. Cain & A. G. Hopkins, *British Imperialism*, London, Longman, 1993, 2 vols; Lance E. Davis & R. A. Huttenback, *Mammon and the Pursuit of Empire. The Economics of British Imperialism*, Cambridge, Cambridge U. P., 1988; Jaques Marseille, *Empire colonial et capitalisme français. Histoire d'un divorce*, Paris, Albin Michel, 1984; Michael Havinden & David Meredith, *Colonialism and Development. Britain and its Tropical Colonies, 1850~1960*, London, Routledge, 1993 등을 참조 아프리카 역사에 대한 전통적 시각에 관하여서는 Walter Rodney, *How Europe Underdeveloped Africa*, Washington DC, Howard U. P., 1981을 참조. 아프리카에 대한 새로운 시각은 George E. Brooks, *Landlords and Strangers. Ecology, Society, and Trade in Western Africa, 1000~1630*, Boulder, Westview, 1993; John Thornton, *Africa and Africans in the Making of the Atlantic World, 1400~1680*, Cambridge, Cambridge U. P., 1992; Cathérine Coquery-Vidrovitch, *Histoire des villes d'Afrique noire. Des origines à la colonisation*, Paris, Albin Michel, 1993; Steven Feierman, "African Histories and the Dissolution of World History", in Robert H. Bates et al. (eds.), *Africa and the Disciplines*, Chicago, University of Chicago Press, 1993, pp. 167~212 등을 참조 바람. 아프리카의 대외 교역에 관한 수정주의적 관점은 David Eltis & L. Jennings, "Trade between Westeran Africa and the Atlantic World in the Precolonial Era", *American Historical Review*, 93(1988), pp. 936~59; David Eltis, "Trade between Western Africa and Atlantic World before 1870: Estimates of Trends in Value, Composition and Direction", *Research in Economic History*, 12(1989), pp. 197~239(훌륭한 참고 문헌 목록 포함); Ernst van de Boogaart, "The Trade between Western Africa and the Atlantic World, 1600~1690: Estimates of Trends in Composition and Value", *Journal of African History*, 33(1992), pp. 369~85; J. F. Searing의 흥미로운 기록물, *West African Slavery and Atlantic Commerce*, Cambridge, Cambridge U. P., 1993 등을 참조. 부시먼에 관한 생각은 Edwin N. Wilmsen, *Land Filled with Flies. A Political Economy of the Kalahari*, Chicago, University of Chicago Press, 1989(p. 272에서 인용)을 참조. 오스트레일리아 원주민에 대한 잘못된 개념에 대해서는 Bain Attwood, *The Making of the Aborigines*, Sydney, Allen & Unwin, 1989를 참조. '안데스 유토피아'에 관해 쓰여진 많은 연구들 중에서 Alberto Flores Galindo, *Buscando un inca: identidad y utopía en los Andes*, Havana, Casa de las Américas, 1986을 참조. 볼네의 감상은 1820년 Abate Marchena의 번역본 Bordeaux, Beaume, p. 9의 내용을 약가 수정하여 인용하였다(영어본으로는 *A Survey of the Revolutions of Empires*, London, Joyce Gold, 1807, 그리고 *The Ruins of Empires: Or Meditation on the Revolution of Empires and the Law of Nature*, Baltimore, Black Classic, 1990)을 참조. 그리고 장 제르네의 언급은 그의 *El mundo chino*, Barcelona, Crítica, 1991, p. 304에서 인용.

9장 대중의 거울

필자가 참고로 한 근대 국가와 민족주의에 관한 많은 연구서들을 일일이 언급하지는 않겠다. 로크의 이야기는 그의 *Two Treatises on Civil Government*의 제2권, IX, 124; 또한 Jeremy Black, *A Military Revolution? Military Change and European Society, 1550~1800*, London, Macmillan, 1991, p. 73을 참조. 국가의 나약함과 부패에 관하여서는 Jean-Claude Waquet, *Corruption Ethics and Power in Florence, 1600~1700*, tr. Linda McCall, Cambridge, Polity Press, 1991(1984); Linda Levy Peck, *Court Patronage and Corruption in Early Stuart England*, Boston, Unwin Hyman, 1990 등을 참조. 리옹의 다리 이야기는 1648년 프랑스의 재무부 관리들이 당시 재무장관 Séguir에게 보낸 편지에 들어 있는데, 이것이 A. D. Lublinskaya에 의해 책으로 만들어졌다(이 책은 원래 러시아어로 쓰여졌으나 편지 내용은 프랑스어로 되어 있다. [*The Internal Politics of French Absolutism, 1633~1649*, Moscow, 1966, pp. 251~252. 자치 도시들의 연방 이야기는 Guy Lemunier, "Centralisme et autonomie locale: la guerre privée dans l'Espagne moderne", in M. Lambert-Gorge (ed.), *Les élites locales et l'état dans l'Espagne moderne, XVI~XIX siècles*, Paris, CNRS, 1993, pp. 313~325(p. 323에서 인용). 전쟁에 관한 참고 문헌(Geoffrey Parker, Hans Delbrück, William H. McNeill, Michael Howard,

J. A. Lynn, D. B. Ralston, Brian M. Downing, Frank Tallet 등)도 생략하였다. 근대 국가의 재정 문제에 대하여도 마찬가지이다(P. G. M. Kickson, J. F. Bosher, Gabriel Ardant, J. Berenger, J. C. Riley, Peter-Christian Witt, John Brewer 등). 홀란트에 대하여서는 James D. Tracy, *Holland under Habsburg Rule, 1506~1566. The Formation of a Body Politic*, Berkeley, University of California Press, 1990과 *A Financial Revolution in the Habsburg Nethelands. 'Renten' and 'Renteniers' in the Country of Holland*, Berkeley, University of California Press, 1985; Martin van Gelderen, *The Political Thought of the Dutch Revolt, 1555~1590*, Cambridge, Cambridge U. P., 1992; Marjolein C. 't Hart, *The Making of a Bourgeois State. War, Politics and Finance during the Dutch Revolt*, Manchester, Manchester U. P., 1993을 참조. 영국에 대하여서는 Robert Brenner, *Merchants and Revolution. Commercial Change, Political Conflict, and London's Overseas Traders, 1550~1653*, Cambridge, Cambridge U. P., 1993; D. W. Jones, *War and Economy in the Age of William III and Marlborough*, Oxford, Blackwell, 1988, 그리고 Dickson과 Brewer의 재정에 관한 책들을 참조. 내셔널리즘에 대하여서는 Linda Colley, *Britons. Forging the Nation, 1707~1837*, New Haven, Yale U. P., 1992(그리고 E. P. Thompson의 재검토: rep. in *Debates*, 46, September 1993, pp. 119~123)를 참조. 「통치하라, 영국이여」는 James Thomson, *Poetical Works*, Ward, Lock & Co., n.d., p. 498에서 인용. 셸리의 언급은 1839년에 출간된 그의 시집에 부치는 그의 아내 메리의 메모에서 인용하였다. 바이런의 「러다이트들을 위한 찬가」는 1816년 12월에 지어졌다. 디즈레일리의 언급은 그의 *Sybil, or The Two Nations*, II, ch. 5에서 인용. 하나의 식민 제국으로서의 재정에 대한 생각은 뒤에서 언급될 Eugen Weber의 책 후반부에서 많은 시사를 얻었다. 하나의 '국민'(nation)으로서의 프랑스 절대주의의 재편에 대해서는 Alan Forrest & Peter Jones (eds.), *Reshaping France. Towns, Country and Region during the French Revolution*, Manchester, Manchester U. P., 1991을 참조하고, 그와 관련된 내용에 대하여서는 Denis Wood, *The Power of Maps*, London, Routledge, 1993; Peter Sahlins, *Boundaries: The Making of France and Spain in the Pyrenees*, Berkeley, University of California Press 1989 등을 참조. 표준어의 강요에 대해서는 Susan Scott Watkins, *From Provinces into Nations. Demographic Integration in Western Europe, 1870~1960*, Princeton, Princeton U. P., 1991; Martyn Lyons, "Regionalism and Lingustic Conformity in the French Revolution" in Forrest & Jones, *Reshaping France*, pp. 179~82; 표준어의 사용에 대해서는 Penelope J. Corfield, *Language, History and Class*, Oxford, Blackwell, 1991을 참조. 법과 범죄의 역사에 대해서는 Howard Zehr, *Crime and the Development of Modern Society*, London, Croom Helm, 1976(독일에 대한 그의 언급에 대한 비판적 입장으로는 Eric A. Johnson, "The Crime Rate: Longitudinal and Periodic Trends in Nineteenth — and Twentieth-century German Criminality, from 'Vormarz' to late Weimar", in R. J. Evans (ed.), *The German Underworld. Deviants and Outcasts in German History*, London, Routledge, 1988, pp. 159~88이 있

다); Michael Ignatieff, P. C. Spierenburg, C. V. Johansen, and H. Stevnsborg(*Annales*, 3, [1986], pp. 331~350), R. P. Weiss(*Social History*, 12:3 [1987]), Jean-Claude Chesnais, M. J. Wiener(*Reconstructing the Criminal*), J. S. Cockburn(*Past and Present*, 130 [February 1991], pp. 70~106), Robert Muchembled(*Les Temps des supplices. De l' obéissance sous les rois absulus, XVe~XVIIIe siècles*), Piers Beirne(Inventing Criminology) 등을 참조. 공동체 문화의 지속에 대해서는 E. P. Thompson, *The Making of the English Working Class*, London, Gallancz, 1980(1963)에서 'Community'에 관한 장과 그의 *Customin Common*, London, Merlin Press, 1991의 처음 부분(특히 pp. 38, 50, 54, 그리고 57)을 참조. 노동자 단체들의 노동운동에 대해서는 C. R. Dobson, *Masters and Journeymen. A Prehistory of Industrial Relations, 1717~1800*, London, Croom Helm, 1980; I. J. Prothero, *Artisans and Politics in Early Nineteenth-century London*, London, Methuen, 1979, 그리고 J. P. Bayard와 Pierre Barret의 '동업자 조직'에 관한 책들을 참조. 농업혁명에 대한 수정주의적 견해에 대해서는 Marie Jeanne Tits-Dieuaide, "Les Campagnes flammandes du XIIIe siècle au XVIIIe siècle ou les succès d'une àgriculture traditionelle", *Annales*, 39:3(1984), pp. 590~610; E. L. Jones, *Agriculture and the Industrial Revolution*, Oxford, Blackwell, 1974; Jaques Mulliez, "Du blé, 'mal nécessaire'. Réflexiions sur les progrès de l'agruculture de 1750 à 1850", *Revue d' Histoire Maderne et Contemporaine*, 26(1979), pp. 3~47; Robert C. Allen & Cormac Grada, "On the Road again with Arthur Young: English, Irish, and French Agriculture during the Industrial Revolution", J*ournal of Economic History*, 48(1988), pp. 93~116; W. Henry Newell, *Population Change and Agricultural Development in Nineteenth-century France*, New York, Arno Press, 1977; E. Kingston-Mann, "Peasant Communes and Economic Innovation. A Preliminary Inquiry", in E. Kingston Mann & T. Mixter (eds.), *Peasant Economy, Culture, and Politics of European Russia, 1800~1921*, Princeton, Princeton U. P., 1991, pp. 23~51; J. M. Neeson, *Commoners: Common Right, Enclosure and Social Change in England, 1700~1820*, Cambridge, Cambridge U. P., 1993; J. V. Beckett, *A History of Laxton. England's Last Open-field Village*, Oxford, Blackwell, 1989 등을 참조. 존 클레어의 언급은 그의 *The Parish*, 그리고 *The Lament of Swordy Well* (ed. by Eric Robinson & David Powell in *The Oxford Authors*, 1984, 특히 pp. 98, 99, 152)에서 인용. 산업화에 대한 수정주의적 견해는 Stephen A. Marglin, "A che servono i padroni? Origini e funzioni della gerarchia nella produzione capitalistica", 그리고 "Conoscenza e potere", in D. S. Landes (ed.), *A che servono is padroni? Le alternative storiche dell'industrializzazione*, Turin, Bollati Beringhieri, 1987; C. Sabel & J. Zeitlin, "Historical Alternatives to Mass Production: Politics, Markets and Technology in Nineteenth-century Industrialization", *Past and Present*, 108(1985), pp. 133~176; Adrian Randall, *Before the Luddites. Custom, Community and Machinery in the English Wollen Industry, 1776~1809*, Cambridge,

Cambridge U. P., 1991(p. 285로부터 인용) 등을 참조. 노동자들의 생활 수준을 측정하는 가장 객관적인 시도는 아마도 Roderick Floud, Kenneth Wachter, and Annabel Gregory, *Height, Health and History. Nutrional Status in the United Kingdom, 1750~1980*, Cambridge, Cambridge U. P., 1990일 것이다. 수직조공에 대하여서는 Geoffrey Timmins, *The Last Shift. The Decline of Handloom Weaving in Nineteenth-century Lancashire*, Manchester, Manchester U. P., 1993을 참조. 블레이크의 언급은 *Jerusalem*, III, 65, lines 16~26에서 인용. 아래로부터의 다른 방식에 의한 산업화와 관련된 언급은 특히 Thompson, *The Making of the English Working Class*(p. 912에서 인용)를 기본으로 하였다. 행동규범을 포함한 영국 문화의 통합에 관하여서는 Raymond Williams, *Culture and Society, 1780~1950*, Harmondworth, Penguin, 1963; F. M. L. Thompson, *The Rise of Respectable Society. A Social History of Victorian Britain, 1830~1900*, Cambridge(Mass.), Harvard U. P., 1988; Martin Wiener, *English Culture and the Decline of the Industrial Spirit, 1850~1980*, Cambridge, Cambridge U. P., 1981; W. D. Rubinstein, *Capitalism, Culture, and Decline in Britain*, London, Routledge, 1993을 참조; 노동자들의 동화에 대해서는 John Foster, *Class Struggle and the Industrial Revolution*, London, Weidenfeld & Nicolson, 1974를 참조. 프랑스와 프랑스 농민의 '국민화' 가설은 Eugen Weber, *Peasants into Frenchmen: The Modernization of Rural France, 1870~1914*, Stanford, Stanford U. P., 1976(농민들의 정치화에 대한 그의 생각은 Peter McPhee에 의해 비판되었다: *The Politics of Rural Life. Political Mobilization in the French Countryside, 1846~1852*, Oxford, Clarendon, 1992)을 참조. 공유되는 부르주아지 문화의 형성에 대하여서는 Anne Martin-Fugier, *La Vie élégante ou la formation du tout-Paris, 1815~1848*, Paris, Fayard, 1990; Walter Benjamin, *Paris, capitale du XIXe siècle*, Paris, Cerf, 1989(독일어 원본은 *Das Passagenwerk. Supplement zur Werkausgabe*, 2 vols, Frankfurt am Main, Suhrkamp, 1983)를 참조. 독일에 대해서는 특히 Goerge L. Mosse, *The Nationalization of the Masses. Political Symbolism and Mass Movements in Germany from the Napoleonic Wars through the Third Reich*, Ithaca, Cornell U. P., 1991(1975); T. Ziolkowski, *German Romanticism and its Institutions*, Princeton, Princeton U. P., 1990; Woodruff D. Smith, *Politics and the Sciences of Culture in Germany, 1840~1920*, New York, Oxford U. P., 1991; Eric Dorn Brose, The Politics of Technological Change in Prussia. *Out of the Shadow of Antiquity, 1809~1848*, Princeton, Princeton U. P., 1993 등을 참조. 맨체스터 집회에 대한 반응은 Thomas Gernville의 편지에서 인용: rep. in J. E. Cookson, *Lord Liverpool's Administration, 1815~1822*, Edinburgh, Scottish Academic Press, 1975, p. 181. 니부르의 공포는 Barthold C. Witte, *Barthold Georg Niebuhr. Una vida entre la política y la ciencia*, Barcelona, Alfa, 1987, pp. 205~208을 참조. 1차 세계대전 직후의 공포에 대해서는 Chris Wrigley (ed.), Challenges of Labour. Central and Western Europe, 1917~1920, London, Routledge, 1993; Wolfgang Ayass, "Vagrants and Beggars in Hitler's Reich", in Richard J. Evans (ed.), *The German Underworld*, pp. 210~237; Michael Burleigh & W. Wippermann, *The Racial State. Germany 1933~1945*, Cambridge, Cambridge U. P., 1991. '위험스런 계급들'에 대해서는 Louis Chevalier, *Labouring Classes and Dangerous Classes in Paris during the First Half of the 19th Century*, New York, Howard Fertig Inc., 1973; Rob Sindall, *Street Violence in the Nineteenth Century*, Leicester, Leicester U. P., 1990; Daniel Pick, *Faces of Degeneration. A European Disorder, c. 1848~1918*, Cambridge, Cambridge U. P., 1989; José Luis Peset, *Ciencia y marginación. Sobre negros, locos y criminales*, Barcelona, Crítica, 1983; John Carey, *The Intellectuals and the Masses*, London, Faber & Faber, 1992 등을 참조. 플로베르, 피에르 루이, 위스망스, 베를렌 등의 언급은 그 출처가 명백하기 때문에 생략하였다. 하이데거의 정치적 입장에 대해서는 Richard Wolin (ed.), *The Heidegger Controversy. A Critical Reader*, New York, Columbia U. P., 1991을 참조.

10장 거울들의 방 밖에서

유럽 '인종'에 대해서는 Léon Poliakov, *Le Mythe aryen*, Brussels, Complexe, 2nd ed., 1987; Alfred Rosenberg, *Race and Race History*, New York, Harper & Row, 1970(p. 47에서 인용); J. P. Mallory, *In Search of the Indo-Europeans. Language, Archaeology and Myth*, London, Thames & Hudson, 1989; Colin Renfrew, *Archaeology and Language. The Puzzle of Indo-European Origins*, London, Jonathan Cape, 1987을 참조. 종교 문제에 대한 분석은 S. N. Eisenstadt (ed.), *The Protestant Ethic and Modernazation. A. Comparative View*, New York, Basic Books, 1968을 참조 가족과 결혼에 대해서는 D. V. Glass & D. E. C. Eversley (eds.), *Population in History*, London, Edward Arnold, 1965(pp. 101~143에 대해서는 유럽 가족과 결혼 양식에 대한 Hanjal의 뛰어난 연구가 있다); Jack Goody, *The Development of the Family and Marriage in Europe*, Cambridge, Cambridge U. P., 1983, 그리고 *The Oriental, the Ancient and the Primitive. Systems of Marriage and the Family in the Pre-industrial Societies of Eurasia*, Cambridge, Cambridge U. P., 1990; A. J. Coale & S. C. Watkins (eds.), *The Decline of Fertility in Europe*, Princeton, Princeton U. P., 1986; J. R. Gillis et al. (eds.), *The European Experience of Declining Fertility*, Cambridge(Mass.), Blackwell, 1992 등을 참조. 중국의 비산업화와 관련된 내용은 Lloyd E. Eastman, *Family, Fields, and Ancestors. Constancy and Change in China's Social and Economic History*, New York, Oxford U. P., 1988, pp. 149~157를 참조. E. L. Jones, *The European Miracle. Environments, Economies and Geopolitics in the History of Europe and Asia*, Cambridge, Cambridge U. P., 1981에서도 한 문장을 인용하였다(p. 231). 동양의 전제주의 신화에 대해서는 앞장에서 언급된 책들 외에 Brendan O'Leary, *The*

Asiatic Mode of Production. Oriental Despotism, Historical Materialism and Indian History, Oxford, Blackwell, 1989와 Patricia Springborg, *Western Republicanism and the Oriental Prince*, Cambridge, Polity Press, 1992를 참조. 근대 유럽의 폭력에 대해서는 Robert Muchembled, *Le Temps des supplices. De l'obéissance sous les rois absolus, XV~XVIII siècles*, Paris, Armand Colin, 1992; S. T. Christiensen (ed.), *Violence and the Absolutist State*, Copenhagen, Akademisk Forlag, 1990(특히 V. G. Kiernan, "Why was Early Modern Europe always at War?", pp. 17~46)을 참조.

동아시아의 후진성의 원인에 대해서는 Anthony Reid, *Southeast Asia in the Age of Commerce, 1450~1680*. II: *Expansion and Crisis*를 참조. 레이몽 크노의 언급은 그의 *Traité des vertus démocratiques*, Paris, Gallimard, 1993, p. 84에서 인용. 식민지 발전을 위한 정책의 실패에 관하여서는 앞에서 언급한 Havinden & Meredith, *Colonialism and Development*를 참조. 치아파스의 역사에 대해서는 Thomas Benjamin, *A. Rich Land, a Poor People. Politics and Society in Modern Chiapas*, Albuquerque, University of New Mexico Press, 1989(p. 242에서 인용). 미국인들의 과학에 대한 지식과 관련된 이야기는 Timothy Ferris, "The Case against Science", *New York Review of Books*, 13 May 1993, p. 17과 1993년 말의 기사로부터 인용. UFO가 코끼리를 빨아들인 이야기는 1988년 7월 26일자 *Weekly World News*의 기사를 참조(rep. by Hillel Schwarts, *Century's End*, New York, Doubleday, 1990, p. 211). 과학 공상 소설에 관하여서는 Karl S. Guthke, *The Last Frontier. Imagining Other Worlds from the Copernican Revolution to Modern Science Fiction*, Ithaca, Cornell U. P., 1990을 참조. 헉슬리가 처음에 *Brave New World*(1931)에서 비관적 견해를 개진하기는 하였으나, 나중에 쓴 책에서는 "나는 아직 충분한 시간이 있다고 확신하였다"고 선언하고 있다: A. Huxley, *Brave New World Revisited*, 1959, p. 11). 안토니오 마차도의 언급은 그의 *Obras. Poesía y prosa*, Buenos Aires, Losada, 1964, p. 428. 벤야민의 언급은 그의 *Tesis de filosofía de la historia*; 그의 죽음에 대해서는 Ingrid Scheurmann, *Neue Dokumente zum Tode Walter Benjamins*, Bonn, AsKI, 1992를 참조. 칸트의 언급은 *Träume eines Geistehers*, I, ch. 1(Cinta Canterla의 2개국어 병용본, Cadiz, Universidad de Cadiz, 1989를 참고로 함)(영어본은 *Dreams of a Spirit Seer*, tr. John Manolesco, New York, Vantage Press, 1969). 브루노 베텔하임의 언급은 *El Peso de una vida*, Barcelona, Crítica, 1991, p. 234에서 인용. 중국의 만리장성과 북쪽 야만인들과의 관계에 대하여서는 많은 연구서들(Arthur Waldon, Thomas J. Barfield, Sechin Jagchid, V. J. Symons 등)이 있다.

색인

(ㄱ)

가라우 신부 181
가르강튀아 172, 173
갈라티아인 39
갈리시아 190
갈릴레오 199, 200
게미스푸스 플레톤 73
고갱 224
고징유 214
'골리앗 시인들' 166
괴테 252
그노시즘 51
그루지야 18
기베르 드 노장 127,128
길드 95,101

(ㄴ)

나이팅게일 251
나폴레옹 230
『노아 노아』 224
뉴턴 199
니체 231
니클라스하우젠 159

(ㄷ)

다윈 240
단테 195
더글라스 노스 294
데모스테네스 23
데이비드 로버츠 251
데이비드 흄 236
데이비스 윌키 265
데카르트 200
『데카메론』 144
도나투스 57
『도상학』 157
뒤 부아-레몽 240
뒤러 162
들라크루아 251
디드로 249
디즈레일리 266

(ㄹ)

'라 과르디아의 산토 니뇨 사건' 137
라미르두스 123
라반 싸우마 120
락스턴 271
래드클리프브라운 241

『러다이트들을 위한 찬가』 266
레스티투티오 85
레아 125
레이먼드 윌리엄스 278
레카레도 87
렛지우스 229
로렌스 278
로베르 다브리셀 124
로젠베르크 284
로크 261
롱사르 173
루이스 비베스 163
루터 160
리비우스 168
리에타르 168
린네 228

(ㅁ)

마고 32
마르코 폴로 119
마르크스 242
마키아벨리 148
막시밀리아노 53
메토디우스 88, 89
멜빌 224
모리스코 181
『몽골 비사』 118
몽테뉴 222
몽테스키외 226, 229, 236
무솔리니 280
미노스 26
『미래의 역사』 204

(ㅂ)

바알 하몬 36
바흐친 167
발터 벤야민 240

베르길리우스 33
베이컨 223
보댕 179
보두앵 109
볼네 257
볼테르 194
부갱빌 223
부하라 81
분트슈 159
뷔퐁 229
브뢰헬 169
브루노 베텔하임 286
블래즈 파스칼 190
비블로스 31

(ㅅ)

사투르누스 36
성(聖) 기네포르 72
성(聖) 프랑수아 드 살 190
세라페움 64
세르반테스 184
세르베 162, 172
세파르디 136, 203
셸리 266
솔론 23
수사 돌치노 126
슘페터 291
스노리 스튀를뤼 81
스티븐슨 224
스펜서 240
스피노자 204
성(聖) 시메온 58
신성로마제국 146

(ㅇ)

'아기들의 날' 167
아나톨리아 26, 113

아담 스미스 237
아람어 50
아론 구레비치 72
아르노 젤리스 131
아리스토텔레스 199
아리우스 40, 51
아부 하미드 92
아스테릭스 231
아우구스투스 36, 58, 74
아이레시스 51
아이작 배로 201
아틸라 40
안토니오 마차도 293
안토니오 비에이라 204
알파라비 93
알라리크 43
알렉산데르 3세 127
알렉시우스 1세 115
알프레드 러셀 월리스 240
앙젤리크 아르노 190
앤소니 셜리 248
야코프 후터 164
얀세니즘 190
얀 후스 155
에라스무스 163, 172
에른스트 윙어 280
에우리피데스 22
엘링 87
오귀스트 블랑키 240
『오디지에』 166
오딘 81
오비디우스 37
옥시타니아 130, 134
올리바레스 268
와트 타일러 150
『우스 루지아다스』 215
운디드 니 221
울라프 87
월트 휘트만 220

위그 드 사드 143
위스망스 279
윌리엄 블레이크 273
유스티니아누스 63, 94
율리아누스 37
이로쿼이 제국 217
이븐 파들란 79
이븐 할둔 112
잉카 제국 256

(ㅈ)

자바 104
자크 푸르니에 131
장 들뤼모 189
장 제르네 257
장 주프르 135
잭 런던 224
잭 케이드 154
제임스 톰슨 265
조르주 뒤비 97
조셉 뱅크스 224
조아키노 다 피오레 125
존슨 286
존 위클리프 151
존 클레어 271
졸라 277
지오반니 바티스타 델라 포르타 160
지오반니 빌라니 142
징기스칸 118

(ㅊ)

체사레 리파 207
츠빙글리 160
치아파스 290

(ㅋ)

카몽스 215
카스티야 125, 136, 142, 195
카시오도루스 40
칸트 295
칼라하리 254
칼리프 79, 92
칼뱅주의 163
캄파넬라 200
코르넬리우스 아그리파 199
코메니우스 158
코튼 매더 217
콘스탄티누스 49, 51, 53, 62
콜럼버스 212
쿠빌라이 칸 119
쿡 223
쿨리 230
클로비스 74, 81
키릴루스 64

(ㅌ)

타키투스 38
테오필루스 64
토마스 뮌처 161
토마스 아퀴나스 199
통일령 265

(ㅍ)

파블리오 166
파르스 발렌티오르 148
펠리페 2세 189
펠리페 4세 189
펠리페 5세 195
폰투스 51
폴리비오스 34
푸쉬킨 251

프랑수아 비용 115
프레스터 존 119
프로코피우스 39
프루아사르 143
플레토 73
플로베르 251, 279, 456
피에르 루이 279
『피에르 파틀랭 선생』 166
피터 브뢰헬 169
피터 페인 111
필리포스 24

(ㅎ)

하드리아누스 2세 89
하이데거 280
한스 베헴 159
헉슬리 240
헨리 8세 186
헬리오스 미트라 37
헬뫼 78
호메로스 21, 34, 115
호세 가바리 190
호쿠사이 250
홉스 57
후나인 이븐 이스하크 116
히틀러 231, 280
히파티아 64
힐페리허 83